Arbeitsbuch Ökologie

Materialien für Methodenvielfalt im Biologieunterricht

Matthias Riemer • Gerd Brucker

Verlag an der Ruhr

Impressum

Titel: Arbeitsbuch Ökologie.
Materialien für Methodenvielfalt im Biologieunterricht

Autoren: Matthias Riemer, Gerd Brucker

Titelbildmotiv: © Eugeny Moskvitin – Fotolia.com

Illustrationen: Magnus Siemens u.a.

Druck: CS-Druck CornelsenStürz GmbH, Berlin

Verlag: Verlag an der Ruhr

Alexanderstraße 54 – 45472 Mülheim an der Ruhr
Postfach 10 22 51 – 45422 Mülheim an der Ruhr
Tel.: 02 08/439 54 50 – Fax: 02 08/439 54 239
E-Mail: info@verlagruhr.de
www.verlagruhr.de

Verlag an der Ruhr 2009
ISBN 9-783-8346-0589-4

geeignet für die Klasse: 7 8 9 10

Die Schreibweise der Texte folgt der neuesten Fassung der Rechtschreibregeln – gültig seit August 2006.

Gedruckt auf chlorfrei gebleichtes Papier.

Wir sind seit 2008 ein ÖKOPROFIT®-Betrieb und setzen uns damit aktiv für den Umweltschutz ein. Das ÖKOPROFIT®-Projekt unterstützt Betriebe dabei, die Umwelt durch nachhaltiges Wirtschaften zu entlasten.

Das Werk und seine Teile sind urheberrechtlich geschützt. Jede Verwendung in anderen als den gesetzlich zugelassenen Fällen bedarf der vorherigen schriftlichen Einwilligung des Verlages. Die im Werk vorhandenen Kopiervorlagen dürfen für den eigenen Unterrichtsgebrauch in der jeweils benötigten Anzahl vervielfältigt werden. Der Verlag untersagt ausdrücklich das Speichern und Zurverfügungstellen dieses Buches oder einzelner Teile davon im Intranet (das gilt auch für Intranets von Schulen), Internet oder sonstigen elektronischen Medien. Kein Verleih.

Inhaltsverzeichnis

5 | Grundlagen

6 | Didaktische Überlegungen
9 | Einsatz der Materialien im Unterricht

19 | Materialien

21 | Globale Ökologie

23 | Luftverschmutzung (Treibhauseffekt, Luftschadstoffe)
34 | Treibhauseffekt und Kohlenstoffkreislauf
43 | Golfstrom
47 | Alternative Energien
57 | Radioaktivität

65 | Ökosystem Wald

68 | Wald und Klima
87 | Lebensräume im Wald

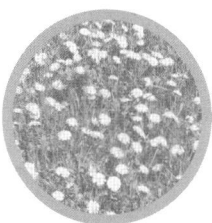

99 | Agrarökologie

102 | Boden
124 | Lebensmittel – Sterbensmittel?

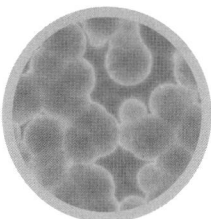

147 | Humanökologie

150 | Bakterien – Pilze – Viren
169 | Auge, Ohr und Gehirn
186 | Nahrungsmitteluntersuchungen
196 | Fleisch

Vorwort

Gerd Brucker ist vor dem Erscheinen dieses Buches nach langer Krankheit verstorben. Dieses Buch war von uns lange als gemeinsame Arbeit geplant, aber wir konnten nicht mehr so eng zusammen daran arbeiten, wie wir es uns vorgenommen hatten. Es sind jedoch die ihm wichtigsten seiner vielen selbsterstellten Schulversuche enthalten. Zudem wurden Versuche und Vorgehensweisen samt der didaktischen Konzeption von mir ergänzt. Dabei freut es mich, dass es gelungen ist, unser gemeinsames Anliegen um den Emanzipationsbegriff mit spannenden Versuchen und einem didaktischen Konzept für den Unterrichtsalltag auf eine neue Weise zugänglich zu machen: Schülerinnen und Schüler lernen, **aktiv handelnd** auf ökologische Fragen zuzugehen, die sie selbst und ihr Leben betreffen. Wir hofften, dass die sich wechselseitig bedingende Trias, Kompetenz zu erwerben, Autonomie zu erlangen und Solidarität zu leben, in den hier angebotenen Materialien möglichst häufig angesprochen wird. Und dass die Lehrerinnen und Lehrer die Materialien so praxisnah und spannend finden, dass sie Spaß daran haben, die Versuche in den Unterrichtsalltag zu integrieren.

Neu ist das Konzept der hier angebotenen Forschungskisten. Die Vorgehensweise entstammt der Handlungsaktiven Lernumgebung, die ich entworfen und erforscht habe. Diese Arbeitsform garantiert einen höheren Anteil selbstgesteuerten Arbeitens als klassischer Unterricht, begleitet die Schüler auf dem Weg zum eigenständigen Handeln und bietet dennoch die Möglichkeit, Methoden und Inhalte stärker mitzusteuern, als dies in Projekten möglich ist. Ich wünsche mir deshalb, dass die Lehrer die Kisten „klasse" finden und in ihrer Schule einen Vorrat mit Forschungskisten anlegen.

Ganz egal, wie Sie die hier angebotenen Materialien verwenden: Wir wollten, dass die Schüler sich auf Grund der Inhalte und der Möglichkeit, aktiv zu handeln, mit ihrer Arbeit identifizieren. Das was Gerd Brucker vielen Studenten mit auf den Weg gegeben hat, ist, dass Lernen aus einem bestimmten Grund, für einen bestimmten Zweck, ein Projekt, ein Vorhaben, eine Aktion, etwas so Lebensnotwendiges ist wie Arbeit und Gesundheit. Und dass Lernen auf diese Weise Bestandteil des persönlichen Lebens wird. In diesem Sinne versuchen wir, mit diesem Buch die pädagogische Aufklärung als die eigentliche Aufgabe von uns Lehrern hervorzuheben.

Reutlingen, August 2009

Grundlagen

— Didaktische Überlegungen

— Einsatz der Materialien im Unterricht

Didaktische Überlegungen

→ Aufbau der Materialien

Die Materialien in allen vier Kapiteln dieses Buches – **Globale Ökologie, Ökosystem Wald, Agrarökologie** und **Humanökologie** – gliedern sich in einen didaktischen Teil, der sich an den Lehrer* richtet, und einen Materialteil für Schüler.

Die Kapitel beginnen mit einer **Übersicht über die Wissensbereiche** eines Themas und zeigen einen Vorschlag, wie sich die Materialien zu einer Unterrichtseinheit zusammenstellen lassen.

Die folgenden **didaktischen Materialien** stellen dann die Einsatzmöglichkeiten der Schülerarbeitsblätter dar: Alle Materialien können Sie im **Klassenverband**, für **projektartiges Vorgehen** und als **Forschungskisten** einsetzen.
Zu jeder Organisationsform wird eine mögliche Vorgehensweise beschrieben. Darauf folgt in vielen Fällen eine **Hilfe** für die Schüler, z.B. für den Fall, dass sie mehr Unterstützung bei einzelnen Versuchen benötigen, Zusatzaufgaben in Angriff nehmen möchten usw. Diese Hilfen können Sie ggf. zusätzlich zu den Schülerarbeitsblättern kopieren. Zudem beinhaltet der Lehrerteil einen **Advance Organizer** (eine kurze Übersicht über das Thema in Form einer Mindmap). Mit diesem können Sie vor Beginn der eigenständigen Arbeit das Vorwissen der Schüler aktivieren oder ihnen einen Überblick über das anstehende Thema verschaffen. Darauf folgt eine Abbildung der benötigten Materialien bzw. eine **Materialliste**. Erläuterungen einzelner **Modelle** ergänzen in einigen Bereichen die reinen Materialübersichten.

Die **Schülermaterialien** enthalten ein **problemorientiert aufgebautes Arbeitsblatt** und ein **Infoblatt**. Die **Arbeitsblätter** bilden **Teilschritte von Handlungen** ab:

Zu Beginn der Handlung steht die **Situationsauffassung**. Dabei entsteht nahezu schlagartig eine erste Einschätzung der Situation. Diese Einschätzung besteht aus einer kognitiven, einer emotionalen und oft auch motivatorischen Komponente. „Es geht um Fleisch fressende Pflanzen" oder „Es geht um Mikroskopieren" sind kognitive Einschätzungen der Situation, die mit Emotionen wie etwa Spaß, Freude oder Ärger verknüpft sind. Die Motivation der Schüler ist häufig das Interesse oder der Wunsch, mit einem Partner oder für eine gute Note zu arbeiten.
Die Einschätzung mündet dann in eine allgemein formulierte Beobachtung oder Aussage, die die Schüler dann als Anlass zur Weiterarbeit nutzen können. Auf den Schülerarbeitsblättern ist die Situationsauffassung mit „Meine Beobachtung/Eine Behauptung" angesprochen.
Darauf folgt die **Zielauffassung**. In dieser Phase bildet sich bei den Schülern eine genaue Vorstellung davon heraus, was das Ziel der Handlung sein wird. Dabei denken sie intensiv nach und diskutieren eventuell ihre Einschätzungen miteinander. Sie nutzen dabei Strategien wie Nachdenken, Vorwissen benutzen, Erfahrungen einsetzen, sich an den Alltag erinnern, persönliche Bezüge aktivieren, aktuelle Eindrücke verwerten, Materialien sichten, sich an den Unterricht erinnern, Lesen, einen Partner fragen, aber auch Raten und spontane Einfälle. Auf den Arbeitsblättern verlangt die Kategorie „Meine Frage", dass die Schüler ihre Ideen schließlich in die konkrete Frage „Was will ich herausfinden?" münden lassen. Sollen die Schüler einer vorgegebenen Fragestellung auf den Grund gehen, ist die Zielauffassung bereits vorgegeben.
Die darauf folgende **Planung** unterscheidet sich deutlich von der Zielauffassung. Bei der Zielauffassung findet ein intensives Nachdenken über Inhalte und Ziele des Handelns statt. Zur Planung gehört die Klärung der Fragen: *Was* sind die einzelnen Arbeitsschritte, Materialien, Ergebnisse, Produkte? *Wie* soll dies mit *welchen* Arbeitsweisen gelingen? *Warum* wird was notwendig?

---

*Aus Gründen der besseren Lesbarkeit haben wir in diesem Buch durchgehend die männliche Form verwendet. Natürlich sind damit auch immer Frauen und Mädchen gemeint, also Lehrerinnen, Schülerinnen etc.

Didaktische Überlegungen

Wo kann die Arbeit stattfinden? Eventuell: *Wer* führt was durch? Die Qualität und der Umfang von Planungen hängt allerdings stark von Erfahrungen und Vorwissen der Schüler ab.

Auf die Planung folgt die **Handlungsausführung**. Ein wichtiger Auslöser für das Begreifen und die konkrete Umsetzung der Pläne ist das Sichten und Anfassen der Materialien. Auf den Arbeitsblättern ist im Zusammenhang mit der Handlungsausführung häufig die Rubrik „Beobachtung beim Experiment" angegeben, um die Schüler dazu anzuhalten, Beobachtungen, Messergebnisse usw. zu dokumentieren. Während der **Handlungsbewertung** kommt es zu einer Rückschau auf andere Handlungsteilschritte oder auf den jetzt vorhandenen Kenntnisstand. Einigen Schülern erscheint es manchmal unnötig, überhaupt ein **Ergebnis** aufzuschreiben, „weil ich aus meiner Frage ja schon weiß, was das Ergebnis ist". Damit jedoch aus ihrer Arbeit Wissen und Erfahrung wird, auf die in künftigen Handlungen zurückgegriffen werden kann, muss aber Ergebnissicherung und Reflexion stattfinden. Dies können die Schüler im Rahmen der Rubrik „Ergebnis" selbst leisten. Auch eine **Reflexion** kann von ihnen selbst ausgehen, diese kann jedoch auch vom Lehrer begleitet und erweitert werden (vgl. Materialien dazu unter *www.biologieundpaedagogik.de/hl*).

Damit sind die Schritte des Handlungsprozesses und die zugehörigen Rubriken auf den Schülerarbeitsblättern vorgestellt. Die Handlungen verlaufen jedoch keineswegs immer so linear, wie sie hier vorgestellt wurden, sondern bewegen sich in Sprüngen und Schleifen zwischen den Handlungsteilschritten. Die Schüler denken beispielsweise während der Ausführung immer wieder an ihre Frage und evaluieren, ob sie auf dem richtigen Weg sind.

Meine Beobachtung/
Eine Behauptung

Meine Frage

Ich vermute

So will ich es herausfinden

Beobachtung beim Experiment

Ergebnis

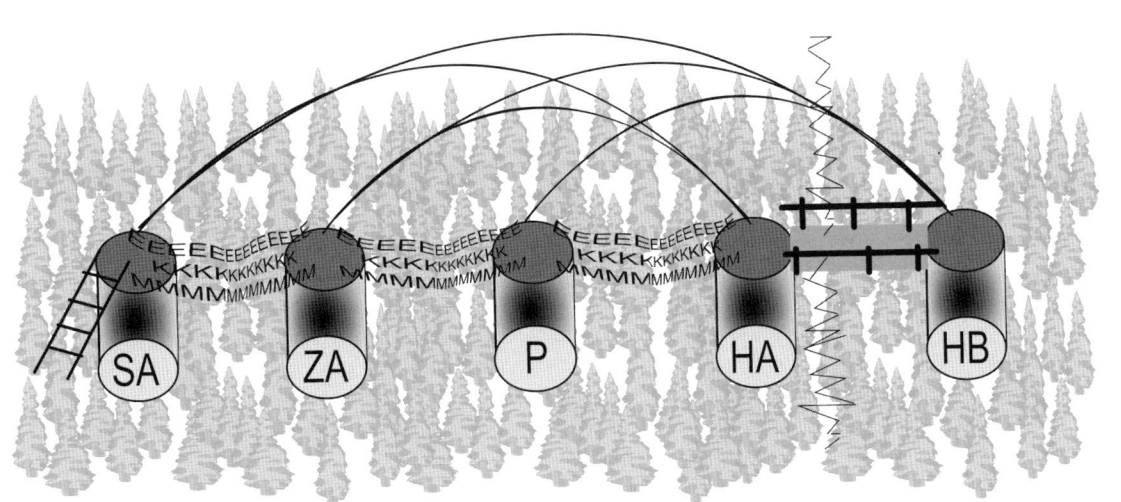

Der Aufbau der Arbeitsblätter ist auf den Verlauf von Handlungen ausgerichtet (SA = Situationsauffassung, ZA = Zielauffassung, P = Planung, HA = Handlungsausführung, HB = Handlungsbewertung, E = Emotionen, K = Kognition, M = Motivation). Handlungen verlaufen als Aufstieg aus dem Wald der Tätigkeiten, ein Absturz ist jederzeit möglich, wenn ein Teil der Brücken aus Emotion, Kognition und Motivation suboptimal ausfällt.

Arbeitsbuch **Ökologie**

Didaktische Überlegungen

Die **Arbeitsblätter** leisten somit einen wesentlichen Beitrag zum Erlernen des eigenständigen Handelns:

Erstens werden **alle Teilschritte einer Handlung bewusst angesprochen**. Damit ist ausgeschlossen, dass die Schüler lediglich einen einzigen Handlungsteilschritt – typischerweise die Handlungsausführung – leisten dürfen und sich über die restlichen Teilschritte im Unklaren sind.

Mit dem Wissen über den Handlungsprozess ist es den Lehrkräften zweitens möglich, gezielt **Unterricht mit selbstgesteuert durchlaufenen Handlungsteilschritten** zu artikulieren.

Drittens ist es möglich, **Handlungsteilschritte gezielt zu trainieren** und die Handlungsfähigkeiten der Schüler zu erweitern bis hin zu selbsterfundenen Fragestellungen. Letzteres wird als „Freies Forschen" beschrieben (s. Seite 11).

Im Anschluss an das Schülerarbeitsblatt ist in der Regel ein **Infoblatt** abgedruckt, das die Schüler zur Bearbeitung einer Frage heranziehen können. Zwar sollten sie so weit wie möglich ausschließlich über den Umgang mit den Materialien zu einem Ergebnis gelangen, oft schätzen sie jedoch die Möglichkeit, sich zu vergewissern, ob ihre Überlegungen richtig sind.

Zu einigen Themen, wie z.B. Radioaktivität, lassen die Sicherheitsbestimmungen keine praktischen Arbeiten zu. In solchen Fällen beziehen sich die Arbeitsblätter ebenfalls auf das Infoblatt.

In jedem Fall bieten die Infoblätter Fachwissen an, das über die Erkenntnisse aus dem Umgang mit den Materialien hinausgeht. Auf einigen Schülerarbeitsblättern ist deshalb eine Aufgabe abgedruckt, die nach dem Fachwissen der Leseblätter verlangt.

© N.Schmitz/PIXELIO

Für weiter Interessierte

Uns ist wichtig, das didaktische Konzept „Handlungsaktive Lernumgebung" nicht ausschließlich mit Praxismaterialien vorzustellen, sondern auch **didaktische Überlegungen** zur Verfügung zu stellen, die jedoch den Rahmen eines Arbeitsbuches sprengen würden. Sie finden diese Informationen im Internet unter *www.biologieundpaedagogik.de/hl* Dort legen wir z.B. **Gesichtspunkte zur Auswahl von Inhalten** offen. Zudem beschreiben wir unsere **didaktischen Intensionen** „Aktiv Handeln", „problemorientiertes Vorgehen", „fächerübergreifendes Arbeiten" und den „gemäßigten Konstruktivismus". Wir legen dort auch offen, wie sich die **Handlungsaktive Lernumgebung legitimiert**. Dieses Angebot soll verdeutlichen, dass eine Konzeption nicht lediglich persönlichen Vorstellungen und Ideologien des Autors entspringt, und verhindern, dass das Konzept bei einer Weiterentwicklung in der Praxis entgegen der ursprünglichen Intention verändert wird.

Einsatz der Materialien im Unterricht

➜ Unterrichtsorganisation: Klassisch

Die Materialien dieses Buches können Sie als **schülerzentrierte Handlungsphase** zwischen einem lehrerzentrierten Unterrichtseinstieg und einer lehrerzentrierten Ergebnissicherung einsetzen (siehe unten stehende Grafik).
Sie können zunächst mit Ihrem bewährten Methodenrepertoire **in ein Thema einsteigen**, um die Schüler zu motivieren, an deren kognitive Strukturen anzuknüpfen und die Problemfindung zu leisten. In diesem Prozess können Sie zusätzlich auf den Advance Organizer oder die Bilder der Materialien zurückgreifen. Am Ende der Phase sollten die Schüler ihre Frage, der sie im Folgenden auf den Grund gehen wollen, formulieren.

Je nachdem, wie selbstständig und erfahren die Schüler im Umgang mit den Materialien dieses Buches sind, können sie durch eine **Vergewisserungsphase** mehr Sicherheit für die folgende Handlungsausführung gewinnen. Dazu sollten mehrere Schüler ihre Frage vorlesen und gemeinsam klären, ob die Fragen den Kern des Problems treffen und im weiteren Verlauf der Einheit beantwortet werden können. Falls notwendig, kann ein weiterer Schüler zudem erklären, wie er bei der **praktischen Umsetzung** vorgehen wird. Danach arbeiten alle Schüler mit den Materialien und führen die besprochene Handlung aus.
Im Anschluss formulieren sie ein **Ergebnis** und nehmen so eine Handlungsbewertung vor.
Es folgt eine **Ergebnissicherung**, darüber hinaus kann auch eine **abschließende Reflexion** durchgeführt werden. Über das zeitsparende Verlesen der formulierten Ergebnisse hinaus bieten Reflexionshilfen (vgl. *www.biologieundpaedagogik.de/hl*) die Möglichkeit, auch den Arbeitsprozess kritisch zu betrachten und das Verhalten der Schüler zu berücksichtigen.

Von Schülern zu leistende Handlungsteilschritte bei einer „klassischen" Verwendung der Materialien dieses Buches zwischen einem lehrerzentrierten Unterrichtseinstieg und der Ergebnissicherung.

Arbeitsbuch **Ökologie**

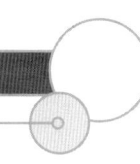

Unterrichtsorganisation: Handlungsaktive Lernumgebung

Die Handlungsaktive Lernumgebung ist über mehrere Jahre hinweg in Schulklassen erprobt und untersucht worden. Es hat sich gezeigt, dass sich das **Freie Forschen** und die **Forschungskisten** kognitiv, emotional und motivational von klassischen **Arbeitsblättern** abheben: Die Schüler nutzen deutlich mehr und vielfältigere Denkstrategien. Der hohe Selbststeuerungsgrad der Arbeitsformen führt zu emotional, motivational und kognitiv günstigen Handlungsabläufen und damit zu einer fundierten Kenntnis fachspezifischer Arbeitsweisen. Das **Hauptziel** der Handlungsaktiven Lernumgebung ist, dass die Schüler **aktives Handeln** lernen.

a) **Vollständige Handlungsabläufe** durchlaufen die Schüler in der Organisationsform **„Freies Forschen"**. Um das Ziel zu erreichen, dass die Schüler aktiv handeln lernen, sollte das Freie Forschen unbedingt regelmäßiger Bestandteil des Unterrichts werden.

b) Weil der schulische Alltag nicht ausschließlich aus vollständigen Handlungsabläufen bestehen kann, enthält die Handlungsaktive Lernumgebung mit den **Forschungskisten** eine **methodische Zwischenform**. Sie ermöglicht es den Schülern, vollständige Handlungsabläufe zu erlernen, obwohl nur Teile davon durchlaufen werden.

c) Die klassischen **Arbeitsblätter** bilden das dritte Element der Handlungsaktiven Lernumgebung. Sie ermöglichen es den Lehrkräften, Inhalte breit zu vermitteln, schnell Randaspekte zu bearbeiten oder Vernetzungen anzubahnen. Zudem sind Arbeitsblätter oft bereits vorhanden und bilden somit eine „Komfortzone" für Lehrer.

d) Ergänzend finden in der Handlungsaktiven Lernumgebung **frei kombinierbare Methodenbausteine** ihren Platz, die Sie entsprechend der aktuellen Begebenheiten aufgreifen, abwandeln und einsetzen können.

Zu diesen Arbeitsformen kommt der **klassische lehrerzentrierte Unterricht**, in dem z.B. die Vernetzung von Inhalten, Zusammenfassen von Sachverhalten, Erweiterung der Perspektiven usw. ihren Platz finden.

Jeder Lehrer kann nun im Unterricht die Anteile des lehrer- und schülerzentrierten Unterrichts selbst gewichten und damit individuell an die Bedürfnisse der Lerngruppe und des Themas anpassen.

Methodenbausteine	
das biologische Klassentagebuch	aus Forschung und Alltag

Freies Forschen	
Forschungskisten	Lehrerzentrierter Unterricht
Arbeitsblätter	

die Presseschau	die Pflanze der Woche	der Missstand des Monats

Elemente der Handlungsaktiven Lernumgebung

Im Folgenden werden die **drei Hauptelemente** der Handlungsaktiven Lernumgebung sowie die **ergänzenden Methodenvorschläge** genauer vorgestellt. Sie können sie Ihren eigenen Bedürfnissen für den Unterricht anpassen und umgestalten. Gemäß dem Ziel, die Schüler zum aktiven Handeln zu ermutigen, beinhaltet jedes der Elemente unterschiedlich viele Selbststeuerungs- und Einflussmöglichkeiten.

a) Freies Forschen

Die Schüler stellen bei dieser Arbeitsform entsprechend eigener Interessen bei ihrem Lehrer einen **„Forschungsantrag"** (vgl. Vorlage Seite 12), der bei einem Gespräch genehmigt oder zur Überarbeitung zurückgegeben wird.
Danach arbeiten sie oft mehrere Wochen selbstständig. Ihnen steht ein Schülerlabor mit Laborkleinmaterial, optischen Geräten, Nachschlagewerken usw. zur freien Verfügung, dafür genügen zunächst ein Regal und zwei Tische. Fehlende Materialien beschaffen sie selbstständig, falls der Lehrer sie nicht aus den Fachräumen der Schule besorgen kann. Dafür können sie zusätzlich Gelder beantragen.
Der Hauptteil der Unterrichtsstunden wird mit **praktischer Forschungsarbeit** oder, anders gesagt, mit **vollständigen Handlungsabläufen** ausgefüllt sein: Durchführung von Versuchen, Einrichten von Aquarien oder Tierpflege, Recherchen in Büchern, in der Bibliothek, im Internet oder bei Experten, Verschriftlichung von Ergebnissen und Erarbeitung von Präsentationen.
Ihre **Arbeit dokumentieren** die Schüler mehrfach. „Erfahrene Forscher" legen bereits bei Beantragung der Forschung fest, wie sie ihr **Endergebnis** darstellen wollen: als Ausstellung, Vortrag, gehefteten Forschungsbericht usw. Vor der Antragstellung legen die Schüler auch fest, wie sie die **laufenden Beobachtungen** festhalten: mit Zeichnungen, Fotos oder Protokollen. Was die Schüler wann erarbeitet haben, skizzieren sie in ihrem **Forschungstagebuch** (vgl. Vorlage Seite 13). Sie besprechen darüber hinaus schriftlich oder mündlich mit dem Lehrer ihre Forschung: Oft bieten kleine Notizen, Fragen und Ratschläge des Lehrers auf den Unterlagen der Schüler einen Gesprächsanlass.

Während der Forschungsarbeit kann der Lehrer einen **Bewertungsbogen** ausfüllen (vgl. Seite 14).

Der **Beginn und das Ende von Unterrichtsstunden und von Forschungseinheiten** können im Plenum verlaufen: **Instruktion, Coaching, Modelling** und **Reflexion** finden hier statt.
Bei der **Instruktion** kann es sich um mehrstündigen klassischen Unterricht zum Themengebiet handeln, der Lehrer kann z.B. einen Teilaspekt mit hoher Informationsdichte schnell darlegen. **Coaching** bezieht sich auf die Arbeitsprozesse der Schüler und die verwendeten fachspezifischen Arbeitsweisen. In der Handlungsaktiven Lernumgebung coachen Lehrer und Mitschüler z.B. in dem Unterrichtsbaustein „Fallbesprechungen" (s. Seite 16). Dabei entsteht auch eine Form von **Modelling**: Die Vortragenden sind positives oder negatives Modell für die Zuhörer. Doch ein Lehrer kann auch gezielt den Baustein Methoden-Modelling (s. Seite 16) einsetzen. Eine weitere, aber zeitintensive Form des Modellings ist die Verwendung von Videosequenzen. Dazu zeichnet der Lehrer Schüler bei der Arbeit auf. Er spielt dann ausgesuchte Sequenzen vor und reflektiert die Arbeit gemeinsam mit den Schülern.
Reflexionsprozesse zu Beginn von Unterrichtsstunden können sehr kurz sein und dazu dienen, die Schüler zu motivieren. Das können z.B. kurze Fragerunden sein: „Was ist heute euer Gruppenziel?" o. Ä. Am Ende der Forschungsarbeit einer Einheit oder Stunde kann wiederum eine Reflexion stattfinden. Häufig ist sie jedoch z.B. aus Zeitmangel eine Schwachstelle im Handlungsablauf. Deshalb sollten Lehrer darauf achten, so oft es geht, Reflexionen anzuregen.

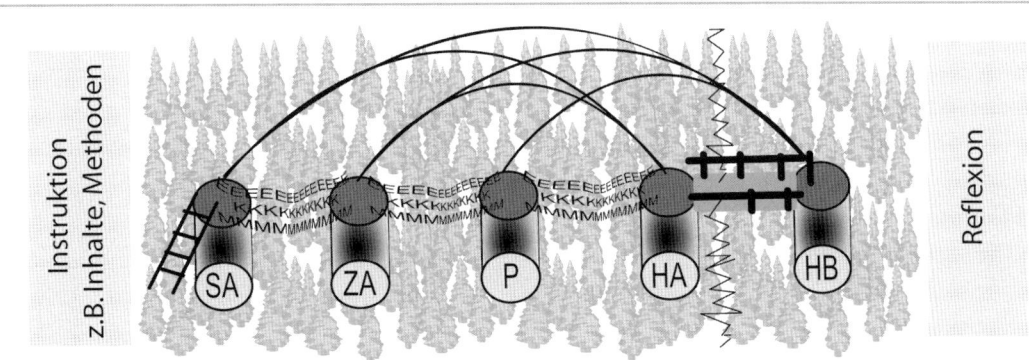

Modell für Unterricht mit Freiem Forschen: Die Balken symbolisieren lehrerzentrierte Phasen, während die Handlungsteilschritte von den Schülern eigenständig durchlaufen werden.

Arbeitsbuch **Ökologie**

Forschungsantrag

Meine Beobachtung / Eine Behauptung: _____

_____

Meine Frage: _____

_____

Ich vermute: _____

_____

So will ich es herausfinden (evtl. auf der Rückseite weiterschreiben):
Was? Wie? Wo? Wer? Warum?

_____

_____

_____

Mir fehlt folgendes Material:

_____

_____

Beobachtungen und Erkenntnisse werde ich so festhalten (es kommt darauf an, dass alle Schritte und Ergebnisse genau beschrieben, gezeichnet … werden):

_____

_____

Mein Ergebnis werde ich folgendermaßen darstellen (z.B. Bericht mit …, Poster mit …)

_____

_____

Forschungsantrag genehmigt: _____

Forschungstagebuch

Name: _____

Forschungsprojekt: _____

Datum	Was genau habe ich heute gemacht?	Warum habe ich das gemacht? Wer wollte, dass ich das mache?	Welche Auswirkungen hat das? Was nehme ich mir vor?

Bewertungsbogen

Name: _____ Forschungsprojekt: _____

Anordnung und Umgang mit den Materialien und Lebewesen
✗ Saubere Anordnung der Materialien
✗ Sachgerechter Umgang mit Materialien, artgerechter Umgang mit Lebewesen

Datum									
ganz hervorragend									
gut									
noch in Ordnung									
verbesserungswürdig									
nicht akzeptabel									

Führung deiner Unterlagen
✗ Forschungsantrag vorhanden, Forschungstagebuch regelmäßig geführt
✗ Zeichnungen, Protokolle sind sorgfältig angefertigt

Datum									
ganz hervorragend									
gut									
noch in Ordnung									
verbesserungswürdig									
nicht akzeptabel									

Qualität der Arbeit und persönliche Ausdauer
✗ Hoher Arbeitseinsatz, ständiger Zuwachs an Aufzeichnungen, ausdauernde Motivation
✗ Sachgerechte Ausführung der fachspezifischen Arbeitsweisen

Datum									
ganz hervorragend									
gut									
noch in Ordnung									
verbesserungswürdig									
nicht akzeptabel									

Fragen, Ideen und Ratschläge: _____
_____
_____

b) Forschungskisten

Für die Arbeit mit Forschungskisten übergeben die Lehrer ihren Schülern **Kisten** oder Schachteln, die **Protokoll- und Leseblätter** sowie **weitere benötigte Materialien** enthalten.

Im Gegensatz zum Freien Forschen **gibt der Lehrer** auf den Protokollbögen **Rubriken vor**, wie etwa „Beobachtung" oder „Frage". Wenn die Schüler bestimmte Arbeitsweisen trainieren sollen, können Sie auch den Bereich „So will ich es herausfinden" angeben.

Auf diese Weise ist der Unterricht mit Forschungskisten **sehr viel stärker gesteuert** als beim Freien Forschen. Er dauert demzufolge weniger lang. Die meisten Forschungskisten können Schüler innerhalb einer Stunde oder Doppelstunde bearbeiten. Wenn ganze Klassen mit Forschungskisten arbeiten, können Lehrer Unterrichtsbausteine verwenden, die im Abschnitt zum Freien Forschen vorgestellt wurden (s. Seite 11), und sie um die Arbeit Forschungskisten herum arrangieren.

Für Lehrkräfte ist die Arbeitsform Forschungskiste wichtig, um **ausgesuchte Inhalte und Arbeitsweisen** zu vermitteln: Sie können gezielt Forschungskisten zu bestimmten fachspezifischen Arbeitsweisen oder Inhalten erfinden.

Zwar durchlaufen die Schüler bei der Arbeit mit den Kisten keine vollständigen Handlungsabläufe, sie leisten jedoch **selbstständig die Planung** der Aufgabe (oder zumindest einen Teil davon), **setzen ihr Wissen bei der Handlungsausführung ein und sammeln Erfahrungen**, gehen **mit fachspezifischen Arbeitsweisen an die Materialien** heran und **formulieren selbstständig ein Ergebnis**. Dabei entstehen gleichzeitig **neue Impulse** für Freies Forschen.

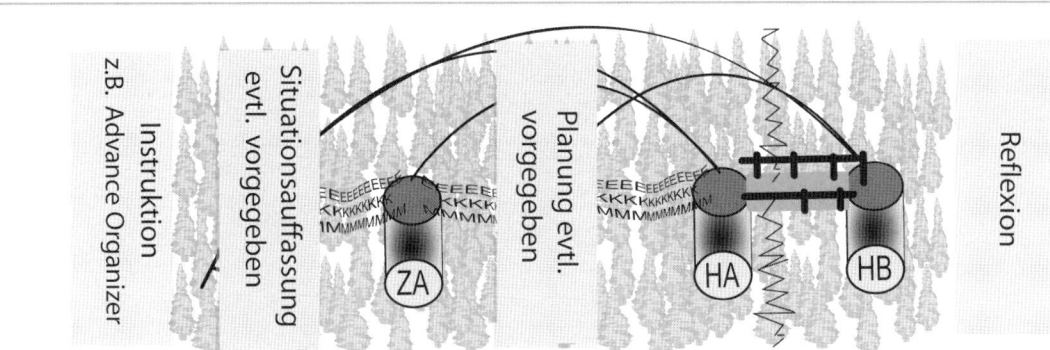

Modell für Unterricht mit Forschungskisten. Die Balken symbolisieren lehrerzentrierte oder vorbestimmte Phasen, während die Handlungsteilschritte von den Schülern eigenständig durchlaufen werden.

c) Arbeitsblätter und Instruktion

Um Themen inhaltlich breiter abdecken zu können, können Lehrer auch in der Handlungsaktiven Lernumgebung Arbeitsblätter einsetzen. Dabei kann es sich um **Kopiervorlagen** oder **selbsterstellte Arbeitsblätter** handeln. Häufig ist in den Aufgaben sehr genau festgelegt, wie Schüler vorgehen sollen. Die Planung der eigenen Arbeit wird selten notwendig. Das Ziel ist vorgegeben oder bleibt unbekannt, die Situationsauffassung ist mit der Aufgabenstellung stark vorbestimmt. Lehrerzentrierter Unterricht und Arbeitsblätter sind auch aus anderen Gründen erwünscht: Es ergeben sich immer wieder Gelenkstellen zwischen den eigenständigen Arbeitsphasen, in denen Inhalte vernetzt, Sachverhalte zusammengefasst, Perspektiven erweitert, komplexe Fälle erklärt oder Arbeitsweisen vorgeführt werden müssen.

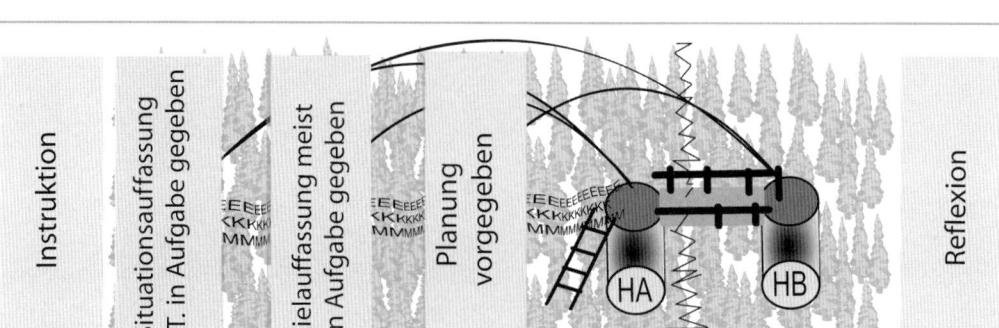

Modell für Unterricht mit Arbeitsblättern. Die Balken symbolisieren lehrerzentrierte oder vorbestimmte Phasen, während die Handlungsteilschritte von den Schülern eigenständig durchlaufen werden. Während die Handlungsausführung stets Teil der Arbeitsblätter ist, enthalten nicht alle Kopiervorlagen die Aufforderung zu einer Handlungsbewertung.

d) Methodenbausteine

In Kombination mit diesen drei Hauptelementen der Handlungsaktiven Lernumgebung können Lehrer einzelne Unterrichtsbausteine einsetzen, die zeigen, dass es sich bei lehrerzentrierten Unterrichtsphasen nicht unbedingt um Frontalunterricht handeln muss. Die folgenden Bausteine können je nach Klassengröße, -stufe und Thema abgewandelt oder um ähnliche Aufgaben ergänzt werden.

→ Fallbesprechungen („Aus Forschung und Alltag")

Die Schüler berichten am Beginn einer Unterrichtsstunde über (biologische) Beobachtungen, Nachrichten, Erlebnisse, bringen Gegenstände mit oder stellen ihre laufenden Forschungen vor. Dabei entstehen idealerweise Diskussionen über Sachfragen und biologische Arbeitsweisen. Bei der Vorstellung laufender Forschungen durchdenkt die Klasse die Arbeitsschritte und Schlussfolgerungen der jeweiligen Forscher. So kommen auch methodische Fehler zur Sprache. Fast immer entstehen neue Forschungsideen, die in das biologische Klassentagebuch oder in die Hefte aller Schüler eingetragen werden. Ein Schüler sollte dabei die Gespräche leiten. Solange der Lehrer nicht an der Diskussion teilnimmt oder Fragen stellt, kann er wichtige biologische Erkenntnisse oder Forschungsfragen aus der Diskussion an der Tafel notieren. Auf diese Weise ermöglichen die Fallbesprechungen Reflexion, das Training naturwissenschaftlichen Denkens, das Herstellen von Zusammenhängen, ein „Lernen am Leben" und die Orientierung an den Interessen der Schüler.

→ Methoden-Modelling

Ein Schüler oder der Lehrer führt fachspezifische Arbeitsweisen oder (gefährliche) Versuche vor. Er spricht seine Gedanken bei der Vorführung der Handlungsschritte laut aus. Die Klasse kann so diesen Versuch oder die Arbeitsweise besser nachvollziehen als beim einfachen Zusehen. Anschließend können die Schüler selbst den Versuch durchführen oder, falls eine Umsetzung in der Gesamtgruppe zu aufwändig, gefährlich o. Ä. ist, über die Vorführung diskutieren. Die Schüler sollen so schnell bestimmte Fertigkeiten erlernen.

→ Das biologische Klassentagebuch

Jeder Schüler kann in ein offen ausliegendes Heft Alltagsbeobachtungen eintragen. Die Beiträge werden dann im Unterrichtsbaustein „Aus Forschung und Alltag" thematisiert. Die Forschungsideen, die in verschiedenen Unterrichtszusammenhängen entstehen, trägt ein Schüler ebenfalls im biologischen Klassentagebuch ein. Damit entsteht auf der Grundlage der Interessen der Schüler eine Ideensammlung für neue Forschungen. Schüler, die keine eigenen Forschungsideen haben, können dann dort nachschlagen. Weiterhin bietet das biologische Klassentagebuch die Möglichkeit, Ergebnisse von Diskussionen oder Unterrichtsgesprächen festzuhalten. Wissen, Erfahrungen und Anregungen werden aufbewahrt und stehen damit auch künftig zur Verfügung.

➔ Der Missstand des Monats – Die Presseschau – Die Pflanze/Das Tier der Woche

Diese drei Elemente der Handlungsaktiven Lernumgebung machen aktuelle Themen der Gesellschaft zum Gegenstand des Unterrichts und ermöglichen so kritische Diskussionen über Probleme aus dem Alltag der Schüler. Darüber hinaus stellen sie einen Bezug zur Natur her, was im herkömmlichen Unterricht häufig nur eine untergeordnete Rolle spielt.

Für den **Missstand des Monats** greift jeder Schüler einen biologischen Sachverhalt auf und fasst ihn auf einer DIN-A4-Seite zusammen. Die Ergebnisse werden in der Klasse ausgehängt. Jeder Schüler erhält nun einen Klebepunkt und vergibt ihn für das Thema, das er für das wichtigste hält. Dieses Thema kann der Lehrer dann z.B. in Form einer Fallbesprechung aufgreifen.

Die **Presseschau** verläuft ähnlich: Die Schüler greifen ein biologisches Thema aus der Presse auf und schreiben eine kurze Zusammenfassung des Textes. Beides wird nebeneinander ausgehängt oder in einer Mappe gesammelt. Der wichtigste Artikel wird wieder mit Klebepunkten gewählt. Die Ergebnisse können Ausgangspunkte für Freies Forschen oder gemeinsame Recherchen der Klasse werden. Dabei besteht die Möglichkeit, kritisch die bestehenden gesellschaftlichen Rahmenbedingungen zu hinterfragen und zu diskutieren. Reflexionsbögen können dabei helfen (vgl. *www.biologieundpaedagogik.de/hl*). Weniger auf kritische Inhalte als auf Artenkenntnis und Bezug zur Natur zielt die wöchentliche **Vorstellung einer „Pflanze der Woche" oder eines „Tiers der Woche".** Jeweils ein Schüler bringt die Pflanze/das Tier der Woche im Original oder als Bild mit und berichtet kurz darüber. Pflanzen und Tiere können unter unterschiedlichen Gesichtspunkten gewählt werden: Einheimische Wiesenpflanzen, stresstolerante Pflanzen an Straßen oder bedrohte Pflanzen sind nur wenige der möglichen Auswahlgesichtspunkte. Je nach Schwerpunkt erhält auch der Baustein „Pflanze der Woche" eine kritische Komponente.

Stundenbeginn			
Fallbesprechungen	Reflexion zum Stand der Arbeiten	Modelling	Pflanze der Woche/ Tier der Woche

Arbeitsphase		
Freies Forschen	Forschungskisten	Arbeitsblätter und Klassen-/Kursunterricht
Missstand des Monats – Die Presseschau – Pflanze/Tier der Woche	Reflexionshilfen	Einzelberatungsgespräche während der Forschungsarbeit

Stundenabschluss	
Verschiedene Reflexionsbogen	Strukturlegetechniken/ Mindmapping mit Schlüsselbegriffen
Führen des Forschungstagebuchs	Beendigung der Forschungsarbeiten und Aufräumen

Bausteine für die Planung von Unterrichtseinheiten in der Handlungsaktiven Lernumgebung. In der Regel wird für Stundenbeginn, Arbeitsphase und Stundenabschluss jeweils ein Element ausgewählt.

Die abgedruckte Grafik zeigt einen „Baukasten" für die Planung von Unterricht in der Handlungsaktiven Lernumgebung. Detaillierte Aussagen und Erläuterungen der einzelnen Bausteine finden Sie im Internet (vgl. *www.biologieundpaedagogik.de/hl*). Wer nun aus den hier beschriebenen drei Hauptelementen und den ergänzenden methodischen Elementen der Handlungsaktiven Lernumgebung Arbeitsabläufe organisieren will, muss entscheiden, wie er diese Elemente miteinander und mit lehrerzentrierten Phasen kombiniert. In welchem Maß welche Anteile zur Geltung kommen, hängt vom Inhalt, von den Schülern und den persönlichen Bedürfnissen des Lehrers ab. Damit die Handlungsaktive Lernumgebung ihrem Namen gerecht werden kann, sollten allerdings weniger als 50 % einer Einheit aus lehrerzentriertem Unterricht bestehen.

Unterrichtsorganisation: Projekt

Die freien Forschungen der Handlungsaktiven Lernumgebung sind der **Arbeit in Projekten** sehr ähnlich: Beide Arbeitsformen ermöglichen den Schülern das **Durchlaufen vollständiger Handlungsabläufe**. Sie unterscheiden sich jedoch in Umfang und Zeitbedarf: Freie Forschungen können die Unterrichtsstunden eines Faches über Wochen und Monate hinweg füllen, dauern aber mitunter auch nur wenige Stunden. Projekte dagegen erstrecken sich häufig über mehrere Tage und ziehen sich dann über den gesamten Schultag hinweg. Freie Forschungen werden meist alleine oder zu zweit unternommen, Projekte dagegen häufig von ganzen Klassen angegangen. Sie erfordern und ermöglichen deshalb umfangreiche Gruppenprozesse. Der alltägliche Unterricht wird während dieser Zeit in der Regel ausgesetzt.

Fasst man die Themen mehrerer Freier Forschungen zu einem Thema zusammen, kann daraus ein Projekt entstehen. Andersherum betrachtet: Die Organisationsstruktur des freien Forschens ist eine Möglichkeit, Teilaufgaben innerhalb von Projekten zu bearbeiten: Nach Handlungsteilschritten, die von der Gesamtgruppe durchlaufen werden, z.B. ein Thema auswählen, Ziele des Projektes festlegen, Teilgruppen zusammenstellen usw. treten die Schüler in Forschungsprozesse mit individuellen Handlungsteilschritten ein. Der Lehrer stößt hin und wieder Phasen der Handlungsbewertung an. Lernen in Projekten ist in dieser Form als Ergänzung der Handlungsaktiven Lernumgebung sinnvoll: Der Organisationsrahmen verändert sich dabei, die Durchführung innerhalb des Projektes kann sich am Freien Forschen orientieren.

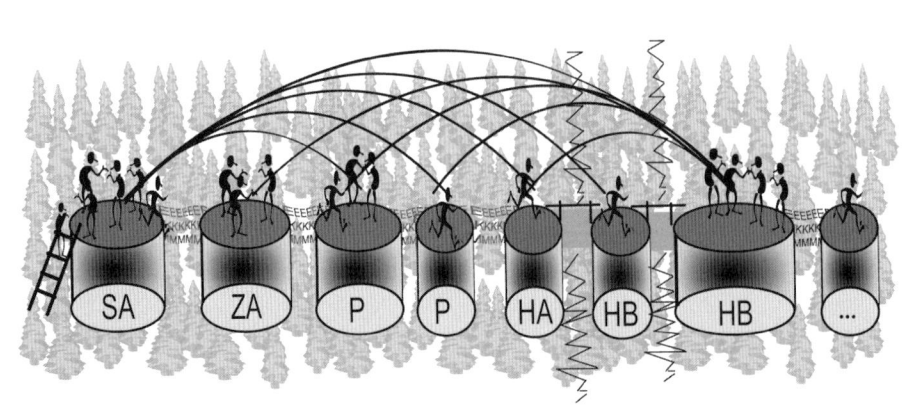

Projektlernen im Verbund mit Freiem Forschen. Zwischen den von der Gruppe gemeinsam gestalteten Phasen bearbeiten die Schüler ihre Teilprojekte als Freie Forschungen alleine.

Materialien

1. Globale Ökologie
2. Ökosystem Wald
3. Agrarökologie
4. Humanökologie

Globale Ökologie

Globale Ökologie

Die Materialien auf den folgenden Seiten sind unabhängig voneinander einzeln einzusetzen oder lassen sich im Hinblick auf thematische Schwerpunkte zu größeren Einheiten zusammenstellen. Im Folgenden ist die Anordnung zu einer Einheit vorgeschlagen. Dabei werden zwei Vertiefungsgebiete angeboten.

Luftschadstoffe selbst messen
Arten und Herkunft der Luftschadstoffe messen mit Indikatoren und Bioindikatoren: pH-Wert, Hornmilben, Chromatogramm, Ozon-Teststäbchen, Nadeljahrgänge zählen, einen eigenen Bioindikator entwickeln (Auswahl möglich)

Treibhauseffekt
Wirkungsweise von Treibhauseffekt und Glashauseffekt, Bau eines Modells

Vertiefungsgebiet: Kohlenstoffkreislauf
Treibhauseffekt als Ausgangspunkt für den Kohlenstoffkreislauf:
Erstellen eines zweidimensionalen Modells und Verständnis der Prozesse

Klimafreundliche Energieversorgung
Energieträger in Deutschland, Modellbau Biogasanlage, Schul-Check Strom, Stromreportage, Wärmereportage, Verkehrsreportage

Energieversorgung ohne Atomkraft?
Bio-Debatte zur Atomkraft,
Bedeutung und Gefahren der Atomkraft einschätzen können

Vertiefungsgebiet: Radioaktivität
Quellen der Radioaktivität, Radioaktivität in der Nahrungskette,
Radioaktivität bei Rehen und Wildtieren, Einkaufsempfehlungen,
Transfer Boden – Mensch, Radioaktivität in Lebensmitteln

Möglicher Übergang zu Materialien aus dem Kapitel Ökosystem Wald:
Wald und Klima

Didaktische Materialien: Luftverschmutzung
(Luftschadstoffe, Treibhauseffekt)

Einsatzmöglichkeiten

Projektartiges Vorgehen

Am Beginn des Projekts kann eine **Motivationsphase** stehen, in der der Lehrer etwa einen Filmausschnitt über Luftverschmutzung zeigt. Alternativ kann er unmittelbar mit der unten abgedruckten Mindmap in die Sammlung von Vorwissen einsteigen, indem er zu einzelnen Ästen oder Zweigen Kommentare der Schüler sammelt und diskutiert. Danach sichten die Schüler das Infoblatt und eventuell weitere vom Lehrer bereitgestellte Materialien.

Die Projektgruppen einigen sich im Anschluss darauf auf eine **Fragestellung**, die sie bearbeiten möchten, und tragen diese auf ein leeres Protokollblatt ein. Bedingung für die Fragestellung ist, dass diese sowohl einen praktischen Teil als auch die Erarbeitung von Sachinformationen nach sich zieht. Der Praxisteil kann sich z.B. an den Versuchsanleitungen auf dem Infoblatt orientieren, Befragungen der Bevölkerung über deren Bereitschaft zum Umwelthandeln vorschlagen oder Interviews mit Behördenvertretern über deren Pläne zur Luftreinhaltung umfassen. Solche Vorgehensweisen sind auch nach Abschluss von Messreihen denkbar („Wir haben herausgefunden ..., was planen Sie deshalb, um die Luftreinhaltung in unserer Stadt zu verbessern?"). Nachdem die Gruppen ihre Fragen vorgestellt haben und die Klasse kommentiert hat, ob Praxis- und Theorieteil sinnvoll angelegt sind, beginnen die Gruppen, ihre **Arbeit zu planen**. Dabei muss auch festgelegt werden, welches Endprodukt entsteht (Messprotokolle und Sachwissen sauber dargestellt im Heft, separate Broschüre, Ausstellung, Poster ...).

Ihre Vorschläge halten die Gruppen schriftlich fest. Nach der Genehmigung der Planungen durch den Lehrer erstellen die Gruppen die selbstfestgelegten **Ergebnisse**. Im **(Abschluss) Plenum** findet zunächst eine Kritik der Phase selbstständiger Arbeit statt. Die Ergebnisse des Projekts können dann z.B. auf einem „Markt der Möglichkeiten" Eltern oder Mitschülern aus anderen Klassen **präsentiert werden**.

Forschungskiste

Falls nicht alle Schüler die gleiche **Forschungskiste** bearbeiten, müssen Sie zunächst **festlegen**, wer mit welcher Kiste bzw. Fragestellung beginnt. In den Kisten sind das Protokollblatt, das Infoblatt und die Materialien enthalten.

Nachdem die Themen verteilt sind, **planen** die Schüler zunächst selbstständig, wie sie vorgehen werden. Bevor die Gruppen jedoch die Schule zu Erkundungszwecken verlassen oder mit der Arbeit an ihrem Versuch beginnen, erklären sie dem Lehrer ihre schriftliche Planung. Sind ihre Vorschläge nicht schlüssig oder unvollständig, müssen sie sie überarbeiten und erneut vorlegen.

Nach **Abschluss** der Arbeiten kann der Lehrer den Gruppen die Aufgabe stellen, die wichtigsten Inhalte ihres Themengebietes in eine Mindmap zu fassen und sich auf eine Präsentation vorzubereiten.

Kriterien für die Besprechung der Präsentation können sein: Ist der Inhalt umfangreich und richtig dargestellt? Ist die Präsentation anschaulich, weil Gegenstände, Aufzeichnungen und die Mindmap in den Vortrag eingebunden waren? Konnte die Gruppe mit Rückfragen umgehen? Konnte jedes Gruppenmitglied seine Kompetenz zeigen?

Klassenverband

Die in den Materialien angebotenen Messverfahren können einzeln oder auch als Gesamtkomplex eingesetzt werden. Für den Einsatz als Einzelmaterial bieten sich folgende Fragestellungen an:

Globale Ökologie

Meine Beobachtung/Eine Behauptung	Meine Frage
Der Saure Regen versauert die Böden.	Kann man messen, dass Regen und Boden sauer sind? Und: Was ist Saurer Regen?
Hornmilben eignen sich als Bioindikatoren für saure Böden.	Was ist mit Hornmilben über unsere Böden herauszufinden? Und: Wieso sind die Böden sauer?
Schwefeloxide schädigen die Blätter.	Wie schädigt SOx die Blätter, und wie ist der Zustand der Blätter hier vor Ort?
Ahornblätter sollen als Bioindikator für Ozon einsetzbar sein.	Kann ich mit Hilfe von Ahornblättern ein Ozon-Mess-System entwickeln?
Luftschadstoffe machen einigen Nadelbäumen schwer zu schaffen.	Wie gesund sind die Nadelbäume in unseren Wäldern?
Mikroorganismen weisen auf schadstoffbelastete Böden hin.	Was sagt die mikrobielle Aktivität unserer Böden über die Schadstoffbelastung in Wäldern und auf Feldern aus?
In schadstoffbelasteten Böden leben weniger Tiere als in unbelasteten Böden.	Sind bei unseren Böden Unterschiede zwischen verschiedenen Standorten festzustellen?

Schülern oder Klassen, denen der Lehrer für die Detailplanung Hilfe anbieten möchte, können folgende Informationen für die Protokollblätter gegeben werden:

Treibhauseffekt: Ich baue mit den Materialien oder nach eigenen Ideen ein Modell, mit dem ich nachweise, dass die Treibhausgase die Atmosphäre der Erde erwärmen. Meine Arbeitsschritte sind (wer, was, wann, wo):

Säureniederschläge: Ich messe einerseits den pH-Wert verschiedener Böden und des Regenwassers. Andererseits lese ich nach, was Saurer Regen ist. Meine Arbeitsschritte sind (wer, was, wann, wo):

Hornmilben als Bioindikatoren: Zum einen lese ich nach, wieso die Böden sauer sind. Zum anderen sammle ich in den obersten 3 cm eines Fichtenwaldbodens mindestens 20 Nadeln und … (wer, was, wann, wo):

Schwefeloxide: Einerseits lese ich nach, was genau mit den Blättern passiert. Andererseits fertige ich Chromatogramme von Ahornblättern an. Das organisiere ich folgendermaßen (wer, was, wann, wo):

Ozon: Um eine Skala zu erstellen, die zeigt, bei welcher Ozonbelastung die Ahornblätter nekrotische Bezirke zeigen, sammle ich im Verlauf des Jahres Ahornblätter eines bestimmten Baumes in der Nähe einer Luft-Mess-Station. Dann … (wer, was, wann, wo):

Nadeljahrgänge: Auf meiner Erkundung in den Nadelwald zähle ich bei 20 Fichten, Kiefern oder Tannen die Nadeljahrgänge und notiere für jeden Baum, wie viele Nadeljahrgänge er hat. Dazu gehe ich folgendermaßen vor (wer, was, wann, wo):

Mikroorganismen: Ich bestimme die Qualität des Bodens, indem ich messe, wie viel Sauerstoff frei wird, wenn ich Wasserstoffperoxid auf die Organismen (den Boden) träufle. Dazu gehe ich folgendermaßen vor (wer, was, wann, wo):

Tierlebensgemeinschaften: Ob die Schadstoffbelastung von Waldböden hoch ist, stelle ich fest, indem ich bei zwei Bodenproben (von einem vielleicht belasteten und von einem vermutlich nicht belasteten) die Artenvielfalt und die Anzahl der enthaltenen Tiere vergleiche. Dazu gehe ich folgendermaßen vor (wer, was, wann, wo):

Nach Bearbeitung eines Materials bietet es sich an, dass die Schüler das gewonnene Wissen zur Wiederholung in einer Mindmap zusammenfassen. Die Hauptäste können dabei vorgegeben werden.

Globale Ökologie

Hilfe zur Forschungskiste Treibhauseffekt

Für die Organisationsform „Forschungskiste" kann die nachfolgende Hilfe in die Rubrik „Beobachtungen beim Experiment" auf dem Arbeitsbogen ergänzt werden.

Kreuze die richtigen Aussagen an:

- ○ Das Tonpapier steht für den Erdboden.
- ○ Das Tonpapier nimmt Wärme auf und gibt Wärme ab.
- ○ Das CO_2 aus der Mineralwasserflasche weist darauf hin, dass Mineralwassertrinken für den Treibhauseffekt verantwortlich ist.
- ○ Mineralwasserflaschen sind eine unkomplizierte Möglichkeit, CO_2 bereitzustellen.
- ○ Die Abdeckung des Beckens steht für die Treibhausgase.
- ○ Das CO_2 ist das Treibhausgas, die Glasscheibe sorgt nur dafür, dass das CO_2 nicht von Luftströmungen aus dem Becken geblasen wird.

Advance Organizer

Materialliste Treibhauseffekt

- ✘ Becken
- ✘ Abdeckung aus Glas (Baumarkt Abteilung Bilderrahmen) oder hitzebeständige Folie
- ✘ Mineralwasserflasche zur CO_2-Einleitung, dazu Schlauch und Tesafilm® um den durchbohrten Deckel abzudichten
- ✘ dunkles Tonpapier (Erdoberfläche)
- ✘ Thermometer
- ✘ Wärmelampe
- ✘ Wenn statt mit zwei Becken mit einem Becken zwei Messungen vorgenommen werden, brauchen die Schüler zusätzlich eine Stoppuhr oder eine geeignete Armbanduhr.

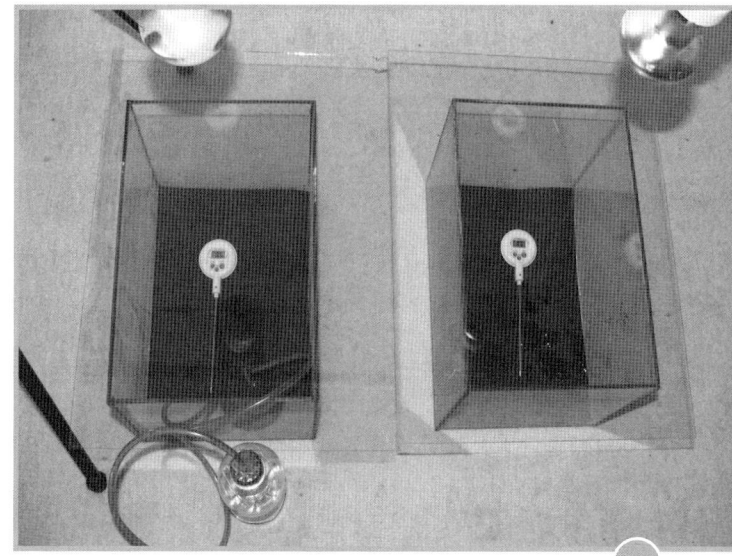

Arbeitsbuch **Ökologie**

Globale Ökologie

Protokollblatt:
Luftschadstoffe selbst messen

 Meine Beobachtung/Eine Behauptung: **Die Luft ist fast überall mit Schadstoffen belastet.**

 Meine Frage: **Wie ist die Luftqualität hier bei uns?**

 Ich vermute: _____
_____

 So will ich es herausfinden (evtl. auf der Rückseite weiterschreiben):
Ich ermittle die Schadstoffbelastung vor Ort. Ich protokolliere die Ergebnisse meiner Messungen und Versuche sorgfältig.

_____
_____
_____

 Beobachtungen, Fragen und Erkenntnisse, die mir bei der Arbeit durch den Kopf gegangen sind:

_____
_____

 Ergebnis:

_____
_____
_____
_____

Info: Luftschadstoffe

Fabriken, Privathaushalte und Fahrzeuge stoßen eine Menge verschiedener Schadstoffe aus.

● Säureniederschläge

Mit Säureniederschlag bezeichnet man **Regen, Schnee oder Nebel,** der saurer ist (also einen niedrigeren pH-Wert aufweist) **als pH 5,6**. Das ist der Wert, den unbelastetes Regenwasser aufweist. Trinkwasser ist mit Werten um 7 meist pH-neutral. Heute sind solche „natürlichen" Werte kaum noch zu finden: Niederschlagsmessungen in Deutschland ergeben immer wieder pH-Werte von bis zu 3,5, was dem Wert von Haushaltsessig entspricht. Die Versauerung der Niederschläge ist vor allem auf den **Ausstoß von Schwefeloxiden (SO_x) und Stickstoffoxiden (NO_x)** zurückzuführen. Diese Abgase reagieren in der Luft mit Wasser zu Säuren. Schwefeldioxid (SO_2) und Stickoxide (NO_x) entstehen bei der Verbrennung fossiler Brennstoffe, wie Kohle und Öl. **Autos, Fabriken und Heizungsanlagen** von Häusern sind die Hauptquellen für diese Gase, die nur eine Lebensdauer von ein bis vier Tagen haben. Diese kurze Lebensdauer bringt mit sich, dass die Konzentration der Gase räumlich stark schwankt und von den Gegebenheiten vor Ort abhängt. Deshalb greifen im Falle von SO_2 und NO_x bereits lokale Maßnahmen. Andere Abgase, wie FCKW und Methan, breiten sich über eine ganze Erdhalbkugel aus, weil sie länger als zwei Monate lang nicht zerfallen.

pH-Wert messen

Der pH-Wert gibt an, ob beispielsweise Boden oder Regenwasser sauer bzw. alkalisch sind. Messergebnisse sind folgendermaßen zu deuten: 3 = extrem sauer, 4 = sehr sauer, 5 = sauer, 7 = neutral, 8 = alkalisch usw.

Vorgehensweise:
- ✘ Bodenprobe (nicht oberste Schicht) oder Regenwasserprobe entnehmen
- ✘ In Petrischale krümeln
- ✘ Mit Indikatorflüssigkeit beträufeln, bis diese leicht übersteht.
- ✘ Nach zwei Minuten Petrischale kippen und pH-Skala (Biobuch, Internet) darunterlegen und Farben vergleichen.

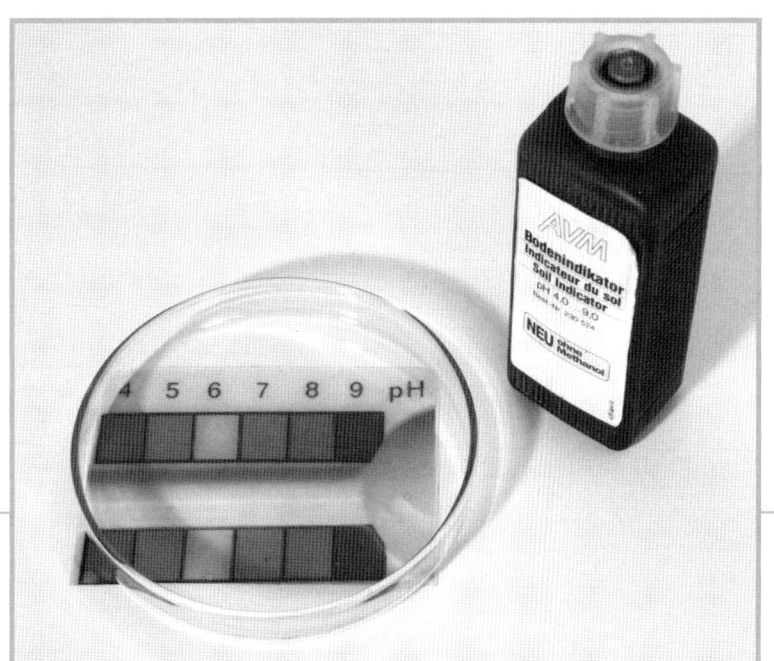

Globale Ökologie

Hornmilbentest

Hornmilben zernagen das Zellgewebe im Inneren der Nadeln in Waldböden und hinterlassen dunkle, krümelige Humusteilchen. Allerdings können sie nur in gering belasteten Böden leben. Deshalb eignen sie sich als Bioindikatoren: Je stärker die Luftbelastung durch Schadgase und je mehr Schadstoffe durch Regen in den Boden gelangen, desto weniger Hornmilben können überleben. In sauren Böden werden deshalb weniger Nadeln angefressen, die Zersetzung des Humus ist verlangsamt. Das ist auch sichtbar: Die Nadeln bleiben dann vorwiegend hell.

Vorgehensweise:
- ✘ 20 Nadeln aus den oberen 3 cm eines Fichtenwaldbodens auseinanderbrechen
- ✘ Anteile der innen dunklen und hellen Nadeln auszählen
- ✘ Prozentanteil der dunklen Nadeln abschätzen
- ✘ Das Ergebnis deuten:

Nadeln mit innen dunklen Krümeln	Bewertung
ca. 80 % bis 100 %	1 (sehr gut)
ca. 75 %	2 (gut)
ca. 50 %	3 (befriedigend)
ca. 25 %	4 (schlecht)
unter 25 %	5 (sehr schlecht)

Säureniederschläge schädigen Pflanzen und Tiere auf vielfältige Art und Weise.

Krankheitssymptome von Pflanzen sind:
- ✘ **Alterung der Wachse** in der äußersten Schutzschicht der Blätter (Kutikula), schließlich eine Verätzung. Das äußert sich als Nekrose, also als brauner, vertrockneter Gewebebereich. Die Luftschadstoffe schädigen zudem den Blattfarbstoff Chlorophyll. Dies ist mit Hilfe eines Chromatogramms nachweisbar.
- ✘ Die **Schließzellen der Spaltöffnungen werden geschädigt**, die Pflanze kann sich nicht gut vor Trockenheit schützen.
- ✘ Wichtige **Bestandteile des Bodens werden ausgewaschen** (Calcium, Magnesium, Mangan). Bei anderen, wie beispielsweise bei Aluminium, wird die Löslichkeit erhöht, sodass diese Stoffe **schädliche Konzentrationen** im Boden erreichen.

So können sich die Pflanzen zum einen nicht mehr ausreichend ernähren, andererseits wird ihr Feinwurzelsystem geschädigt, das für die Aufnahme von Wasser und Mineralien verantwortlich ist.

Chromatogramm

Mit Hilfe eines Chromatogramms könnt ihr die verschiedenen Blattfarbstoffe sichtbar machen. Einer davon weist die Einflüsse von Luftschadstoffen auf ein Blatt aus: Wenn sich Schwefeldioxid mit der Luftfeuchtigkeit zu schwefliger Säure verbindet, wird zunächst die Außenhaut des Blattes verätzt. Im Inneren des Blattes reagiert die schweflige Säure mit dem Blattfarbstoff Chlorophyll, dabei entsteht Phäophytin. Letzteres ist elementarer Bestandteil der Fotosynthese (= Zuckeraufbau mit Hilfe von Sonnenlicht aus Wasser und CO_2). Ohne Chlorophyll kann die Pflanze keine Fotosynthese betreiben, die Pflanze wird stark geschädigt und je nach Umfang der Schäden zerstört. Bei der Erstellung eines Chromatogramms entstehen Farbringe auf einem Rundfilter. Der dritte Farbring von innen besteht aus Phäophytin. Er ist grau und nicht ganz einfach zu entdecken. Je breiter der Ring ist, desto größer ist die Belastung mit Luftschadstoffen, also die Luftverschmutzung.

Vorgehensweise:
- Ahornblatt mit etwas Quarzsand in 20 ml Aceton zerreiben
- in die Mitte eines Rundfilters 25 Tropfen der Blattfarbstofflösung geben, jeden Tropfen kurz trocken föhnen
- Loch von unten durch den Farbfleck stechen, 4 cm langen, 2–3 mm dicken Wattedocht zwirbeln und durchstecken
- Petrischale mit 5 mm Petroleumbenzin (Fließmittel für Farbstoffe) füllen, den Docht in das Petroleumbenzin legen, Rundfilter auf dem Rand der Petrischale auflegen, zweite Petrischale darüberstülpen
- Wenn ein gelblicher Farbring am Schalenrand angelangt ist, Docht entfernen, Filter schnell gegen das Licht halten und die Breite des Phäophytinrings einzeichnen.

→ Weitere Luftschadstoffe

Für Wald- und Baumschäden sind neben Schwefeldioxid und Stickoxiden insbesondere Ozon und Ammoniak verantwortlich.

Bodennahes **Ozon** (O_3) entsteht folgendermaßen: Zunächst reagiert Stickstoffdioxid bei UV-Einstrahlung mit Wasserstoff zu Stickstoffmonoxid und einem Sauerstoffradikal ($NO_2 + H \rightarrow NO + O$). Unter Sonneneinstrahlung reagiert dieses mit Sauerstoff zu Ozon ($O + O_2 \rightarrow O_3$). Nachts läuft dieser Prozess rückwärts ab, aus Ozon und Stickstoffmonoxid entstehen Sauerstoff und Stickstoffdioxid. In den Blättern reagiert Ozon mit Kohlenwasserstoffen wie dem Ethylen. Dabei entsteht entweder ätzendes Wasserstoffperoxid (wird auch zum Bleichen von Haaren verwendet), oder das Ozon geht in die Flüssigkeit zwischen den Zellen über und zerfällt in Radikale. Die **Folgen** sind: Zerstörung des Erbguts DNS, Schädigung der Membranen (Pumpen in der Zelle funktionieren nicht mehr richtig, Schließzellen können Wasserverdunstung nicht mehr verhindern), vorzeitige Alterung der Zellen. Dies ist z.B. als graue Punkte (= tote Zellen) bei Ahornbäumen an Straßen deutlich erkennbar oder als Spelzenbräune am Getreide. Selbstverständlich schädigt Ozon auch menschliche und tierische Zellen. Die Folgen zu hoher Ozonkonzentration können für Menschen z.B. Reizungen der Atemwege oder Schädigung der Lunge sein.

Ammoniak (NH_3) entsteht, wenn Harnstoff oder Eiweiß in Urin und Kot zersetzt werden. Hauptquellen für Ammoniak im Boden sind Mist und Gülle und der in der Landwirtschaft eingesetzte Mineraldünger. Ammoniak und sein Umbauprodukt Ammonium ($NH_3 + H_2O \rightarrow NH_4 + OH$) führen zur Bodenversauerung. Auch Überdüngung ist eine **Folge**. Bäume reagieren ähnlich wie auf sauren Regen: Blätter vergilben, werden braun oder sterben ab.

Globale Ökologie

Zählen der Nadeljahrgänge

Wie stark die Luftverschmutzung insgesamt ist, könnt ihr an den Nadeln der Bäume ablesen.

Vorgehensweise:
- ✗ Mindestens 20 Bäume (keine jungen) aussuchen
- ✗ Nadeljahrgänge zählen und notieren
- ✗ Das Alter könnt ihr, wie auf nebenstehendem Foto gezeigt, ablesen:

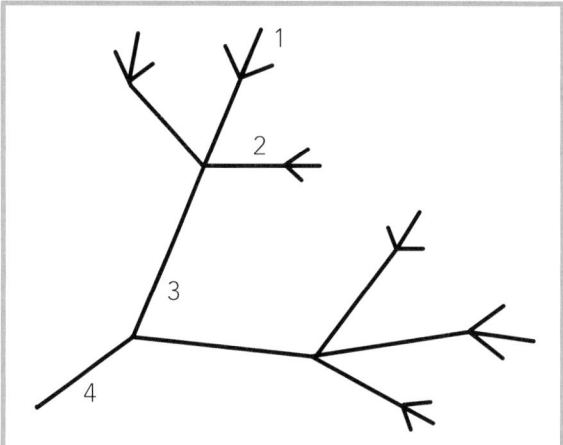

Werte mit denen in folgender Tabelle vergleichen:

Nadeljahrgänge	gesund	schwach geschädigt	mittelstark geschädigt	stark geschädigt
Fichte	7	6	4–5	1–3
Kiefer	3–4	3	2	1
Tanne	11	9–10	5–8	1–4

Bioindikator Ahorn selbst entwickeln als Ozonzeiger

Entwickelt für Straßenbäume eurer Umgebung ein System, das Aussagen über die Ozonbelastung macht: Mit Hilfe der täglich aktualisierten Messwerte auf der Homepage des Bundesumweltamtes *(www.env-it.de/umweltbundesamt/luftdaten/map.fwd?comp=O3)* könnt ihr eine Skala erstellen, die besagt, nach wie vielen Tagen und wie viel Gesamtozonbelastung wie viele nekrotische (tote) Bereiche auf den Blättern sichtbar sind.

Vorgehensweise:
- ✗ Testbäume festlegen, jeden Tag Blätter fotografieren oder sammeln und pressen
- ✗ Blätter datieren und jeden Tag auf der angegebenen Internetseite nach den aktuellen Ozonwerten schauen und diese dazuschreiben
- ✗ nach drei Wochen Blätter zusammenstellen, Auffälligkeiten beschreiben

Zusammen bewirken die Luftschadstoffe **starke Schäden** an Bäumen:
- ✗ **Buche:** Absterben einzelner Äste, Verlust grüner Blätter im Frühsommer, im Herbst werden die Blätter schon im gelb-grünen Zustand abgeworfen, Ausbildung von Kurztrieben oder unnatürlich langen Trieben.
- ✗ **Eiche:** Die Krone lichtet sich von oben nach unten, es entstehen kahle Äste, im Herbst fallen die Blätter vorzeitig zu Boden.
- ✗ **Fichte:** ältere Nadeljahrgänge werden verfrüht abgeworfen, die Bäume verlichten, Nadeln hängen schlaff herunter (Lametta-Syndrom).
- ✗ **Tanne:** Kronenverlichtung, das helle Kernholz vernässt (Nasskern), Triebspitze stirbt, Seitentriebe bilden sich („Storchennest").
- ✗ Daneben treten bei **allen Bäumen** „unsichtbare" Schäden am Feinwurzelsystem auf. Bei Stürmen werden aber auch diese Veränderungen sichtbar, da stark geschädigte Bäume schneller umkippen.

Auch die **Böden** sind vom Gemisch der Luftschadstoffe betroffen, sie weisen eine geringere mikrobielle Aktivität auf und beherbergen weniger Tierlebensgemeinschaften.

Tierlebensgemeinschaften als Indikatoren

An einseitigen Standorten, wie Nadelwäldern, an Orten mit hoher Schadstoffbelastung und an landwirtschaftlich intensiv bewirtschafteten Flächen leben insgesamt weniger und weniger verschiedene Tiere als in einer schadstofffreien Umgebung. Das könnt ihr mit einer Bodenuntersuchung nachweisen.

Vorgehensweise:
- ✗ Auf zwei weiße Tücher (z.B. alte Leintücher) Bodenproben von zwei verschiedenen Standorten legen (z.B. aus einem Naturschutzgebiet und aus einem straßennahen Wald). Dabei alle Bodenschichten einschließlich der Blätter einen Spaten tief und breit ausstechen.
- ✗ Beim Durchsuchen der Bodenproben alle Tiere mit Federstahlpinzetten fangen, bestimmen und zählen. Dazu Tiere nach Art getrennt in Petrischalen geben und mit Bestimmungsbüchern arbeiten.
- ✗ Tiere nicht in die pralle Sonne stellen und nach Beendigung der Arbeit baldmöglichst freilassen!

Als **Smog** bezeichnet man eine **erhöhte Luftschadstoffkonzentration** in der Luft, die auf Grund der Wetterlage **nicht abziehen kann**. In Städten in Tallagen oder Kesseln entwickelt sich der Smog deshalb schneller als in anderen Gebieten. Smog besteht aus einer **Mischung aus Nebel, Staub, Schwefeldioxid und Ruß**. Aus Schwefeldioxid kann schweflige Säure und Schwefelsäure entstehen. Schäden an Gebäuden, Pflanzen und Atemwegen von Menschen und Tieren sind die Folge. Ruß und Stäube belasten zudem das Kreislaufsystem der Menschen, Kohlenmonoxid begünstigt Kopfweh und Übelkeit.

Das **Ozonloch** befindet sich im Gegensatz zu dem oben beschriebenen bodennahen Ozon in über 12 km Höhe. Die so genannte **Ozonschicht** bildet dort einen Schutzschild gegen die UV-Strahlen der Sonne. Früher herrschte ein Gleichgewicht zwischen Ozonzerfall und Aufbau. Fluorchlorkohlenwasserstoffe (FCKW) aus Industrieprodukten haben dieses Gleichgewicht zerstört. Besonders die Chlorverbindungen greifen die Ozonmoleküle an. Die Ausdünnung der Ozonschicht hat deshalb zur Folge, dass mehr UV-Strahlen an der Erde ankommen. Deshalb nehmen z.B. Hautkrebserkrankungen stark zu.

Globale Ökologie

Protokollblatt:
Treibhauseffekt

Meine Beobachtung/Eine Behauptung:
Der Treibhauseffekt erwärmt die Erde.

Meine Frage:
**Kann man ein Modell bauen und nachweisen, dass das stimmt?
Wie funktioniert der Treibhauseffekt?**

Ich vermute: _____
_____

So will ich es herausfinden
(Womit mache ich was warum?
Evtl. Zeichnung auf der Rückseite):

_____

_____

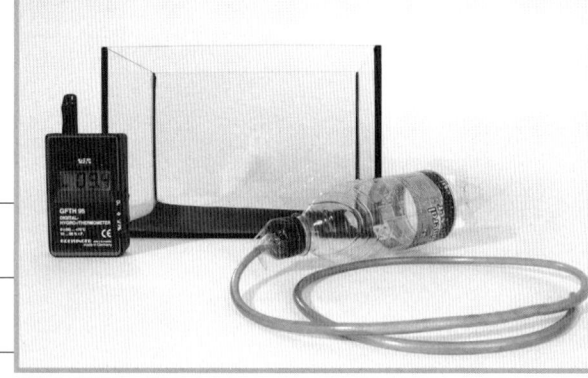

Beobachtungen, Fragen und Erkenntnisse, die mir bei der Arbeit
durch den Kopf gegangen sind:

_____

_____

_____

_____

Ergebnis:

_____

_____

_____

_____

Info: Treibhauseffekt

Unter dem Begriff „Treibhauseffekt" verstehen wir heutzutage den **Stau von Wärme in der Atmosphäre**, früher war damit der Stau von Wärme in einem Gewächshaus gemeint, der nun **Glashauseffekt** heißt. Beide funktionieren im Grunde gleich: Kurzwellige Sonnenstrahlen treten in die Atmosphäre oder in das Glashaus ein, treffen auf den Boden und werden dort zum Teil reflektiert, zum Teil aufgenommen. Der erwärmte Boden gibt langwellige Wärmestrahlen ab.

Die von Menschen verursachten **Treibhausgase** Kohlendioxid (CO_2: Verbrennung fossiler Brennstoffe), Methan (CH_4: Massentierhaltung, Reisanbau, Erdgas), Distickstoffoxid (N_2O: Massentierhaltung, Anbau von Hülsenfrüchten) und Fluorkohlenwasserstoffe (FCKW: Kältemittel, Herstellung von Bildschirmen) oder das Glas hindern die langwelligen Strahlen dann daran, die Atmosphäre oder das Gewächshaus wieder zu verlassen. Beide wärmen sich auf.

Die **Unterschiede** sind, dass beim Treibhauseffekt schon 20 % der kurzwelligen Sonnenstrahlung von den Wolken und Aerosolen (ein Gemisch aus Schwebteilchen und Luft) wieder ins All zurückgeworfen werden. Weitere 9 % der Strahlung werden an der Erdoberfläche reflektiert und verlassen die Atmosphäre ebenfalls. Knapp 20 % der Strahlung werden von der Atmosphäre absorbiert. Nur etwa 50 % nimmt die Erdoberfläche auf und gibt dafür Wärmestrahlung ab. Davon wird der größte Teil von den Treibhausgasen am Verlassen der Atmosphäre gehindert.

Ganz ohne den Treibhauseffekt wäre es ungemütlich kalt auf der Erde: etwa 33 °C kälter als heute. Weil aber seit der Industrialisierung (ab ca. 1850) immer mehr Treibhausgase ausgestoßen werden, nimmt der Treibhauseffekt zu, und wir leben mit einem **unerwünschten Temperaturanstieg**. Die Temperatur ist bis zu 2,5 °C gestiegen. Davon sind nur 0,7 °C in der Atmosphäre spürbar, die restliche Wärme haben die Meere aufgenommen. Diese scheinbar geringe Erwärmung jedoch sorgt für das Abschmelzen von Eis und Schneemassen.
Als Folge davon wird, neben dem steigenden Meeresspiegel, weniger kurzwelliges Licht reflektiert, der Treibhauseffekt wird weiter zunehmen.

Die Erwärmung der Erde wird **vielschichtige Veränderungen** mit sich bringen: Hitzewellen werden z.B. häufiger vorkommen, was negative Auswirkungen auf die Landwirtschaft und damit auf die Ernährung in vielen Teilen der Welt haben wird. Gleichzeitig wird es in anderen Gebieten mehr regnen. Eine Folge davon ist die Erosion der Böden, was ebenfalls die Ernährungssituation verschlechtert. Politiker gehen deshalb davon aus, dass der **Klimawandel** zu der größten **Bedrohung für den Weltfrieden** in den nächsten Jahrzehnten wird.
Je nach Zunahme der Treibhausgase ist mit einem weiteren Anstieg der Temperaturen zwischen 1,1 °C und 6,4 °C bis 2100 zu rechnen.
Es ist deshalb dringend notwendig, weniger Treibhausgase auszustoßen und dies in internationalen Abkommen festzuschreiben.

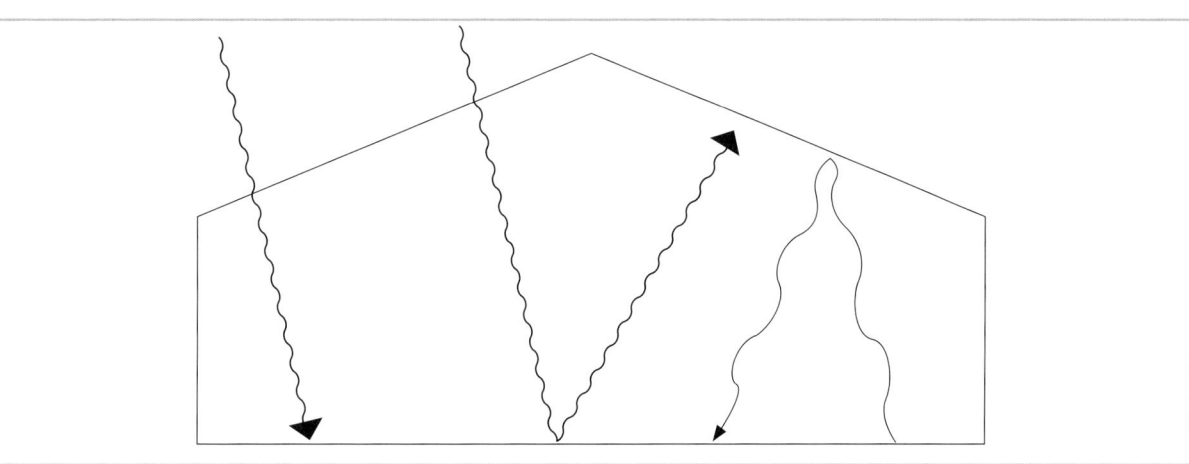

Globale Ökologie

Didaktische Materialien: Treibhauseffekt und Kohlenstoffkreislauf

Einsatzmöglichkeiten

Projektartiges Vorgehen

Der Versuch zur Wirkung des Treibhausgases CO_2 eignet sich als Projekteinstieg. Bei der Durchführung ist unmittelbar zu erkennen, dass CO_2 zur Erwärmung der Erde beiträgt. Die Frage liegt nahe, was gegen ein Fortschreiten der Klimaerwärmung zu tun ist. Die Schüler sammeln Ideen zur Vermeidung von CO_2-Ausstoß in einer Mindmap (vgl. Advance Organizer) und einigen sich, welche Gruppe zu welchem Thema im Internet recherchiert. Nach 30 Minuten stellen die Gruppen vor, welche Sachinformationen sie gefunden haben, was die Ziele eines Projekts zu ihrem Recherchethema sein könnten und welche Internetadressen dazu nützlich sind. Danach diskutiert die Klasse, welche Themen für die Weiterarbeit geeignet sind. Anschließend verteilen die Schüler die Themen. Sie treten in die Planungsphase ein und einigen sich, was das Produkt ihrer Arbeit sein soll. Zudem planen sie, wer was wann wo arbeitet. Falls der Lehrer eine bestimmte Präsentationsform oder eine fachspezifische Arbeitsweise einüben möchte, muss er dies den Schülern vorab bekannt geben.

Im Zusammenhang mit dem Treibhauseffekt kann exemplarisch für andere Kreisläufe der Kohlenstoffkreislauf bearbeitet werden.

Arbeit mit Forschungskisten

Die Schüler bauen selbstständig mit den bereitgestellten Materialien Modelle und beantworten die Frage des Protokollblattes. Falls der Lehrer nicht in die Problematik des Treibhauseffekts einführt, müssen sich die Schüler zunächst selbst einen Überblick über die Vorgänge verschaffen. Dies ist mit Hilfe des Infoblattes zum Treibhauseffekt möglich. Für Schüler, denen der Transfer in ein Modell nicht gelingt, ist ein Aushang des dargestellten Versuchsaufbaus hilfreich.

Klassenverband

Der Lehrer vermittelt den Schülern anhand des Advance Organizers einen Überblick über wichtige Aspekte des Themas „Treibhauseffekt". Die Schüler tragen die Frage „Stimmt es, dass die Erde wärmer wird, wenn CO_2 in der Atmosphäre ist?" in ihr Protokollblatt ein. Lehrer und Schüler planen dann gemeinsam, welche Einflussgrößen des Treibhauseffekts mit welchen Materialien in einem Modell dargestellt werden sollen.

Die Schüler halten die Planung schriftlich fest und notieren auch, wozu die Materialien dienen (die Wanne soll CO_2-Verlust verhindern; Sprudel liefert CO_2; Lampe stellt die Sonne dar; Sand/Erde stellt Erdoberfläche dar; Thermometer dient zur Temperaturmessung vor und nach CO_2-Zugabe).

Sie bauen die geforderten Modelle. Einige stellen ihre Messergebnisse vor. Danach formulieren sie ein Ergebnis.

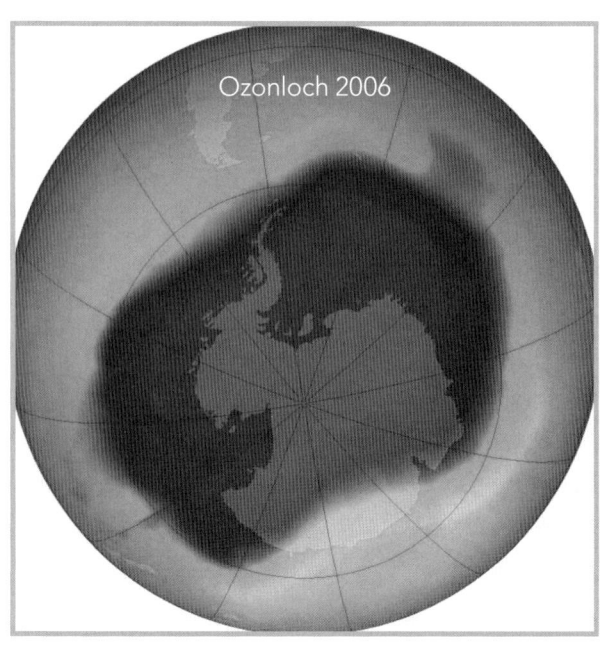
Ozonloch 2006

Globale Ökologie

→ Hilfe

Bei der Arbeit mit der Forschungskiste kann die nachfolgende Hilfe zu der Rubrik „Beobachtungen" als Kärtchen eingefügt werden.

Kreuze die richtigen Aussagen an:

- ○ Die Lampe im Modell steht für die Sonne.
- ○ Das CO_2 in der Umwelt kommt auch zu einem großen Teil aus Mineralwasserflaschen.
- ○ In der Natur entsteht CO_2 beispielsweise bei Verbrennungsprozessen.
- ○ Im Modell ist die Mineralwasserflasche nur eine einfache Möglichkeit, CO_2 zu beschaffen.
- ○ Die Glasscheibe steht für die Wolken in der Natur.
- ○ Die Glasscheibe kann auch weggelassen werden, weil CO_2 schwerer als Luft ist und nicht nach oben entweicht.
- ○ Die Glasscheibe steht im Modell für Treibhausgase, die verhindern, dass von der Erde reflektierte Wärmestrahlen entweichen können.
- ○ Auf Grund der Scheibe heizt sich das Modell etwas stärker auf.

→ Advance Organizer

KOHLENDIOXID VERMEIDEN

VERKEHRSMITTEL
- Solarautos
- Hybridantrieb
- Wasserstofffahrzeuge
- Erdgasfahrzeuge
- Biodiesel
- Verhalten der Menschen

- Öffentliche Verkehrsmittel
- Privatfahrzeuge
- Energiebilanz errechnen

HAUSTECHNIK
- Wärmepumpen
- Solarheizung
- Erdwärme
- nachwachsende Rohstoffe (Holz)
- Isolierung
- Niedrigenergiehäuser

STROMERZEUGUNG
- Fotovoltaik
- Wasserkraft
- Windenergie

EINKAUFSVERHALTEN
- buy local (Transportwege vermeiden)
- Druck auf Hersteller
- gut statt oft einkaufen

→ Materialliste Treibhauseffekt:

- ✗ Pneumatische Wanne, Aquarium o. Ä. mit Sand/Erde
- ✗ Glasscheibe
- ✗ Wärmelampe
- ✗ Stativ
- ✗ Mineralwasserflasche, Stopfen, Schlauch (statt Stopfen: Loch in den Deckel schneiden, mit Klebeband abdichten)
- ✗ Thermometer

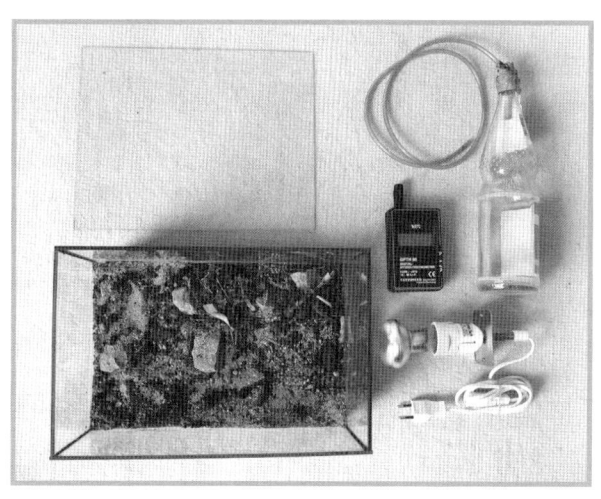

Arbeitsbuch **Ökologie**

1 Globale Ökologie

→ Modell

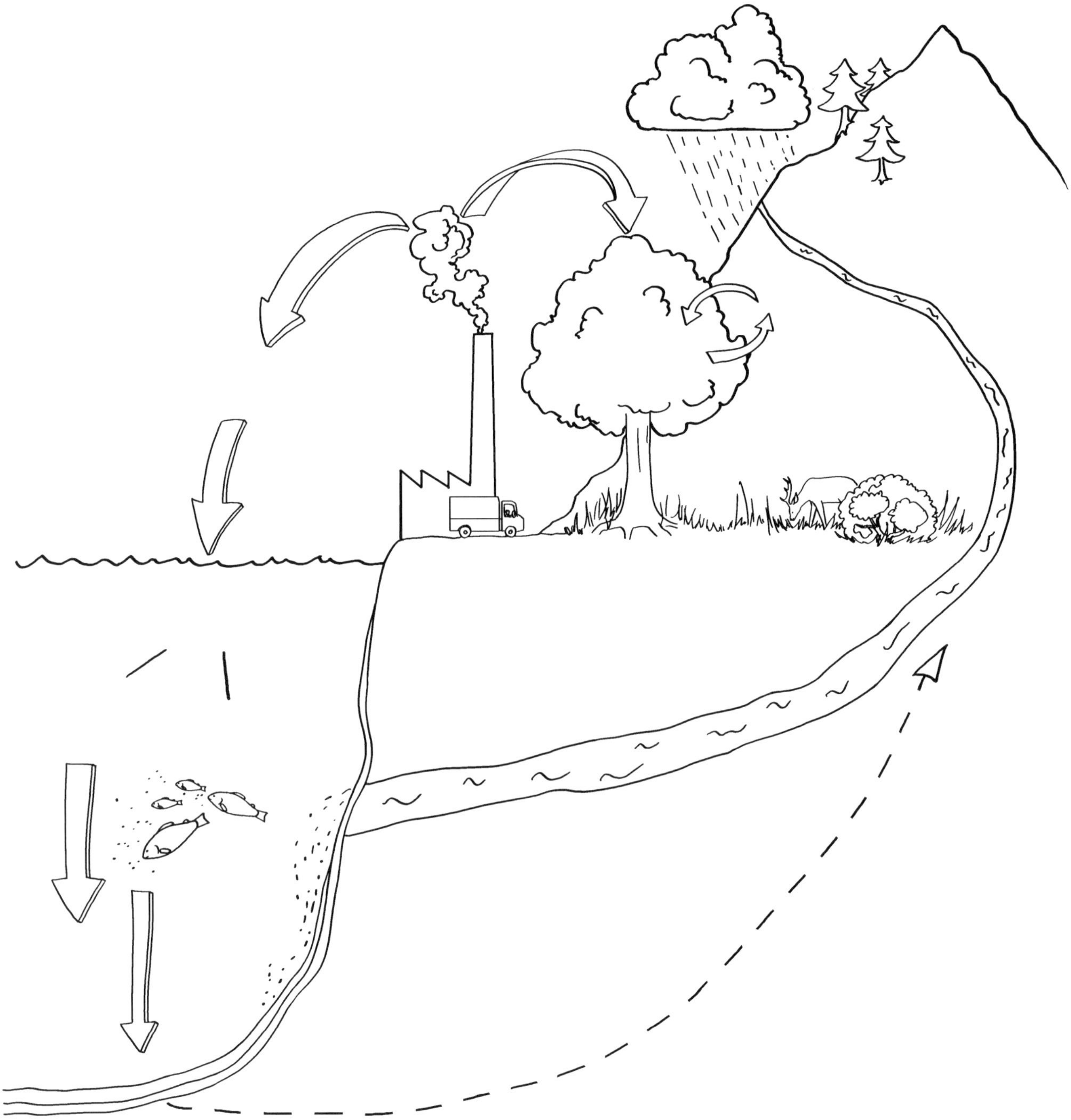

- Temperaturmessung ohne CO_2 und ohne Glasplatte
- Flasche 1–2 Minuten schütteln. (Damit beim Schütteln der Flasche nicht zu viel Wasser durch den Schlauch transportiert wird, sollte die Flasche nicht ganz gefüllt sein.) Nach der CO_2-Einleitung erhöht sich die Temperatur deutlich.
- Die Glasplatte ist für die Funktion des Modells nicht notwendig, da sich die Temperatur bei großer Entfernung der Wärmelampe und dadurch, dass sie durch den Schlauch nicht ganz abschließt, ohnehin nur geringfügig erhöht. Sie macht jedoch für die Schüler das Modell verständlicher.

Protokollblatt:
Die Erde als Treibhaus

Meine Beobachtung / Eine Behauptung:
Die Treibhausgase, wie CO_2, machen die Erde zum Treibhaus.

Meine Frage: _____
_____

Ich vermute: _____
_____

So will ich es herausfinden (Womit mache ich was warum?):
Ich baue mit den Materialien ein Modell, in dem ich am Beispiel des Treibhausgases CO_2 mit Hilfe von Messungen zeige, dass die Erde zum Treibhaus wird. Ich plane zunächst meine Versuchsanordnung mit Hilfe einer Zeichnung:

Beobachtungen:
Ich notiere die Ergebnisse meiner Messungen und meine weiteren Beobachtungen (notfalls auf der Rückseite).

_____
_____
_____

Ergebnis:

_____
_____
_____

Die Erde als Treibhaus

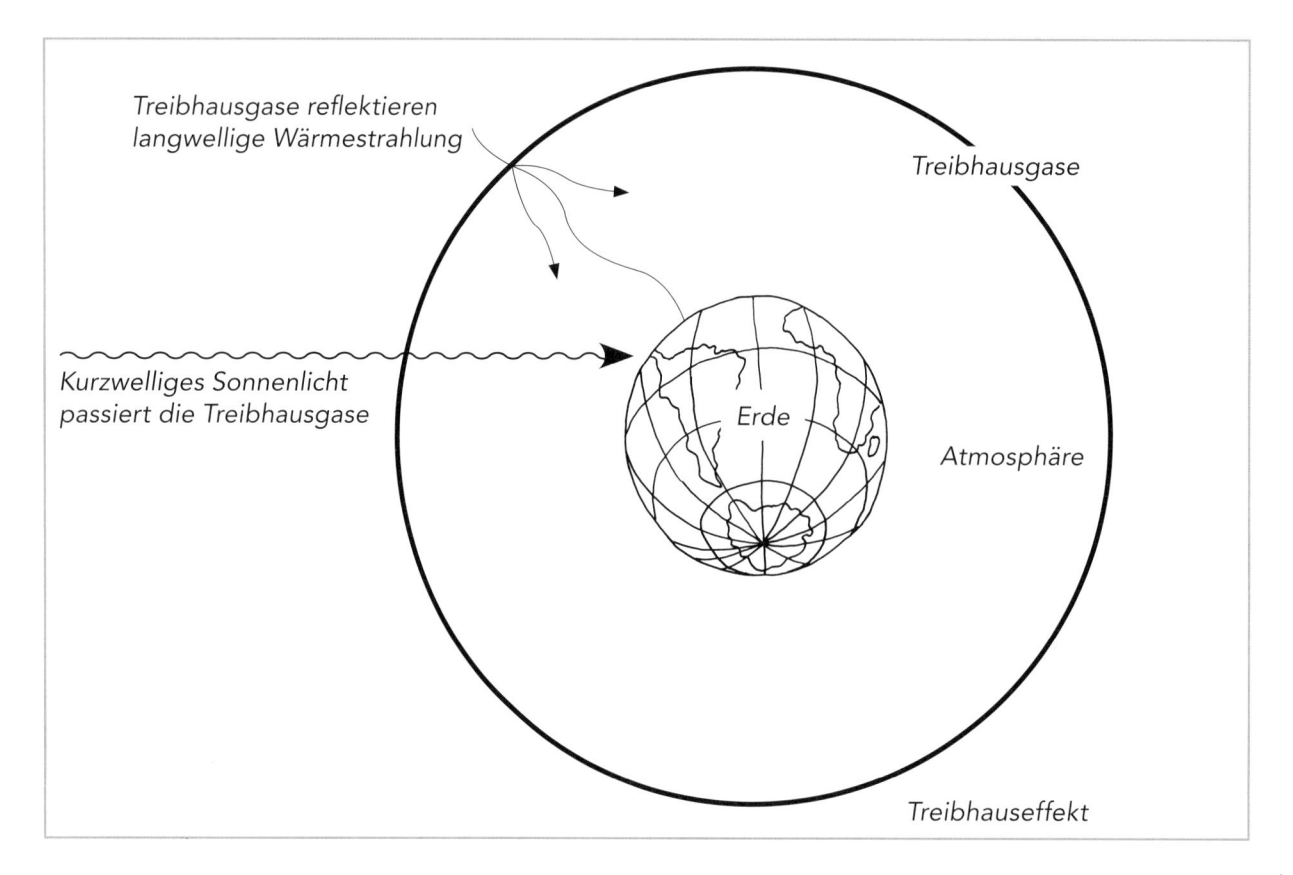

Treibhausgase reflektieren langwellige Wärmestrahlung

Treibhausgase

Kurzwelliges Sonnenlicht passiert die Treibhausgase

Erde

Atmosphäre

Treibhauseffekt

Die Erde wird von einer „Luftschicht", der **Atmosphäre**, und den **Treibhausgasen** umgeben. Zu den Treibhausgasen gehören beispielsweise Kohlendioxid, Methan und Distickstoffoxid. Zudem ist Wasserdampf in der Atmosphäre enthalten. Die genannten Stoffe sind durchlässig für einen Teil der Sonnenstrahlen, nämlich für das sichtbare und das ultraviolette Licht. Diese **Lichtwellen** können die Treibhausgase deshalb passieren, weil sie **kurzwellig** sind. Sie heizen die Erde auf, sobald sie deren Oberfläche erreicht haben. Die Erde gibt einen Teil der Wärme wieder ab, allerdings in Form von **langwelliger, infraroter Strahlung**. Langwellige Strahlen können die Treibhausgase jedoch nicht passieren, sie bleiben in der Atmosphäre und heizen diese auf. Derselbe Effekt ist auch in Glashäusern, Autos oder Klassenzimmern mit großen Fenstern zu bemerken. Statt der Treibhausgase verhindern hier die Glasscheiben, dass langwellige Strahlung wieder ins Freie gelangen kann. Übrigens: Ganz ohne **Treibhauseffekt**, also ohne Treibhausgase, wäre es auf der Erde sehr kalt, sie wäre eisbedeckt. Die von den Menschen verursachten Treibhausgase verstärken den Effekt jedoch. Einen entscheidenden Anteil daran hat das CO_2, das die Menschen bei Verbrennungsprozessen freisetzen.

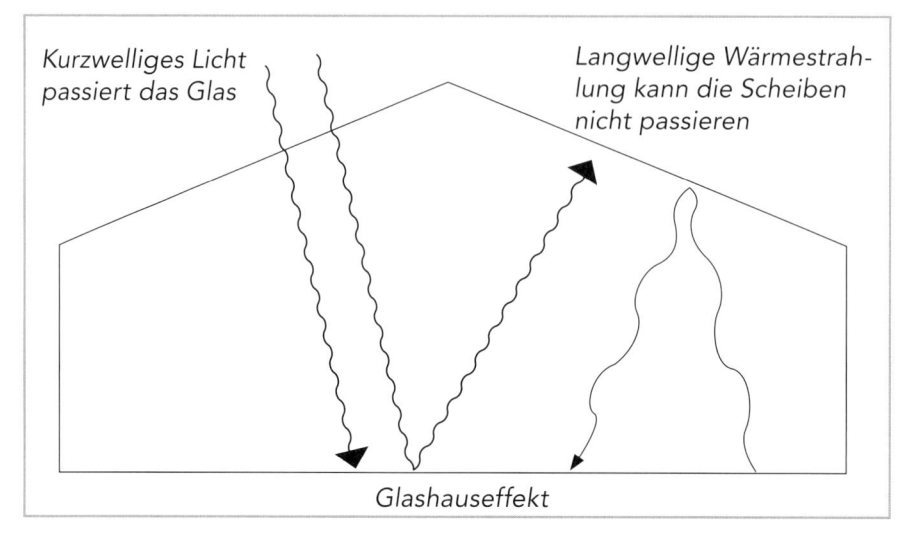

Kurzwelliges Licht passiert das Glas

Langwellige Wärmestrahlung kann die Scheiben nicht passieren

Glashauseffekt

Globale Ökologie

Didaktische Materialien:
Golfstrom

Einsatzmöglichkeiten:

Projektartiges Vorgehen

Der Lehrer vermittelt den Schülern zunächst anhand des Advance Organizers einen Überblick über Verlauf und Bedeutung des Golfstromes. Die Schüler bekommen anschließend die Aufgabe, in ihrer Gruppe ein Modell des Golfstromes zu bauen. Sie können sich beim Lehrer die notwendigen Materialien anfragen, entweder er kann sie ihnen aus der Schulsammlung geben, oder die Schüler besorgen sie selbst. Zunächst müssen sie aber auf dem Protokollblatt ihre Planungen festhalten und dem Lehrer vorlegen. Sie bauen dann ihr Modell, fertigen eine Zeichnung an, protokollieren Messergebnisse und schreiben eine Antwort auf die Frage des Protokollblattes. Im Abschlussplenum vergleichen und diskutieren die Schüler dann ihre Modelle. Auch ihr Arbeitsverhalten kann reflektiert werden.

Forschungskiste

Die Schüler bearbeiten selbstständig die Forschungskiste „Golfstrom". Dort sind das Protokollblatt, das Infoblatt und die Materialien enthalten. Sie bauen mit den bereitgestellten Materialien ein Modell des Golfstromes und beantworten die Frage des Protokollblattes. Wenn alle Schüler die Forschungskiste bearbeitet haben, können eine Modellbesprechung, eine Reflexion der Arbeitshaltung oder ein zusammenfassender Tafelanschrieb folgen.

Klassenverband

Der Lehrer vermittelt den Schülern anhand des Advance Organizers einen Überblick über Verlauf und Bedeutung des Golfstromes. Das Protokollblatt wird zunächst gemeinsam ausgefüllt: Der Lehrer gibt die Frage vor, zu der die Schüler eigene Vermutungen äußern und besprechen können. Sie bekommen anschließend die Aufgabe, mit den bereitgestellten Materialien in Gruppen ein Modell des Golfstromes zu bauen. Sie können nun erste Ideen äußern, wie dieses Modell angefertigt werden könnte. Diese sollen sie in der Gruppe diskutieren und dann ihr Modell erstellen. Auch hier kann als Abschluss eine Besprechung der Gruppenergebnisse, eine Reflexion oder ein Tafelanschrieb erfolgen.

1 Globale Ökologie

→ Hilfe

Bei der Arbeit mit einer Forschungskiste kann die nachfolgende Aufgabe in die Rubrik „Beobachtungen beim Experiment" eingefügt werden.

Kreuze die richtigen Aussagen an:

○ Das Eis steht für Eisberge, die auf Europa lagern.
○ Das Eis sorgt dafür, dass das Wasser vor „Europa" eine realistische Temperatur annimmt.
○ Das Eis kann man als Eis aus der Arktis (am Nordpol) sehen, das für kaltes Wasser um Europa herum sorgt.
○ Kaliumpermanganat ist ein Hilfsmittel, um im Modell die Strömung sichtbar zu machen.
○ Kaliumpermanganat ist ein Bestandteil des Golfstromes.

→ Advance Organizer

	GOLFSTROM	
GROSSER MEERESSTROM	**ANTRIEB VON MEERESSTRÖMUNGEN**	**KLIMA**
• vom Golf von Mexiko nach Europa • transportiert warmes Wasser • Warmwasserheizung Europas	• z.B. Winde • z.B. Oberfläche des Meeresbodens	• G. beeinflusst Klima und Zusammensetzung der Lebensgemeinschaften in Europa • Klima kann G. beeinflussen

→ Materialliste

✗ Gefäß
✗ Thermometer
✗ Kaliumpermanganat
✗ Eiswürfel

→ Modell

Das Gefäß wird mit lauwarmem Wasser gefüllt (ca. 22 °C). Im „Osten" kühlen Eiswürfel das Wasser um Europa herum ab. Dadurch erhöht sich die Dichte, das Wasser wird schwerer und sinkt ab. Temperaturdifferenzen zwischen Oberfläche und Tiefenwasser können mit dem Thermometer gemessen werden. Gibt man wenige Körnchen Kaliumpermanganat in den „Golf von Mexiko", sieht man alsbald lilafarbene Schwaden in Richtung „Europa" ziehen.

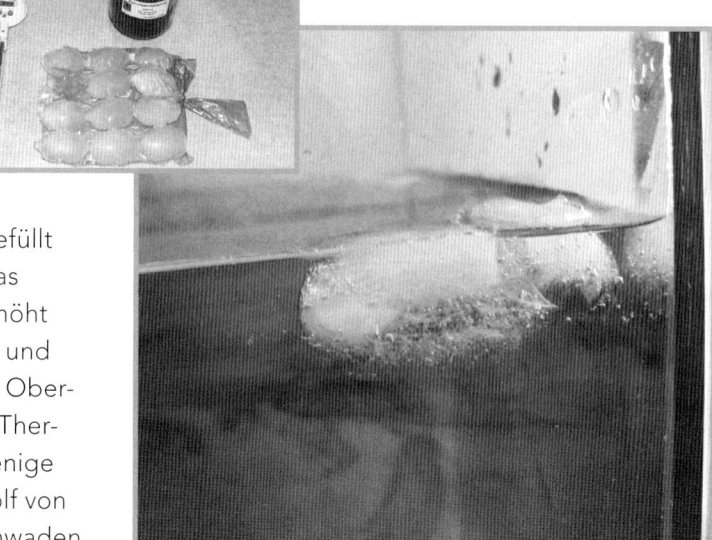

Protokollblatt: Golfstrom

Meine Beobachtung / Eine Behauptung:
Der Golfstrom wärmt Europa. Man sagt, der Golfstrom könnte abbrechen (nicht mehr strömen).

Meine Frage:
Wie funktioniert der Golfstrom? Was passiert, wenn er abbricht?

Ich vermute: _____
_____

So will ich es herausfinden (Womit mache ich was warum?):
Ich baue ein Modell, das zeigt, wie der Golfstrom funktioniert. Dazu ...
_____
_____
_____

Beobachtungen beim Experiment (Zeichnungen und Messergebnisse evtl. auf der Rückseite notieren):
_____
_____
_____
_____

Ergebnis:
_____
_____

Info: Golfstrom

Der Golfstrom **transportiert riesige Mengen warmes Wasser** aus subtropischen Bereichen im Golf von Mexiko nach Nordeuropa. Was als schnell fließender Strom von 50 km Breite und 300 m Tiefe beginnt, verzweigt sich im Atlantik und gelangt so als breit gefächerte Wassermasse an viele Küsten Europas. Auf diese Art und Weise wirkt der Golfstrom als **„Warmwasserheizung" Europas**. Wissenschaftler gehen davon aus, dass es in Europa ohne den Golfstrom durchschnittlich um etwa **5 °C kälter** wäre und deshalb andere Pflanzen und Tiere bei uns leben würden, wenn es ihn nicht gäbe. Verschiedene Messungen in den letzten 50 Jahren zeigen, dass **der Golfstrom wahrscheinlich schwächer geworden ist**. Diese Entwicklung könnte sich durch die Erderwärmung verstärken. Um das zu verstehen, muss man den Golfstrom etwas genauer betrachten. Unabhängig von der Klimaveränderung verläuft die **Entstehung des Golfstroms**. Sie beginnt mit dem Floridastrom. Er entsteht, weil Wassermassen von Winden durch einen Engpass zwischen Kuba und Südamerika gedrückt werden. Dadurch beschleunigt sich das Wasser, durchläuft den Golf von Mexiko im Uhrzeigersinn und stößt auf eine weitere Meerenge zwischen Kuba und Nordamerika, an der die Wassermassen weiter an Geschwindigkeit gewinnen und entlang der Küste der USA nach Norden fließen. Etwa 1500 km von der Küste entfernt trifft der Floridastrom auf das kalte Wasser des Labradorstroms. Die Winde, die den Labradorstrom antreiben, lenken den Floridastrom um, sodass er in Richtung Europa fließt. Im Grunde spricht man erst jetzt vom Golfstrom.

Andere Kräfte, die den Golfstrom beeinflussen, können durch die Klimaveränderungen beeinflusst werden: Ein wichtiger Antrieb des Wasseraustausches über den Atlantik hinweg ist das globale Förderband oder die **thermohaline Zirkulation**. Thermo (= Wärme)-Zirkulation oder auch **temperaturbedingter Kreislauf** deshalb, weil vor Europa kalte Wassermassen in die Tiefe des Atlantiks absinken. An der Oberfläche wird warmes Wasser dafür nachgezogen. Dazu kommt es, weil Wasser bei kalten Temperaturen (etwa 4 °C) die größte Dichte hat, also am schwersten ist und absinkt. Halin (= Salz)- oder **salzbedingter Kreislauf** deshalb, weil salzhaltiges Wasser bei noch tieferen Temperaturen am schwersten ist und das besonders salzhaltige Wasser an Europas Küsten den Effekt des Absinkens noch verstärkt.

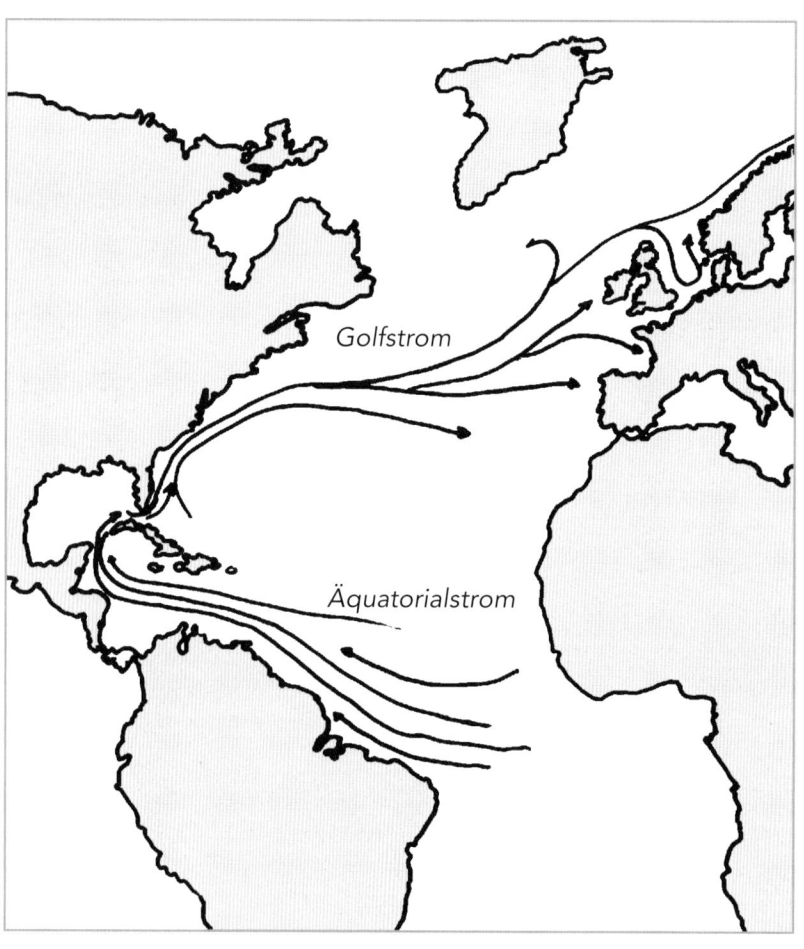

Wenn nun die **Klimaerwärmung** dazu führt, dass die Eismassen an den Polen abschmelzen, wird Süßwasser in die Meere fließen und der Salzgehalt des Wassers wird sich verringern. Dadurch könnte der **Golfstrom merklich schwächer** werden. Das Klima in Europa könnte sich um einige Grad abkühlen. Möglicherweise könnten die jetzt hier lebenden Pflanzen und Tiere unter diesen Bedingungen nicht mehr oder nur schlecht wachsen.

Globale Ökologie

Didaktische Materialien: Alternative Energien

Einsatzmöglichkeiten

Projektartiges Vorgehen

Der Lehrer beginnt an der Tafel einen Advance Organizers zum Thema „Energieversorgung", indem er z.B. nur die Hauptäste einzeichnet. Die Schüler ergänzen dann ihr Wissen und diskutieren das Ergebnis. Daraufhin setzen sie sich anhand des Protokollblatts „Energieversorgung: Klimafreundlich?" oder, wenn das Thema zugespitzt werden soll, mit dem Blatt „Energieversorgung: Es geht doch ohne Atomkraft" und dem Infoblatt auseinander. Ihre Aufgabe ist es, in ihrer Gruppe zu entscheiden, welchen Bereich der Energieversorgung sie erarbeiten wollen. Dazu sollen sie dann einen Plan auf dem Protokollblatt entwickeln. Als Alternative können die Schüler mit dem Material beauftragt werden, eine Diskussion über Atomkraft vorzubereiten, in der sich die eine Hälfte der Klasse für und die andere gegen diese Energieform aussprechen soll. Im Anschluss an die Diskussion beginnt dann die Planung wie oben beschrieben. In der Projektphase können die Gruppen sowohl auf die Anregungen auf dem Infoblatt zurückgreifen als auch eigene Vorschläge erarbeiten, die sie dann jedoch vor Beginn der Arbeit vom Lehrer genehmigen lassen müssen. Den Abschluss des Projekts kann eine Präsentation der Ergebnisse vor den Eltern bilden. Falls Empfehlungen an die Stadtverwaltung erarbeitet wurden, können natürlich auch Mitglieder der Verwaltung und Parteien, sowie Pressevertreter dazu eingeladen werden.

Forschungskiste/Klassenverband

Der Lehrer schreibt „Atomkraft – nein danke?" an die Tafel und fordert mit diesem Impuls eine kurze Diskussion über Atomkraft heraus. Nachdem die Schüler ihre Standpunkte der Schüler zu diesem Thema besprochen haben, bearbeiten sie das Protokollblatt „Energieversorgung: Es geht auch ohne Atomkraft" mit Hilfe des Infoblatts und evtl. des unten angegebenen Textes: „Was zu Gunsten der Atomkraft behauptet wird".

Nach Abschluss der praktischen Arbeit kann der Lehrer dann Aussagen in den Raum stellen, zu denen die Schüler Stellung nehmen sollen, z.B.: Unsere Atomkraftwerke sind sicher. Atomkraft ist wichtig für den Klimaschutz und damit für die Gesundheit. Ohne Atomkraft gibt es nicht genügend Strom. Die Stromversorgung bricht ohne AKW zusammen. Man braucht die AKW und die Kohlekraftwerke, um den Strom-Grundbedarf zu decken, der Wind weht schließlich nicht immer, und es scheint auch nicht immer Sonne. Atomkraft ist billig, und es kann sich nicht jeder Ökostrom leisten. Windkraft- und Biogasanlagen sind keine Zierde in der Landschaft. Ich selbst kann ja ohnehin nichts gegen AKW tun.

Das Material zur Atomkraft und zur Energieversorgung ist vorwiegend auf eine Bearbeitung mittels Lesen ausgerichtet. Ein höheres Maß an Selbststeuerung entsteht trotzdem, wenn die Schüler eigene Wege zur Klärung der Fragestellung erarbeiten, etwa die Stadtwerke anzurufen,

1 Globale Ökologie

im Internet zu recherchieren, Experten zu befragen usw. Ist nicht genug Zeit für Recherchen vorhanden, sollte die Rubrik „So will ich es herausfinden" vorgegeben werden: „Ich erweitere mein Wissen mit Hilfe des Infoblatts und beantworte die Fragen".

Hilfe

Kernkraft-Debatte

Nutze unten stehende Informationen, und suche im Internet mit Hilfe von Suchmaschinen nach Argumenten pro/kontra Atomkraft (Eingabe in die Suchmaske z.B. „Atomkraft pro kontra" oder „Argumente für/gegen Atomkraft" …).
Notiere die Argumente sowie stützende Fakten und Beispiele in Stichworten. Später wirst du in eine Diskussionsgruppe eingeteilt und musst für oder gegen Atomkraft Stellung nehmen.

Was zu Gunsten der Atomkraft behauptet wird, aber …

Ohne Atomkraft gibt es nicht genügend Strom.
– Das Problem wird absichtlich herbeigeredet, tatsächlich ist im Stromnetz so viel Stromreserve, wie fünf Atomkraftwerke produzieren.

Die Stromversorgung bricht ohne AKWs zusammen. – Stimmt nicht, es gibt tausende kleine Kraftwerke, die eine sichere Stromversorgung garantieren. Würde man sich nur auf AKWs verlassen, wäre das ein großes Risiko: AKWs müssen immer wieder abgeschaltet werden, dann fallen riesige Strommengen weg.

Man braucht die AKWs, um den Grundbedarf an Strom zu decken. – Atomkraftwerke können den Grundbedarf nicht sicher genug decken, sie brauchen andere Kraftwerke in der Rückhand, um Stillstandzeiten abzusichern.

Atomkraft ist billig. – Atomkraft ist teuer! Der Strom kann heute nur so billig verkauft werden, weil der Staat jahrelang Subventionen (= Geldzuschüsse) gezahlt hat, etwa 12,5 Milliarden Euro seit 1976. Für erneuerbare Energien wurde nicht annähernd die Hälfte ausgegeben. Müsste die Atomindustrie ihre Anlagen gegen einen GAU (= größten anzunehmenden Unfall) versichern, müsste für die Haftpflichtversicherung rund 1,75 Euro je Kilowattstunde vom Verbraucher zusätzlich bezahlt werden. Würde man also einen „echten Preis" für Atomstrom verlangen, wäre dieser gänzlich unrentabel. Zum Vergleich: Bislang bezahlt der Verbraucher für eine Kilowattstunde Atomstrom weniger als 20 Cent, dagegen kostet eine Kilowattstunde ungefährlicher und klimafreundlicher Ökostrom etwa 25 Cent.

Biogasanlage

Falls Schüler mit Biogasanlagen arbeiten oder der Lehrer eine eigene Fragestellung zu Biogasanlagen verwenden möchte (z.B.: „Unter welchen Bedingungen funktioniert eine Biogasanlage am besten?", dabei Experimente mit unterschiedlichen Ausgangsstoffen und unterschiedlicher Zimmertemperatur), können mit der nachfolgenden Hilfe die Vorgänge in der Biogasanlage erklärt werden.

Kreuze die richtigen Aussagen an:

- ○ In den großen Erlenmeyerkolben gibt man Methan.
- ○ In den großen Erlenmeyerkolben gibt man pflanzliche Produkte aus langkettigen Molekülen.
- ○ Bakterien ernähren sich von Pflanzenteilen und spalten diese schrittweise auf.
- ○ Alle Endprodukte des Gärprozesses in der Biogasanlage werden verbrannt.
- ○ Nur gasförmige Bestandteile werden verbrannt, und davon möglichst nur das Methan.
- ○ Die Kalilauge ist notwendig, um CO_2 aus dem Gasgemisch auszuwaschen, denn CO_2 brennt nicht.

Biogasherstellung

1. Ausgangsstoffe der Biogasherstellung sind langkettige Moleküle in Pflanzen oder pflanzlichen Produkten (Eiweiß, Kohlenhydrat, Fett, Cellulose). Die Moleküle bestehen aus Atomen wie Kohlenstoff, Wasserstoff, Sauerstoff, Stickstoff oder Schwefel.

2. Bakterien spalten langkettige Moleküle auf dem Weg der Hydrolyse, also mittels Anlagerung von Wasser, zu kleineren Zwischenprodukten und schließlich weiter zu Säuren, wie beispielsweise Milchsäure, Buttersäure, Fettsäure sowie zu Alkoholen, Kohlendioxid und Wasserstoff.

3. Bakterien bauen die Zwischenprodukte weiter ab: Zunächst entstehen Essigsäure, Kohlendioxid und Wasserstoff. Diese drei Produkte werden zu Methan umgesetzt. Allerdings ist zu viel Kohlendioxid vorhanden, in der Biogasanlage entsteht deshalb ein Gas, das Methan (CH_4) und Kohlendioxid (CO_2) enthält. Zudem verbleiben Feststoffe, die als Dünger für Pflanzen verwendet werden können.

4. Das Gasgemisch in großen Biogasanlagen wird umfangreich gereinigt: Schwefelverbindungen werden entfernt, und Kohlendioxid wird ausgewaschen. Schließlich wird das Gas getrocknet und in einem Motor zur Stromerzeugung verbrannt oder in das Erdgasnetz eingespeist. Im hier vorgeschlagenen Versuchsaufbau unterbleibt die Trocknung und Entschwefelung.

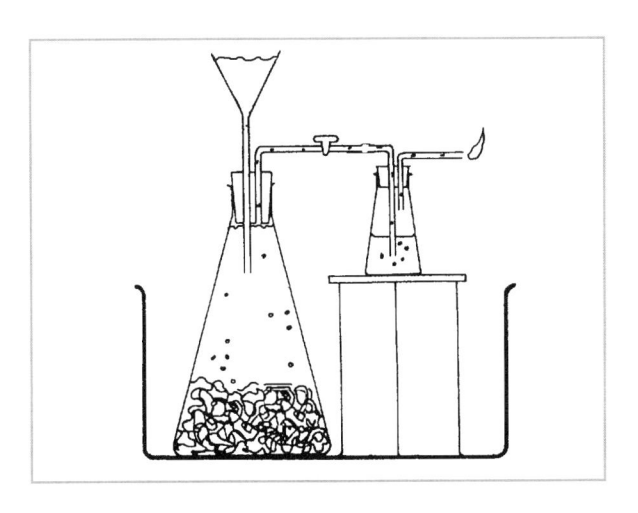

Advance Organizer

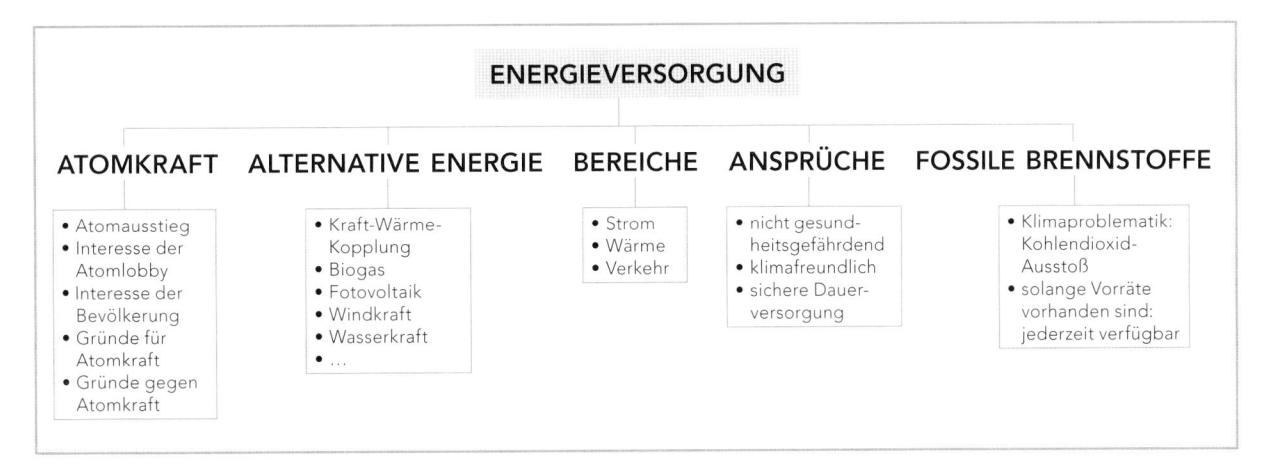

ENERGIEVERSORGUNG

ATOMKRAFT	ALTERNATIVE ENERGIE	BEREICHE	ANSPRÜCHE	FOSSILE BRENNSTOFFE
• Atomausstieg • Interesse der Atomlobby • Interesse der Bevölkerung • Gründe für Atomkraft • Gründe gegen Atomkraft	• Kraft-Wärme-Kopplung • Biogas • Fotovoltaik • Windkraft • Wasserkraft • …	• Strom • Wärme • Verkehr	• nicht gesundheitsgefährdend • klimafreundlich • sichere Dauerversorgung	• Klimaproblematik: Kohlendioxid-Ausstoß • solange Vorräte vorhanden sind: jederzeit verfügbar

Materialliste

Biogasanlage:
- 2 Erlenmeyerkolben
- Wanne
- Dreibein
- Trichter
- 2 Stopfen
- Glasrohre oder Schlauchmaterial mit Hahn
- 10%ige Kalilauge
- Wasser
- Salz
- Gärgut

Arbeitsbuch **Ökologie**

1 Globale Ökologie

Protokollblatt:
Energieversorgung:
klimafreundlich?

Meine Beobachtung / Eine Behauptung:
Politiker aller Parteien akzeptieren inzwischen, dass wir unsere Energieversorgung dringend umstellen müssten, wenn wir eine drastische Klimaveränderung verhindern und die Zukunft für kommende Generationen sichern wollen.

Meine Frage:
Welche Möglichkeiten zur „Energiewende" gibt es, wie funktioniert die Technik? Und: Was kann ich für das Klima und meine Zukunft tun?

Ich vermute: _____

_____

So will ich es herausfinden
(Womit mache ich was warum?):

_____

_____

_____

Ergebnis:

_____

_____

_____

_____

_____

Arbeitsbuch **Ökologie**

Protokollblatt:
Energieversorgung:
Es geht doch ohne Atomkraft

Meine Beobachtung / Eine Behauptung:
Parteien und Interessenvertreter der Industrie sagen, wir könnten uns nicht ohne Atomkraftwerke mit Strom versorgen.

Meine Frage:
Können wir uns ohne Atomkraftwerke mit Strom versorgen, und was können meine Familie und ich dafür tun?

Ich vermute: _____
_____

So will ich es herausfinden (Womit mache ich was warum?):
_____
_____
_____

Fragen, die mir bei der Arbeit durch den Kopf gegangen sind:
_____
_____

Ergebnis:
_____
_____
_____
_____

Info:
Energieversorgung

Die vier großen **Stromkonzerne** E.ON, Vattenfall, RWE und EnBW haben 2007 knapp 20 Milliarden Euro verdient, unter anderem mit dem Verkauf von Atomstrom. Das Anliegen der Konzerne ist, die bestehenden Atomkraftwerke noch möglichst lange betreiben zu dürfen, um damit weiterhin Geld verdienen zu können.
E.ON ist an 11 der 17 deutschen Atomkraftwerke beteiligt, die RWE an 5, die EnBW an 4 und Vattenfall an 2. Sowohl in der Bevölkerung als auch bei den Politikern ist die Meinung gespalten in **Gegner und Befürworter von Atomenergie**.
Die Energiekonzerne versuchen, über Interessenvertreter, so genannte Lobbyisten, möglichst viele Politiker von ihrer Sicht zu überzeugen. Wie das geschieht, kann man auf der Homepage *www.lobbycontrol.de* nachlesen.

Wer sich fragt, was die **Energie der Zukunft** sein müsste, wird vielleicht sagen, dass sie die **Gesundheit der Lebewesen nicht gefährden** darf, klimafreundlich sein soll und dass eine **sichere Dauerversorgung** mit Energie gewährleistet sein soll. Legt man dies als Maßstab zur Beurteilung von Energien an, so scheidet die Atomkraft als brauchbare Energiequelle aus: Atomkraftwerke entlassen permanent mit dem Kühlwasser und der Abluft Niedrigstrahlung in die Umwelt.

Zudem könnte ein einziger schlimmer Unfall in einem Atomkraftwerk wie der GAU (= größter anzunehmender Unfall) 1986 in Tschernobyl weite Teile Deutschlands unbewohnbar machen. Atomkraftwerke müssen immer wieder zur Wartung abgeschaltet werden und sind deshalb keine Garantie für eine sichere Grundversorgung mit Strom. Zudem sind auch sie von einem „Betriebsstoff", Uran, abhängig, der nach verschiedenen Schätzungen nur noch für 100–200 Jahre ausreichend vorhanden ist. Aus dem obigen Schaubild ist ersichtlich, dass die Atomkraft keinen unersetzbar großen Anteil hat.

Die Grafik veranschaulicht auch, dass 95 % der verwendeten Energien die oben genannten Kriterien „klimafreundlich" und „die Gesundheit nicht gefährdend" nicht erfüllen: Die fossilen Brennstoffe (Erdöl, Erdgas, Kohle) verursachen alle bei der Verbrennung klimaschädliche und gesundheitsgefährdende Abgase. Die Suche nach der Energie der Zukunft sollte nicht auf Strom beschränkt sein: Auch für Wärme und Verkehr gilt es, neue geeignete Energieformen zu finden. Die zukünftige Energieversorgung ist deshalb grundsätzlich zu ändern. Ein erster Schritt könnte auch das Energiesparen sein.

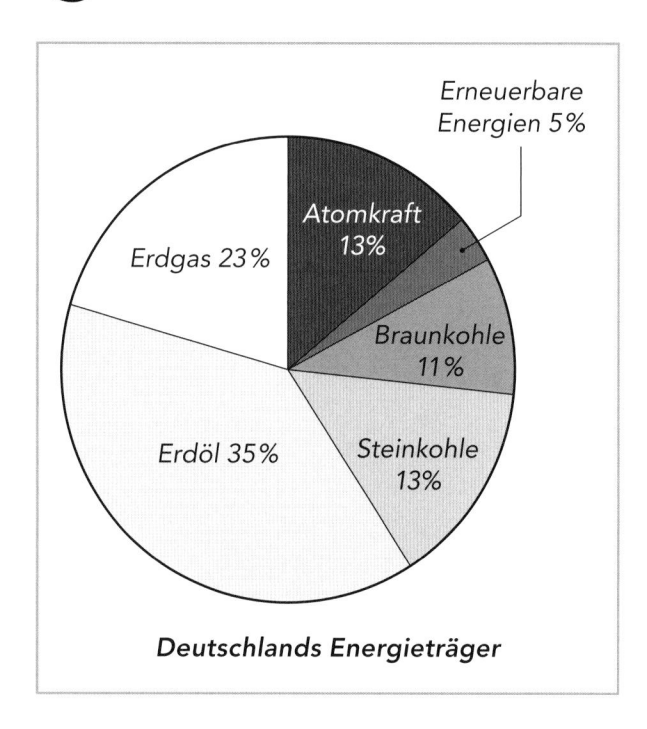

Deutschlands Energieträger
- Erneuerbare Energien 5 %
- Atomkraft 13 %
- Braunkohle 11 %
- Steinkohle 13 %
- Erdöl 35 %
- Erdgas 23 %

Schul-Check

Stellt eure Schule auf Stromsparen ein: Ergänzt die folgende Liste um weitere Ideen. Geht dann durch eure Schule, und stellt fest, welche Anregungen sich umsetzen lassen oder welche vielleicht schon beachtet werden. Stellt dann gemeinsam einen Plan zum Ernergiesparen an eurer Schule auf.

Vorgehensweise:
- ✗ **Stand-by-Geräte mit Schalterstecker versehen:** Der gesamte Stand-by-Betrieb in Deutschland verbraucht so viel Energie wie zwei Atomkraftwerke produzieren.
- ✗ **Energiesparlampen verwenden:** 10% des Stromverbrauchs in einem Haushalt werden für Licht verbraucht. Herkömmliche Birnen wandeln nur 5% des Stroms in Licht um, der Rest geht als Wärme verloren.
- ✗ **Beleuchtung reduzieren:** In vielen Gebäuden brennen oft unnötig viele Lampen und auch an Orten, an denen sich niemand aufhält. Häufig ist es in Klassenzimmern möglich, weniger Leuchtstoffröhren zu benutzen (Röhren probeweise entnehmen oder bestimmte Schalter farbig markieren und diese nur notfalls benutzen). Auf Gängen und Toiletten können Bewegungsmelder unnötige Beleuchtungszeiten vermeiden.
- ✗ **Haushaltsgeräte austauschen:** Sucht mit Messgeräten (z.B. Energiekosten-Messgeräte aus dem Baumarkt) nach den Stromfressern in eurer Schule, und berechnet, wann sich eine Neuanschaffung lohnen würde. Bei Neuanschaffungen sollten nur Geräte mit der besten Energieeffizienzklasse gekauft werden. Das EU-Energie-Label gibt darüber Auskunft.

Strom: Für die Stromversorgung sind in weit höherem Maß **erneuerbare Energien** zu nutzen: **Windkraft** kann in küstennahen Bundesländern fast drei Viertel des Strombedarfs decken, und auch im Binnenland lohnen sich Windkraftanlagen. Allerdings werden aus Sorge um das Landschaftsbild und mögliche Einflüsse auf Vögel nur noch wenige Anlagen gebaut. Auch das Potenzial der **Wasserkraft** ist längst nicht ausgenutzt: An vielen Flüssen könnten Wasserkraftwerke eingerichtet werden, wenn darauf geachtet wird, dass Fischtreppen eingebaut werden. Die **Fotovoltaik** ist bereits ein boomender Markt. Der Bau von Anlagen auf Hausdächern könnte gesetzlich vorgeschrieben werden, sodass der Anteil der Sonnenenergie an der Stromproduktion drastisch steigen würde.

Strom-Reportage

In eurer Umgebung gibt es sicher Fotovoltaikanlagen, vielleicht auch Biogasanlagen und Windräder. Besucht die Hersteller, Verkäufer oder Besitzer solcher Anlagen.

Vorgehensweise:
- ✗ Interviewfragen vorbereiten
- ✗ Schreibbrett und Digitalkamera mitnehmen
- ✗ Erarbeitet eine Reportage, die erklärt, wie der Strom in diesen Anlagen erzeugt wird, was die Geräte kosten und wie viel sie erzeugen können. Stellt Vor- und Nachteile der Anlagen dar. Bittet die Verkäufer der Anlagen um Fotos, Broschüren usw., die ihr in eurer Präsentation verwenden könnt, oder sucht danach im Internet. Darüber hinaus könnt ihr euch eine kleine Solarzelle besorgen. Auch damit kannst du deine Arbeitsergebnisse anschaulicher darstellen oder erklären (z.B. „Wie funktioniert eigentlich eine Solarzelle?").

Globale Ökologie

Einen wichtigen Beitrag zur „Energiewende" kann die **Kraft-Wärme-Kopplung** (KWK) leisten: Bei der Verbrennung von Öl, Kohle und Gas zur Stromerzeugung geht die Wärme sonst verloren. Stattdessen bietet es sich an, in größeren Wohneinheiten Blockheizkraftwerke einzubauen, die sowohl Wärme als auch Strom („Kraft") erzeugen. Als Brennstoff könnte statt Erdgas künftig Biogas verwendet werden. In **Biogasanlagen** sollten nicht nur Feldfrüchte und Gras zu Methan umgewandelt werden, sondern auch Küchenabfälle und Biomüll.

Eine Empfehlung an die Stadtverwaltung: Einen Biogasreaktor für Biomüll bauen!
Erarbeitet mit Hilfe von Tests eine Empfehlung, welche Stoffe im Biomüll die höchste Gasausbeute liefern.

Vorgehensweise:

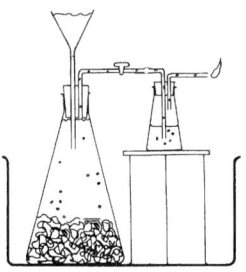

- ✗ den Erlenmeyerkolben – die Gärkammer – mit Heu, Bioabfällen, Baumwollwatte usw. füllen
- ✗ Methanbakterien aus einer Biogasanlage oder schwarzen Schlamm eines Sees (soll möglichst schwefelig riechen, beim Transport in einer Thermoskanne kühl und nur unter Wasser luftdicht verschlossen halten) hinzugeben. Innerhalb von zwei Wochen bilden die Bakterien bei 20–30 °C Zimmertemperatur Methangas. Das Wasser wird in den Trichter verdrängt und läuft in die Wanne. Der Trichter mit Wasser garantiert dafür, dass die Methan-Bakterien unter Wasser bleiben und nicht bei Luftkontakt sterben.

  Wird der Hahn geöffnet, fließt das Gas in den kleinen Erlenmeyerkolben. Dort filtert die Kalilauge CO_2 heraus, Methan gelangt zur Auslassöffnung. Im Endstück des Röhrchens sollte etwas Salz liegen: Wer das Methangas entzündet, sieht sonst nichts, weil die Flamme farblos brennt, mit Salz aber gelblich.
- ✗ sobald Gas gebildet wird, dieses am Ende des Röhrchens entzünden. Beim Auslassen des Gases warmes Wasser über den Trichter in die Anlage nachfüllen.
- ✗ notieren, mit welchem Material wie viel Gas erzeugt wird (wie lange die Flamme brennt)

Arbeitsbuch **Ökologie**

Globale Ökologie

Wissenschaftler haben berechnet, dass es möglich ist, den gesamten Strombedarf spätestens 2050, mit gutem Willen aber auch schon 2020 mit erneuerbaren Energien zu decken.
Wärme: Im Bereich der Häuser liegen große Chancen in der Einsparung von Energie: **Wärmeschutzisolierung** an Wänden und Dächern und verbesserte Heizungsanlagen lassen bis 2020 Einsparungen von 20 % erwarten, bei schärferen Vorschriften können nahezu 50 % erreicht werden. Gleichzeitig muss ein Wechsel von fossilen Brennstoffen (Öl, Gas, Kohle) zu Biomasse (z.B. Holzpellets in Verbindung mit Rauchfiltern), Geothermie (Nutzung der Erdwärme) und Solarthermie (Nutzung von Sonnenwärme) stattfinden.

Wärme-Reportage
Die Möglichkeiten, Häuser zu heizen und zu dämmen, sind mittlerweile sehr vielfältig. Besucht Energiesparhäuser und eine Firma, die euch mehrere Systeme zeigen und erklären kann.

Vorgehensweise:
- ✘ Interviewfragen vorbereiten
- ✘ Schreibbrett und Digitalkamera mitnehmen
- ✘ Erarbeitet eine Reportage, die technische Möglichkeiten zum Energiesparen vorstellt.

Fragt die Hersteller der Häuser oder im Baumarkt nach Materialproben für eure Präsentation, oder sucht im Internet danach.

Falls ihr noch Zeit habt: Kleidet mit verschiedenen Dämm-Materialien, die ihr kennen gelernt habt, kleine Kisten aus, und zeigt, wie gut sie isolieren. Dazu muss sich Wärme oder Kälte in der Kiste halten, z.B. kannst du prüfen, wie viel von einem Eiswürfel in welcher Kiste nach 2, 5, 10 … Minuten noch übrig ist.

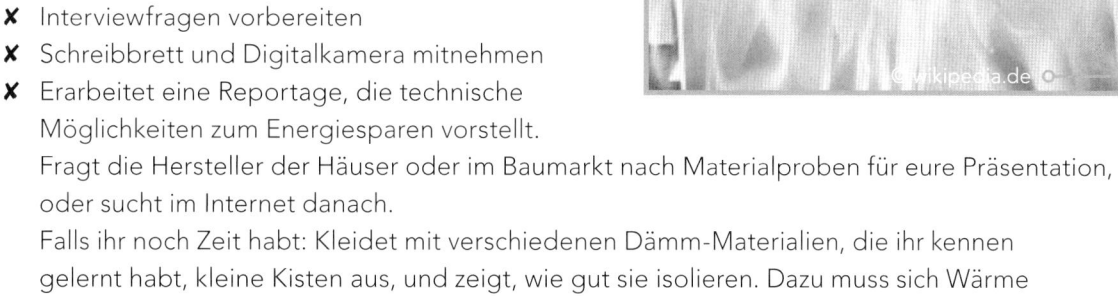

Verkehr: Auch beim **Antrieb von Fahrzeugen** geht es darum, **sparsamere Motoren** zu entwickeln und **neue Energieträger** zu nutzen. Einerseits versuchen Ingenieure, Autos zu entwickeln, die nur **2 Liter Diesel** verbrauchen. Dabei sollte möglichst viel Biokraftstoff Verwendung finden, der aus Pflanzen hergestellt ist, die in Deutschland ökologisch angebaut werden, damit für den Biodiesel keine Regenwälder gerodet werden.
Viel versprechend sind auch Konzepte zur Nutzung **alternativer Treibstoffe**, wie etwa **Wasserstoff**. Entsprechende Fahrzeuge haben Automobilkonzerne schon vor Jahren entwickelt, werden aber nicht in Serie produziert.

Stromgetriebene Fahrzeuge werden dagegen schon in Kleinserie gebaut und sind manchmal auf den Straßen zu sehen. Dabei handelt es sich jedoch noch um Ein- bis Zweisitzer. Zudem ist auf Grund der Leichtbauweise keine optimale Unfallsicherheit erreicht.
Fahrzeuge mit **Hybrid-Antrieb** haben eine wichtige Signalfunktion: Neue Antriebe sind machbar. Bis ein entsprechender Motor gebaut ist, müssen so viele Rohstoffe aufgewendet werden, dass Fahrzeuge mit Hybridmotor jedoch momentan kaum weniger klimaschädlich sind als herkömmliche Fahrzeuge. Diese Technik wird aber im Moment von vielen Ingenieuren weiterentwickelt.

1 Globale Ökologie

Verkehrs-Reportage
Wasserstoff, Hybridantrieb, Elektroautos? Besucht Firmen, die Elektroautos und Fahrzeuge mit Hybridantrieb verkaufen oder Personen, die solche Fahrzeuge besitzen.

Vorgehensweise:
- ✘ Interviewfragen vorbereiten
- ✘ Schreibbrett und Digitalkamera mitnehmen
- ✘ Erarbeite eine Reportage, die erklärt, wie die Technik der Antriebe funktioniert und welcher Gewinn für die Umwelt entsteht. Fragt in Autohäusern nach Prospekten, oder sucht im Internet entsprechendes Material.
  Falls eure Klasse eine große Präsentation der Arbeitsergebnisse plant, bittet einen Besitzer von einem Auto mit Hybridantrieb und einem Elektroauto, an der Präsentation teilzunehmen und Fragen zu beantworten.

© Kira Nerys/wikipedia.de

Didaktische Materialien: Radioaktivität

Einsatzmöglichkeiten

Projektartiges Vorgehen

Den Projekteinstieg können Lehrer mit Hilfe eines Filmausschnitts (z.B. aus dem Film „Die Wolke"), einem Fernsehausschnitt über Radioaktivität, (z.B. aus der „Quarks & Co"-Reihe o.Ä.) und/oder der gemeinsamen Erarbeitung eines Advance Organizers gestalten. Dazu können die Hauptäste vorgegeben werden, sodass die Schüler die Nebenäste mit ihren Vermutungen hinzufügen. Die im Organizer enthaltenen Äste können dann zu Themen der Projektgruppen werden.
Die Planung des Projekts können die Schüler frei oder mit Hilfe von bereitgestellten Materialien gestalten. Dazu können sie z.B. das Infoblatt verwenden. Eine stärkere Strukturierung ist mit den Protokollblättern möglich: Jede Gruppe soll ihre Frage in eines der Protokollblätter eintragen und die dort angegebenen Arbeitsschritte berücksichtigen.
Als Abschluss des Projekts können die Schüler z.B. ihre Ergebnisse der Klasse präsentieren: Die Gruppen zeichnen zu ihrem Teilaspekt eine Mindmap an die Tafel, die von der Klasse übernommen wird. Sie erläutern ihre Ergebnisse und stellen sich den Fragen ihrer Mitschüler.
Zudem soll jede Gruppe ihre Zusammenarbeit reflektieren (mögliche Leitfragen: Waren die Anteile gleich verteilt? Haben sich alle Gruppenmitglieder maximal eingebracht? Gab es bei bestimmten Arbeiten Schwierigkeiten? Sind Streitigkeiten entstanden? Was sollte bei künftigen Gruppenarbeiten anders gemacht werden?).

Forschungskiste

Die Schüler bekommen die Forschungskisten zur Radioaktivität, die die Protokollblätter und das Infoblatt enthalten. Die Protokollblätter „Radioaktivität – Woher?" und „Radioaktivität in der Nahrungskette" können sie mit Hilfe des Infotextes bearbeiten. Weitere Vorschläge der Schüler für Beobachtungen und Fragen, die die Schüler klären möchten, können ebenfalls mit Hilfe des Infoblatts beantwortet werden, evtl. möchten die Schüler aber auch weitere Recherchen anstellen.

Mögliche Beispiele:
a) Meine Beobachtung/Eine Behauptung: Tiere, die im Wald leben, können besonders durch Radioaktivität belastet sein.
b) Meine Beobachtung/Eine Behauptung: Die radioaktive Belastung der Rehe mit Cäsium-137 ist zu bestimmten Zeiten im Jahr besonders hoch.
c) Meine Beobachtung/Eine Behauptung: In manchen Teilen Süddeutschlands und besonders in Osteuropa sind Böden, Pilze und Rehe aus dem Wald radioaktiv belastet. Nach dem Unfall in Tschernobyl haben manche Menschen deshalb für lange Zeit überhaupt keine Pilze und kein Wildfleisch mehr gegessen. Damals wie heute gibt es aber große Mengen von Pilzen und Wildfleisch zu kaufen, die überhaupt nicht belastet sind.
Meine Frage: Was rate ich Eltern beim Einkaufen? Wie sollen sie handeln? Welche Forderungen stelle ich bezüglich der Radioaktivität in Lebensmitteln an Politiker?
d) Meine Beobachtung/Eine Behauptung: Die „EU-Wegschmeißgrenze" (eigentlich eine Einfuhrgrenze) für Lebensmittel beträgt 600 Bq/kg.
Meine Frage: Könnte man Beeren, die mit 1510 Bq/kg belastet sind, durch Verarbeitungsprozesse unter diese Grenze drücken? Ist das sinnvoll?

Die ersten beiden Beobachtungen bieten den Schülern die Möglichkeit, selbst eine passende Frage zu finden. Geschieht dies, sollten Lehrer und Schüler die Protokollblätter nach erfolgter Planung besprechen, um zu ermitteln, wie aufwändig die Recherchen sind und wie viel Zeit

Globale Ökologie

die Schüler brauchen. Für die vorgefertigten Protokollblätter kann dagegen eine feste Zeitspanne angesetzt werden. Nach Bearbeitung der Protokollblätter sollen die Schüler – möglicherweise als Vorbereitung für einen Test – eine Mindmap zu den Themen erstellen. Jeder Schüler sollte dann seine Mindmap einem Partner vorstellen und diesen Ergänzungen vornehmen lassen. Damit ist die Ergebnissicherung abgeschlossen.

→ Klassenverband

Der Lehrer zeigt den Advance Organizer und fordert die Schüler auf, so viel davon zu erklären, wie sie können. Danach teilt er das Protokollblatt, das den Schwerpunkt der Stunde bilden soll, aus. Nach der Bearbeitungsphase lost der Lehrer zwei Schüler aus, deren Ergebnis er auf Folie kopiert. Diese Schüler stellen dann anhand der Folie ihr Ergebnis vor. Die Mitschüler dürfen Fragen dazu stellen und Fehler korrigieren.

→ Hilfe – Lexikon der Fachbegriffe zum Thema Radioaktivität

Absolut: Hier: Auf die Einheit Becquerel bezogen und nicht relativ als Transferfaktor angegeben.
Becquerel: Zerfalls- und Umwandlungsprozesse werden in „Becquerel" (Bq) gemessen. So wird die Aktivität eines Radionuklids angegeben. Ein Becquerel entspricht einem Zerfall pro Sekunde.
Fallout: Radioaktiver Niederschlag aus Atomexplosionen.
Halbwertszeit: Zeitraum, nach dem die Aktivität und Menge eines radioaktiven Stoffes auf den halben Wert abgesunken ist.
Kontaminiert: Mit radioaktiven Stoffen verseucht.
Mycel: Geflecht aus fadenförmigen Zellen eines Pilzes, die gemeinsam den Körper des Pilzes bilden.

Nuklide: Siehe Radionuklide.
Radionuklide: Die meisten Atomkerne (sehr kleine Teilchen) auf der Welt sind stabil. Bei Radionukliden ist das nicht so. Sie zerfallen und geben Strahlung (energiereiche Wellen) ab. Diese Strahlen werden wirksam, wenn sie auf Zellen auftreffen: Die Zellen können verändert oder zerstört werden.
Transferfaktor: Aufnahmerate von Radionukliden, beispielsweise aus dem Boden in Pflanzen. Der aggregierte Transferfaktor errechnet sich als Quotient aus der Aktivität der getrockneten Pflanzenmasse und der Aktivität pro m² Boden.

→ Advance Organizer

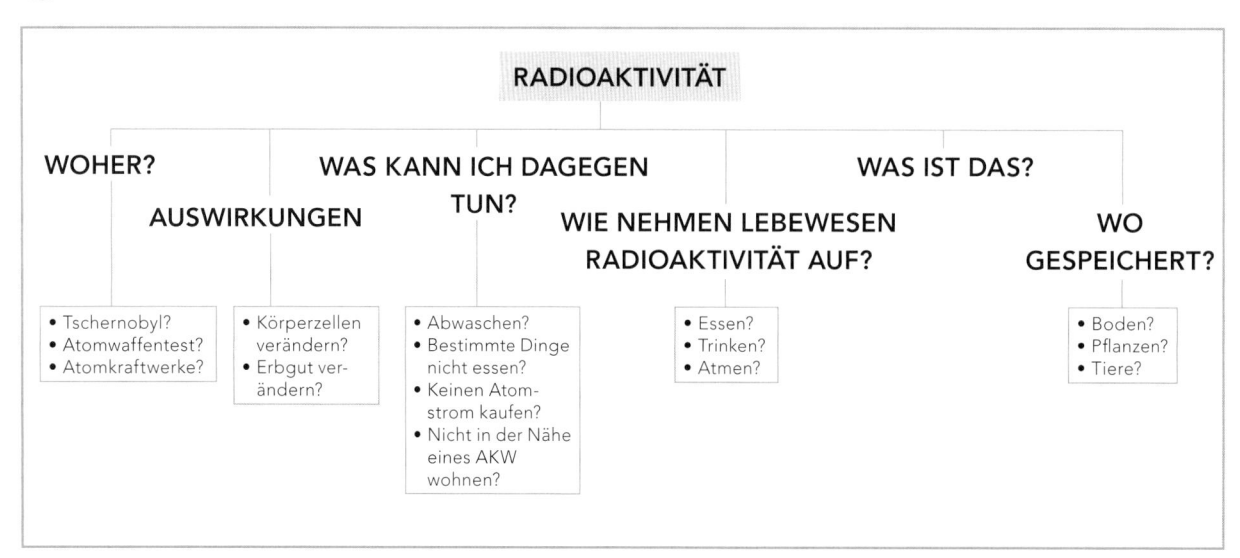

RADIOAKTIVITÄT

- **WOHER?**
  - Tschernobyl?
  - Atomwaffentest?
  - Atomkraftwerke?
- **AUSWIRKUNGEN**
  - Körperzellen verändern?
  - Erbgut verändern?
- **WAS KANN ICH DAGEGEN TUN?**
  - Abwaschen?
  - Bestimmte Dinge nicht essen?
  - Keinen Atomstrom kaufen?
  - Nicht in der Nähe eines AKW wohnen?
- **WIE NEHMEN LEBEWESEN RADIOAKTIVITÄT AUF?**
  - Essen?
  - Trinken?
  - Atmen?
- **WAS IST DAS? WO GESPEICHERT?**
  - Boden?
  - Pflanzen?
  - Tiere?

Arbeitsbuch **Ökologie**

Globale Ökologie 1

Protokollblatt:
Radioaktivität – woher? (1/2)

Meine Beobachtung/Eine Behauptung:
Es gibt mehrere Ursachen für künstlich erzeugte Radioaktivität.

Meine Frage: _____

_____

Ich vermute: _____

_____

So will ich es herausfinden:
Ich lese die Textstücke, ordne sie sinnvoll den Nummern auf der Karte zu und trage diese in die Kästchen ein.

Ergebnis:
Ich fasse die wichtigsten Informationen in einer Mindmap oder einer Stichwortliste zusammen.

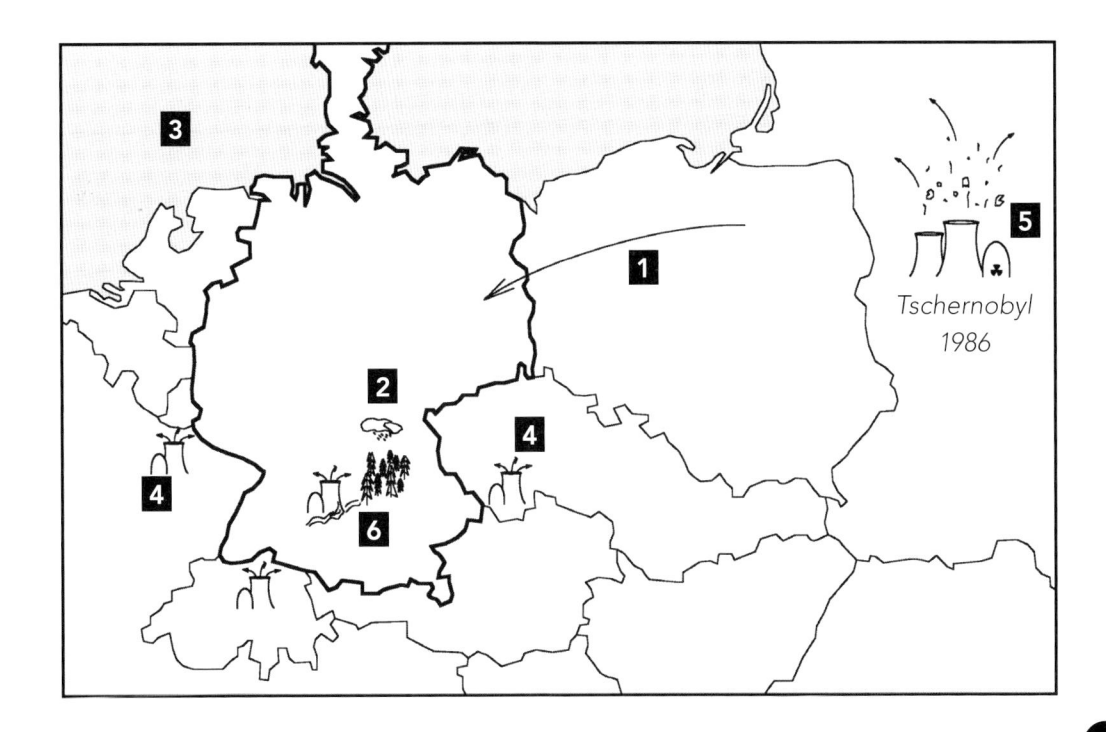

Tschernobyl 1986

Arbeitsbuch **Ökologie**

Protokollblatt:
Radioaktivität – woher? (2/2)

☐ Waldboden speichert besonders viel Radioaktivität, besonders in der obersten Schicht, die aus Humus mit vielen sich zersetzenden Blättern und Ästen besteht. Das gesamte Cäsium (ein radioaktiver Stoff) aus dem Unfall in Tschernobyl ist deshalb noch in den obersten 5 cm des Waldbodens gespeichert. Pflanzen nehmen von dort die Radioaktivität unterschiedlich stark auf. Besonders viel nehmen der Dornfarn, Heidelbeeren, Klee und Brombeeren auf. Diese Pflanzen sind deshalb besonders stark belastet. Sie gehören zu der Lieblingsnahrung der Rehe im Wald.

☐ 1986 hat ein katastrophaler Unfall im Atomkraftwerk in Tschernobyl große Mengen Radioktivität (= kleinste Teilchen, die sehr kurze Wellen abgeben. Beim Auftreffen geben die Wellen Energie ab und können dadurch z.B. Zellen schädigen) freigesetzt.

☐ Die Radioaktivität aus Tschernobyl wurde durch Winde über Europa verteilt und hat so auch besonders stark Süddeutschland erreicht.

☐ Massive Regenfälle in Süddeutschland haben die Radioaktivität aus der Luft ausgewaschen und den Boden verseucht.

☐ Alle Atomkraftwerke entlassen ständig etwas Radioaktivität in Luft und Abwasser.

☐ Die Atomwaffentests in den 1950er- und 1960er-Jahren haben weltweit Radioaktivität verbreitet.

Protokollblatt: Radioaktivität in der Nahrungskette

Meine Beobachtung / Eine Behauptung:

___

Meine Frage:
Wie kommt die Radioaktivität vom Boden in den Menschen?

Ich vermute:

___

So will ich es herausfinden (Womit mache ich was warum?):
Ich lese den Infotext und fertige dann eine Nahrungskette (wer frisst wen?) an (es gibt dabei zwei Verbindungen zum Menschen).

Ergebnis:

___

Info: Radioaktivität

α-, β und γ-Strahlung

Radioaktiv nennt man Stoffe, deren Atomkerne zerfallen und dabei Strahlung aussenden. Es gibt drei unterschiedliche Strahlungsarten, die beim so genannten radioaktiven Zerfall entstehen können: α-Strahlung besteht aus Helium-Teilchen, β-Strahlung aus Elektronen und γ-Strahlung aus elektromagnetischen Wellen, die sehr energiereich sind. Weil radioaktive Partikel vom Wind transportiert und vom Regen ausgewaschen werden, kann die Strahlenbelastung weltweit verteilt werden.

Woher stammt Radioaktivität?

Spätestens seit der **Katastrophe in Tschernobyl** (Ukraine) ist jedem bewusst, wie gefährlich Atomkraftwerke sein können: Der Block 4 der Anlage (Foto) war am **26. April 1986** zu Wartungsarbeiten heruntergefahren worden. Er lief gegen jede Vorschrift nur noch mit 6 % seiner Leistung und hätte bei diesem Wert unbedingt komplett abgeschaltet werden müssen, als es zu einem Stromausfall kam. Das Kühlsystem versagte, ebenso das Notkühlsystem. Der Reaktor konnte nicht mehr kontrolliert werden. Die Brennstäbe produzierten plötzlich das 100-Fache ihrer normalen Leistung, die so genannte **Kernschmelze** trat ein. Das Überhitzen der Brennstäbe führte dazu, dass sich Wasserstoff in den Druckröhren bildete und diese zum Platzen brachte. Dadurch wurde die Reaktorhülle beschädigt. Luft konnte eintreten. Das Schutzgas trat aus, es kam zu einer **Explosion** und einem Brand. Dadurch wurden die radioaktiven Stoffe in Höhen von etwa 1 500 Meter transportiert.

Die **verseuchten Luftmassen** erreichten am 30.04. auch Deutschland, wo schwere Regenfälle besonders in Oberschwaben und Bayern die Luftmassen auswuschen und den **Boden kontaminierten** (= verunreinigten). Heute sind radioaktive Stoffe, die schnell zerfallen (z.B. Jod-131 oder Ruthentium-103) nicht mehr vorhanden. Cäsium-137 mit einer Halbwertszeit von 30,23 Jahren und Cäsium-134 mit einer Halbwertszeit von 2,05 Jahren belasten die Böden jedoch immer noch. Darüber hinaus sind unsere Böden nach wie vor mit dem **Fallout von Atomtests** der 1950er- und 1960er-Jahre belastet. Die damaligen Atommächte (USA, Sowjetunion, Großbritannien, Frankreich und China) haben ihre Atombomben getestet, die frei gewordene Radioaktivität hat sich mit den Winden über die gesamte Erde verteilt. Außerdem entlassen die **Atomkraftwerke** jährlich Radioaktivität in Luft und Abwasser.

Natürliche Radioaktivität hat ihren Ursprung in der Entstehung von Materie. Die meisten natürlichen Radionuklide (= Atomkerne, die zerfallen und dabei radioaktive Strahlung aussenden) sind jedoch in Erdschichten gebunden. Äußerst geringe Mengen gelangen jedoch permanent in unsere Umgebung. Darüber hinaus gelangt eine sehr geringe Dosis radioaktiver Strahlung aus dem Weltraum zu uns.

Wie wird Radioaktivität aufgenommen?

Die Möglichkeiten der **Aufnahme und Speicherung** von Radionukliden im Körper sind außerordentlich vielfältig. Beispielsweise nehmen Wassertiere die Stoffe über die Körperoberfläche auf, Pflanzen über die Wurzeln, Pilze über das Mycel (= Fadenzellen im Boden), Säugetiere über die Nahrung und beim Atmen. Sie werden im Körper verarbeitet und in bestimmten Organen abgelagert: Radium und Strontium in Knochen, Jod in der Schilddrüse und in den Eierstöcken, Cäsium in Muskeln und Eierstöcken usw.

Nicht alle **Lebensräume** sind gleich von der Radioaktivität betroffen. Es sind insbesondere die Nahrungsketten im **Wald**, die belastet sind. Ursache dafür ist, dass die Radionuklide in der schwach zersetzten Humusauflage des Waldbodens besonders stark gebunden werden. Diese ist auf Feldern usw. nicht oder kaum vorhanden. So ist das Cäsium aus dem Unfall in Tschernobyl noch in den obersten 5 cm des Waldbodens gespeichert. Von dort nehmen es ständig Wurzeln und das Mycel der Pilze auf.

Pflanzen unterscheiden stark hinsichtlich ihrer Fähigkeit, Radionuklide aufzunehmen. In den belasteten süddeutschen Gebieten ergeben sich gemittelte Belastungen, z.B. für Dornfarn, in Höhe von 1650 Bq (= Becquerel, Einheit für die Aktivität eines radioaktiven Stoffes) in einem Kilogramm Trockengewicht, für Heidelbeeren 570 Bq, für Klee 430 Bq, für Brombeeren 140 Bq, während Gras nur mit 47 Bq belastet ist. Auf Grund dieser Unterschiede sind auch die **Tiere** hauptsächlich entsprechend der Auswahl ihrer Nahrungspflanzen belastet. Die radioaktiven Stoffe gelangen mit dem Blattfall zurück in die obersten Erdschichten und können nach dem Verrotten der Blätter erneut von Pflanzen aufgenommen werden. Durch diesen Kreislauf verlagern sich diese Stoffe nur sehr langsam in tiefere Erdschichten.

Das **Waschen** von Beeren und Pilzen kann allenfalls die äußerlich anhaftenden Radionuklide teilweise entfernen. Auch die **verschiedenen Zubereitungsarten**, wie Kochen, Braten, Räuchern, Einsalzen oder Einzuckern, verändern nichts an der Anzahl der vorhandenen Radionuklide. Was sich aber verändert, ist die Masse, in der sich die Radionuklide verteilen. Beispielsweise vergrößert das Einzuckern von Beeren die Gesamtmasse, die Radioaktivität pro Kilogramm wird geringer. Räuchern verringert die Masse und erhöht so die radioaktive Belastung pro Kilogramm.

Globale Ökologie

→ Wildtiere: Beispiel Rehe

Wildtiere bilden neben den Pilzen das Hauptbindeglied innerhalb der **Nahrungsketten aus dem Wald zum Menschen**. Die oben erwähnten, stark belasteten Pflanzen bilden häufig den Hauptbestandteil der Nahrung von im Wald lebenden Rehen. Die **höchsten Belastungen** sind im Herbst festzustellen. Für dieses Phänomen gibt es zwei Erklärungsansätze. Erstens: Die Rehe sind im Spätsommer besonders aktiv, folglich nehmen sie mehr Nahrung und damit mehr Radionuklide auf. Zweitens: Im Spätsommer beginnt die Pilzsaison, und weil Pilze über ihr weit verzweigtes Mycel besonders viel Radioaktivität aufnehmen (die Spitzenwerte pro Kilogramm liegen über 10 000 Bq), nehmen sie auch die Rehe mit der Nahrung auf. Feldrehe sind deshalb kaum belastet. Immer wieder werden in Untersuchungen Tiere gefunden, die die „EU-Wegschmeißgrenze" von 600 Bq Strahlungsaktivität pro Kilogramm Fleisch überschreiten. Jedoch hat das **Problembewusstsein** für die radioaktive Belastung längst nachgelassen, und immer mehr Menschen kaufen wieder Wildfleisch oder Pilze aus jeder Region zu jeder Jahreszeit.

© Marc Pojer/PIXELIO

→ Was bewirkt Radioaktivität im Menschen?

Jegliche radioaktive Bestrahlung kann **genetische** (das Erbgut betreffende) oder **somatische** (Körperzellen betreffende) **Schädigungen** hervorrufen. Genetische Schädigungen **verändern die Erbinformationen**. Bei somatischen Schäden ist häufig ebenfalls das Erbgut verändert, aber auch die **Zellorganellen** (= „arbeitende" Zellbestandteile) können geschädigt sein. Die Körperzellen können dann absterben, oder die Schädigung kann zu einer Veränderung der Zellaktivitäten führen. Typische Auswirkungen sind verfrühtes Altern, niedrigere Widerstandskraft gegen Krankheiten und allem voran zahlreiche Krebserkrankungen. Die Auswirkungen der **Niedrigstrahlung**, der wir aus Nahrungsmitteln und Atomkraftwerken ausgesetzt sind, sind für eine einzelne betroffene Zelle also nicht anders als bei höherer Strahlungsbelastung. Nur sind die Zellen dabei viel weniger häufig betroffen.

Ökosystem Wald

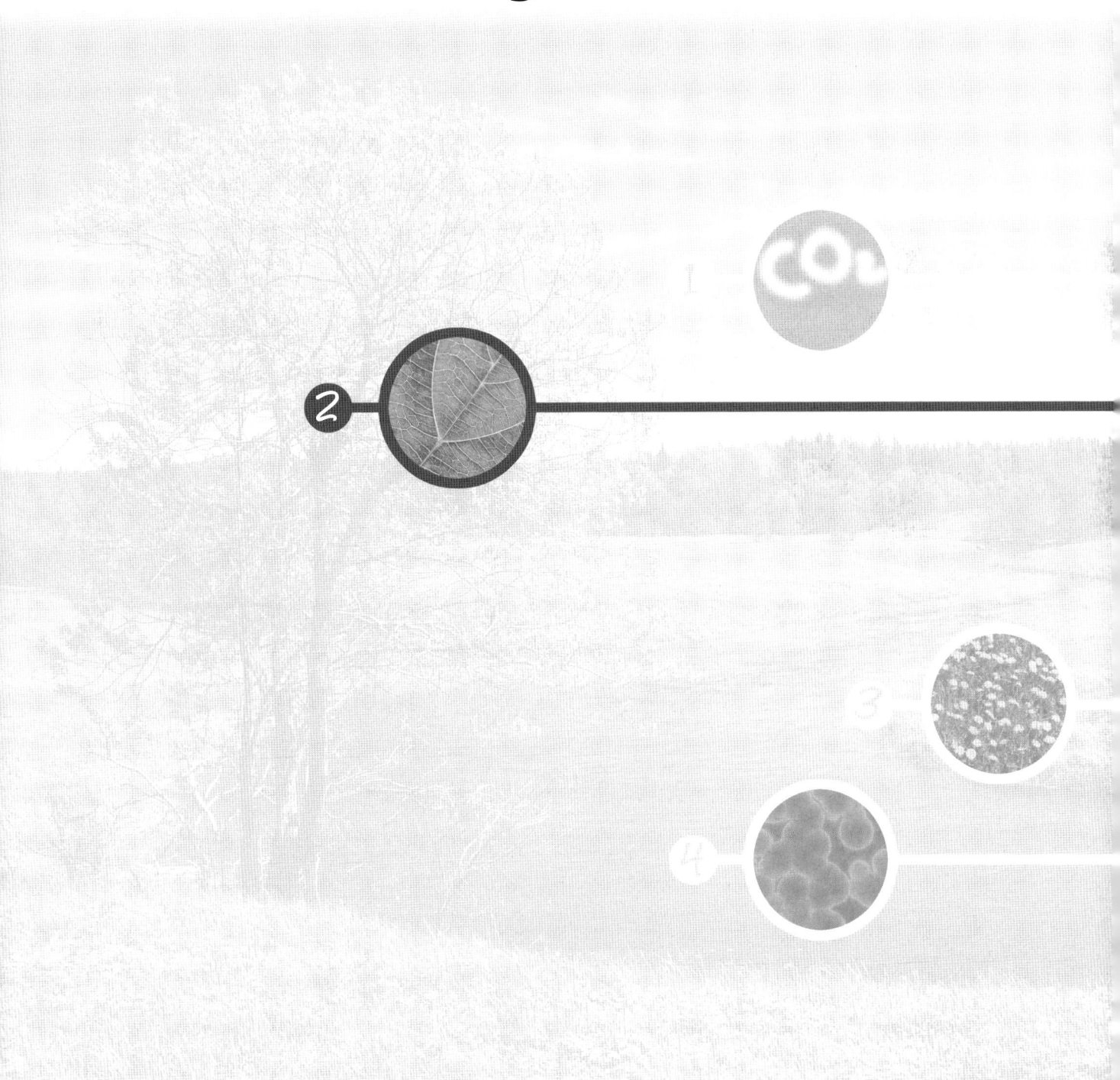

Ökosystem Wald

Die Materialien auf den folgenden Seiten sind unabhängig voneinander einzeln einzusetzen oder lassen sich im Hinblick auf thematische Schwerpunkte zu größeren Einheiten zusammenstellen. Im Folgenden sind zwei thematische Schwerpunkte vorgeschlagen:

Wissensbereich Wald und Klima

Wald = gutes Klima?
Abiotische Faktoren, Mischwald – Monokultur, Einflüsse auf das Klima, messen üben, Bau eines Modells

↓

Wasserkreislauf und Klima im Wald
Details zu abiotischen Faktoren, Wasserkreislauf, Details zum regionalen Klima, Messen üben, Bau eines Modells

↓

Baumwachstum trotz Stress (alternativ zu Wasserkreislauf oder Erosion)
Lokale Zusammenhänge: Stress bei Pflanzen auf Grund von Luftverschmutzung, Verbiss und anderen Faktoren, Erkundung/Exkursion

↓

Erosion
Grundwissen Erosion, Bau eines Modells

↓

Filterwirkung
Aufbau Waldboden, Filterwirkung, Bau eines Modells

↓

Fleischesser als Waldvernichter
Globale Zusammenhänge: Konsum, Regenwald, Erosion, Bau eines Modells

↓

Möglicher Übergang zu Materialien aus dem Kapitel Globale Ökologie: Luftschadstoffe, Treibhauseffekt …

Ökosystem Wald

Wissensbereich Lebensräume

Wald = gutes Klima?
Abiotische Faktoren, Aufbau des Waldes: Mischwald – Monokultur, Einflüsse auf das Klima, Messen üben, Bau eines Modells

↓

Lebensräume im Wald
Stockwerke, abiotische Faktoren, biotische Faktoren, Begriffe „Ökosystem"/ „Produzenten"/„Konsumenten"/„Destruenten", Eingriffe in das Ökosystem, Planen und Durchführen einer Exkursion, Messen üben, Bau eines Modells

↓

Laubstreu
Vergleich der Artenvielfalt Laubwald – Nadelwald, Laubstreuuntersuchungen

↓

Fortbewegung: Fliegen, Schwimmen, Laufen
Anpassungen: Gewicht/Fortbewegung/Körperbedeckung/Körperform, Nachweis der Anpassungen mittels Untersuchungen und Versuchen

© suedberliner/PIXELIO

Arbeitsbuch **Ökologie**

Didaktische Materialien: Wald und Klima

Einsatzmöglichkeiten

Projektartiges Vorgehen

Der Lehrer erarbeitet mit den Schülern zunächst einen eigenen Advance Organizer als Überblick über wichtige Aspekte rund um das Thema und nimmt so deren Vorwissen auf. Lehrer und ggf. Schüler bestimmen daraufhin die ihnen wichtigen Sachverhalte im Advance Organizer. Die Aufgabe ist nun, dass Gruppen je einen Sachverhalt mit einem Modell nachweisen sollen.

Die Schüler teilen sich nun auf, und jede Gruppe entscheidet sich für ein Modell. Ihnen ist freigestellt, wie und womit sie die Modelle bauen. Sie sind aber verpflichtet, zunächst die Arbeits- und Infoblätter zu sichten, die zu ihrem Aspekt passen, und diese zu bearbeiten. Auch die zu den Forschungskisten passenden Materialien und Messgeräte werden dazu an die Gruppen ausgegeben. Eine oder mehrere Gruppen bearbeiten die Blätter „Wald = gutes Klima", „Wasserkreislauf und Klima im Wald" und „Fleischesser als Waldvernichter", „Filterwirkung" und „Erosion" werden zusammen bearbeitet.

Die Schüler müssen zu ihrem Teilprojekt einen Forschungsantrag stellen. Nach Erstellung der Planung legen sie diesen dem Lehrer zur Genehmigung vor. Die Gruppen bauen danach ihre Modelle, führen Messungen durch und notieren ein Ergebnis.

Während der Planungsphase sollte der Lehrer darauf achten, dass die Schüler ihr Konzept schriftlich festhalten (womit mache ich was warum?), da nur so wirklich gewährleistet ist, dass die Schüler während der Arbeitsphase zu einem Ergebnis gelangen können. Zudem sollen übersichtliche Zeichnungen der Modelle entstehen (DIN A4, Beschriftung, Bleistift), die Gruppen sollen ihre Messergebnisse erfassen und eine detaillierte Antwort auf die Frage des Forschungsantrages notieren. Gruppen, die ihre Arbeit fertig gestellt haben, bereiten die Präsentation ihrer Modelle und Ergebnisse vor (s. Hilfe).

Arbeit mit Forschungskisten

Der Lehrer kann vorab mit dem Advance Organizer das Vorwissen der Schüler aktivieren. Sie sollen danach die Forschungskisten bearbeiten. In den Kisten sind jeweils das Arbeitsblatt, das Leseblatt und die Materialien enthalten. Die Schüler bauen selbstständig mit den bereitgestellten Materialien Modelle und beantworten die Frage des Arbeitsblattes. Wie die Modelle aussehen und was zu messen ist, entscheiden sie dabei selbst. Jedes Modell dokumentieren sie mit einer Digitalkamera, aus Fotos und Messergebnissen erstellen sie eine Dokumentation. Nach Abschluss der Arbeiten kann eine Kritik der Modelle, eine Reflexion der Arbeitshaltung und des Arbeitsprozesses oder ein zusammenfassender Tafelanschrieb beziehungsweise die Ergänzung des Advance Organizers folgen. Mit den Arbeits- und Infoblättern zum „Baumwachstum trotz Stress" kann die Klasse davon unabhängig eine Exkursion planen. Auf diese Weise können sie die beiden Fragen nach den Folgen von Stress und den Bäumen in der Umgebung klären.

Klassenverband

Der Lehrer vermittelt den Schülern anhand des Advance Organizers einen Überblick über wichtige Aspekte des Themas „Wald und Klima". Dann legt er ggf. mit den Schülern fest, welcher Schwerpunkt als Erstes bearbeitet werden soll. Nach dem Austeilen des Arbeitsblattes tragen die Schüler eine Frage und/oder Vermutung ein und berichten darüber. Lehrer und Schüler planen dann gemeinsam, wie ein Modell gebaut und welche Materialien verwendet werden könnten. Die Schüler halten die Planung schriftlich fest. Danach bauen sie die Modelle. Die Ergebnisse werden im Plenum von einzelnen Schülern vorgestellt und von der Klasse reflektiert. Die Erkundung zu „Baumwachstum trotz Stress" sollten die Schüler ebenfalls gemeinsam planen.

Ökosystem Wald

→ Hilfe

Bei der Arbeit mit der Forschungskiste „Wasserkreislauf und Klima im Wald" kann die nachfolgende Hilfe als Kärtchen hinzu gegeben werden.

Kreuze die richtigen Sätze an:

○ Das Moos im Modell steht für Felder, der Sand für den Wald.
○ Der Wasserdampf, der über dem „Wald" aufsteigt, bildet an der Glasscheibe Tropfen.
○ In der Natur steht die Glasscheibe für kühlere Luftschichten, in denen der Dampf abkühlt und kondensiert.
○ In der Natur regnen die Wolken immer genau dort ab, wo sie durch Verdunstung auf der Erde entstanden sind.
○ Über dem Wald entsteht eine Art Wasserkreislauf, weil dort dauerhaft Wasser verdunstet.
○ Über dem Feld entsteht kein so dauerhafter Wasserkreislauf, weil das Wasser dort schnell abfließt und schnell verdunstet.

Bei der Arbeit mit der Forschungskiste „Wasserkreislauf und Klima im Wald" kann die nachfolgende Hilfe in die Rubrik „Eigene Beobachtungen" eingefügt werden.

Kreuze die richtigen Begriffe an:

Kies, Sand, Lehm, Erde und Blätter stehen für:
○ Ackerboden
○ Spielplatz
○ Waldboden

Das Mehlwasser bedeutet, dass
○ im Wald Mehlwasser in den Boden fließt.
○ im Wald Trinkwasser in den Boden fließt.
○ im Wald verschmutztes Wasser in den Boden fließt.

Bei der Arbeit in Projekten kann die folgende Arbeitsanweisung den Gruppen zur Vorbereitung auf die Präsentation vorgestellt werden:

→ Forschungsantrag bearbeitet?

Bereitet jetzt die Präsentation der Ergebnisse vor. Achtet auf folgende Aspekte:

✗ In eurer Präsentation muss jedes Gruppenmitglied zu Wort kommen und seine Qualitäten zeigen können.
✗ Erläutert, warum ihr was in eurem Modell wie umgesetzt habt.
✗ Berichtet über eure Beobachtungen und Messergebnisse und darüber, welche Schlussfolgerungen ihr daraus gezogen habt.
✗ Stellt dar, wie ihr als Gruppe zusammengearbeitet habt (wie habt ihr die Aufgaben unter euch aufgeteilt, worüber wart ihr uneinig, wie habt ihr Meinungsverschiedenheiten gelöst usw.)

© Joujou/PIXELIO

2 Ökosystem Wald

→ Advance Organizer

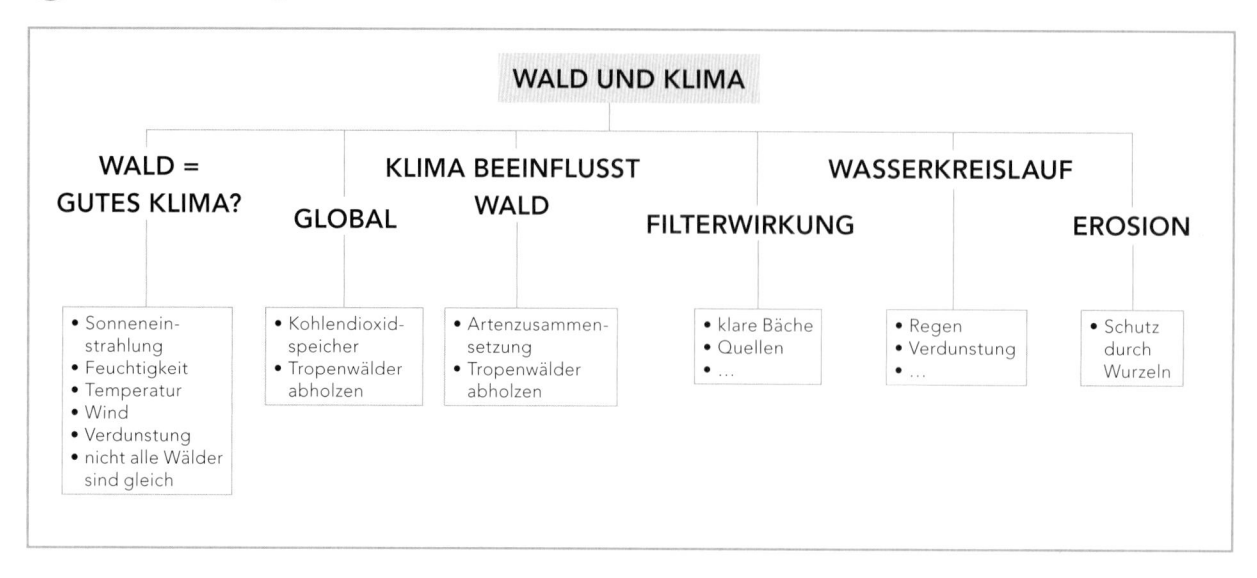

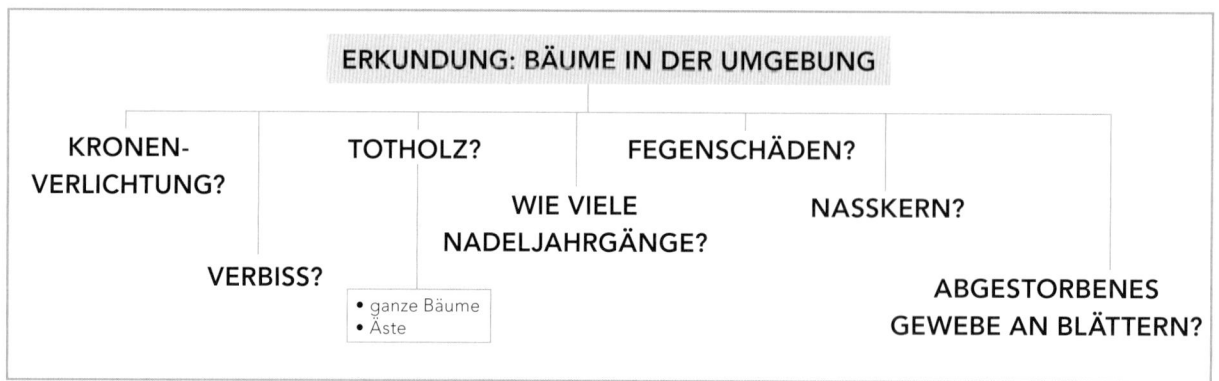

WALD UND KLIMA

- **WALD = GUTES KLIMA?**
  - Sonneneinstrahlung
  - Feuchtigkeit
  - Temperatur
  - Wind
  - Verdunstung
  - nicht alle Wälder sind gleich

- **KLIMA BEEINFLUSST WALD**
  - **GLOBAL**
    - Kohlendioxidspeicher
    - Tropenwälder abholzen
  - Artenzusammensetzung
  - Tropenwälder abholzen

- **WASSERKREISLAUF**
  - **FILTERWIRKUNG**
    - klare Bäche
    - Quellen
    - …
  - Regen
  - Verdunstung
  - …
  - **EROSION**
    - Schutz durch Wurzeln

ERKUNDUNG: BÄUME IN DER UMGEBUNG

- **KRONENVERLICHTUNG?**
- **TOTHOLZ?**
- **FEGENSCHÄDEN?**
- **WIE VIELE NADELJAHRGÄNGE?**
- **NASSKERN?**
- **VERBISS?**
  - ganze Bäume
  - Äste
- **ABGESTORBENES GEWEBE AN BLÄTTERN?**

→ Materiallisten

„Wasserkreislauf und Klima im Wald", „Wald = gutes Klima?", „Fleischesser als Waldvernichter"

- ✗ Untersetzer als Wanne
- ✗ möglichst große Glasscheibe, um hohe Dampfverluste um die Wanne herum zu vermeiden
- ✗ 2 Dreifüße
- ✗ möglichst 3 Wärmelampen
- ✗ Sand, Erde
- ✗ Moos als Kronenschicht und für den Waldboden
- ✗ Astgabeln als Baumstämme
- ✗ Thermometer, Hygrometer, falls vorhanden Luxmeter, Anemometer, Föhn, Schallmessgerät

„Filterwirkung"

- ✗ Jogurteimer
- ✗ Dreifuß
- ✗ Wanne
- ✗ Kies, Sand, Erde, Blätter
- ✗ Mehl, Becherglas

Ökosystem Wald

→ Modell – Wasserkreislauf und Klima im Wald

- ✗ Beim Vergleich „im Wald" und „auf dem Feld" unterscheiden sich Luftfeuchtigkeit und Temperatur deutlich. (1)
- ✗ Auf dem unbewaldeten Bereich der Wanne können Schüler Erosion „erzeugen", indem sie die Wanne schräg stellen. (2)
- ✗ Bereits bei je 250 ml Wasser für jede Versuchsfläche bildet sich ein „Bach" (eine Wasseransammlung) am Rand der Wanne. (3)
- ✗ Nach etwa 30 Minuten Besonnung mit drei 60 W-Wärmelampen bilden sich dicke Tropfen an der Glasscheibe über dem „Wald". Mit nur einer Lampe dauert der Versuch deutlich länger, und der Wasserkreislauf ist nur schwer erkennbar. (4)
- ✗ Während der Wartezeit können die Schüler den „Wind" vor und hinter dem „Wald" messen. (5)
- ✗ Für Schallmessungen eignet sich nur ein dauerhafter Ton, wie etwa das Summen eines Menschen. Viele Schallmessgeräte messen in recht langen Abständen. Musik ergibt deshalb einen ständig schwankenden Pegel. Das Messgerät muss dabei möglichst still liegen. (6)

Arbeitsbuch **Ökologie**

Protokollblatt:
Wald = gutes Klima? – Modell

Meine Beobachtung / Eine Behauptung:
Wälder beeinflussen unser lokales Klima (z.B. Temperatur, Luftfeuchtigkeit, Luftbewegung). Dazu müssen sie allerdings gesund sein.

Meine Frage: _____

Ich vermute: _____

So will ich es herausfinden (evtl. auf der Rückseite weiterschreiben):
Ich baue einen von Luftverschmutzung und Sturm geschwächten Wald und einen gesunden Wald nach. Dann überprüfe ich die Auswirkungen der Wälder auf das Klima: Ich simuliere windiges Wetter und messe dabei die abiotischen Faktoren Temperatur, Feuchtigkeit und Wind vor dem Wald und hinter dem Wald.

Beobachtung beim Experiment:

	vor geschädigtem Wald	hinter geschädigtem Wald	vor gesundem Wald	hinter gesundem Wald
Temperatur in °C				
Luftfeuchtigkeit in %				
Wind in m/s				

Ergebnis:
_____
_____

Arbeitsbuch **Ökologie**

Info:
Wald = gutes Klima?

Gesunde Wälder beeinflussen das Klima ganz entscheidend: Waldbäume wirken auf Temperatur, Feuchtigkeit und Wind ein, aber natürlich sind sie selbst auch abhängig davon.

Wald und Feuchtigkeit

Die **Luftfeuchtigkeit** im Wald beträgt annähernd 100 % (mehr Feuchtigkeit als 100 % kann die Luft nicht aufnehmen). Das hängt von mehreren Faktoren ab:
Erstens vom **Waldboden**. Böden, die mit Wald bewachsen sind, speichern besonders viel Wasser. Das Wasser versickert dort sehr langsam und läuft auch oberirdisch kaum ab.
Zweitens von der **Temperatur**. Die Wälder dämpfen die Temperatur. Es ist dort längst nicht so heiß wie auf den Feldern. Deshalb verdunstet in Wäldern weniger Wasser als anderswo, und es bleibt feucht.

Drittens von der **Eigenschaft der Waldpflanzen, Wasser zu speichern oder aufzuhalten**. Moose speichern das Wasser, Bäume halten sehr viel Wasser in ihren Kronen zurück, erst größere Wassermengen fließen an den Stämmen ab.
Viertens von der **Wasserdampfabgabe** der Bäume. In den Stämmen der Bäume steigt Wasser nach oben und wird über die Blätter an die Luft abgegeben.

Wald und Temperatur

In dichten Wäldern ist es im Sommer noch angenehm kühl. Das liegt daran, dass die **Lichtstrahlen** zum größten Teil von den Kronen der Bäume **aufgenommen oder reflektiert** werden. Nur etwa 15 % gelangen auf den Waldboden. Und nur dieser kleine Teil der Lichtstrahlen kann dann auch tatsächlich Wärme abgeben. Auch die hohe Luftfeuchtigkeit im Wald trägt im Sommer zu niedrigeren Temperaturen bei. Wenn die Lichtstrahlen auf die Feuchtigkeit treffen, nimmt das Wasser die Energie auf, die Luft kühlt sich ab.

Wald und Wind

Wälder können **Winde stark bremsen**. Die stärkste Wirkung geht von den Baumkronen aus. Die Windgeschwindigkeit hängt davon ab, wie gut der Kronenbereich des Waldes geschlossen ist. Im Bereich der Stämme wird sie davon beeinflusst, wie dicht der Waldrand geschlossen ist.

Ökosystem Wald

Mischwald – Monokultur

Mischwälder bestehen sowohl aus Laub- als auch aus Nadelbäumen, **Monokulturen** dagegen nur aus einer Sorte, manchmal sogar nur aus einer Baumart. Es gibt viele Gründe dafür, dass die Forstwirtschaft seit einigen Jahren wieder mehr Mischwälder anpflanzen möchte:

- Mischwälder sind unempfindlicher gegenüber **Stürmen und Schneedruck**.
- In gemischten und gestuften Beständen vermehren sich **Schädlinge** nicht so sehr wie in Monokulturen, in denen eine bestimmte Baumart als Nahrung nahezu unbegrenzt zur Verfügung steht.
- Mischwälder bieten durch verschiedene Altersklassen und Arten vielfältigere **Lebensräume für Tiere**. Diese sind zudem nicht starken Schwankungen unterworfen, wie sie in Monokulturen, z.B. durch Kahlschläge, auftreten.
- In Mischwäldern können **ständig Bäume entnommen und verkauft** werden, während in Monokulturen lange Jahre keine und dann sehr große Einnahmen anstehen.
- Speziell in Nadelwald-Monokulturen versauern die Böden durch die verrottenden Nadeln der Bäume. Kommt dazu noch durch Luftschadstoffe „Saurer Regen", verschlimmert sich die **Bodenversauerung**. Die Wurzeln der Bäume werden geschädigt, die Stabilität gegenüber Wind und Schneedruck sinkt.

Schäden durch den Orkan Kyrill, 2007.

Protokollblatt:
Wasserkreislauf und Klima im Wald

Meine Beobachtung / Eine Behauptung:
Der Wald schützt mit seinem Wasserkreislauf die Böden vor Austrocknung.

Meine Frage:
Kann man in einem Modell simulieren und messen, dass der Wald besondere Auswirkungen auf den Wasserkreislauf hat und inwiefern das Klima im Wald anders ist als auf den Feldern?

Ich vermute:

_____

_____

So will ich es herausfinden (Womit mache ich was warum?):
Ich plane und baue mit den Materialien ein Modell, das Wald und Feld berücksichtigt. Ich beregne und besonne es und erzeuge Wind.

Material:
- ✗ Untersetzer als Wanne
- ✗ möglichst große Glasscheibe
- ✗ 2 Dreifüße
- ✗ möglichst 3 Wärmelampen
- ✗ Sand, Erde
- ✗ Moos als Kronenschicht und für den Waldboden
- ✗ Astgabeln als Baumstämme
- ✗ Thermometer, Hygrometer, falls vorhanden Luxmeter, Anemometer, Föhn, Schallmessgerät

Eigene Beobachtungen:
Ich notiere meine Messergebnisse und Beobachtungen, möglichst in Tabellenform.

Ergebnis:

_____

Arbeitsbuch **Ökologie**

Info: Wasserkreislauf und Klima im Wald

Viele Menschen gehen sehr gerne im Wald spazieren, weil sie sich dort besonders wohl fühlen. Das liegt beispielsweise daran, dass die Harze und ätherischen Öle der Bäume wohltuend und anregend riechen und wirken.

Im Wald herrschen zudem **besondere Bedingungen**:

- ✗ **Temperatur:** Der Wald hält bis zu 90 % der Sonnenstrahlen vom Boden ab, an heißen Sommertagen ist es deshalb im Wald bis zu 5 °C kühler als in der offenen Landschaft. Im Frühling und Herbst kühlt die Luft im Wald langsamer ab als außerhalb, und auch im Winter ist es im Wald oft wärmer als außerhalb, weil die Bäume den Wind abbremsen.
- ✗ **Luft:** Solange die Bäume Blätter haben und tagsüber bei der Fotosynthese mit Hilfe von Sonnenenergie aus Kohlendioxid und Wasser u.a. Sauerstoff produzieren, ist dessen Gehalt im Wald höher als außerhalb. Allergiker freuen sich häufig über die saubere Luft im Wald: Stäube, Schadstoffe und Pollen werden von den Blättern und Nadeln gefiltert, zudem herrscht im Wald weniger Wind, und der Staub sinkt schneller zu Boden.
- ✗ **Schall:** Schallwellen werden am Waldrand reflektiert, sodass im Inneren des Waldes oft eine besondere Ruhe herrscht: Der Lärm von Autos und Menschen ist verschwunden.
- ✗ **Wasserqualität:** Ganz allgemein verbessert der Waldboden die Wasserqualität durch seine starke Filterwirkung. Dazu kommt, dass im Wald in der Regel keine Düngemittel und Pestizide benutzt werden. Durch den Sauren Regen verändert sich die Bodenqualität jedoch: Besonders Calcium-, Kalium- und Magnesiumionen werden ausgewaschen. Diese wichtigen Nährstoffe fehlen den Pflanzen und belasten das Trinkwasser.

Neben diesen fühlbaren Besonderheiten hat der Wald wichtige Auswirkungen auf das regionale Klima:

- ✗ **Wasserkreislauf:** Der Waldboden mit den dort wachsenden Pflanzen und Moosen speichert besonders viel Wasser. Niederschläge fließen nur langsam ab, der Boden bleibt feucht.

Ökosystem Wald

Gleichzeitig gibt der Wald sehr gleichmäßig große Wassermengen an die Luft, in das Grundwasser und über Quellen ab. So sorgt der Wald für einen gleichmäßigen Wasserkreislauf: Wasser verdampft im Wald oder aus Gewässern, die aus dem Wald abfließen. Nebel und Wolken entstehen, das Wasser regnet wieder ab. Ohne diesen Wasserkreislauf wäre unser Klima trockener, und die Böden auf den Feldern würden austrocknen und ausgewaschen werden.

- **Windruhe:** Die Wälder halten den Wind auf oder lenken ihn um. Das ist in unserem Alltag deutlich wahrzunehmen: In Ortschaften, die durch Wälder geschützt sind, herrscht deutlich weniger Wind als in unbewaldeten Tälern oder auf Hochflächen.
- **Temperaturausgleich:** Der Wald speichert im heißen Sommer kühle Luftmassen, im Winter dagegen ist es dort wärmer als auf dem freien Feld. Auf diese Weise werden extreme Temperaturen auch für die Städte und Dörfer in Waldnähe abgemildert.
- **Schattenspende:** In den schattigen Bereichen rings um die Wälder ist es wie im Wald kühl und feucht. Dort gedeihen besondere, an diese Verhältnisse angepasste Pflanzen.

Außerdem hat der Wald viele weitere Funktionen:

- Schutzfunktion: Die Wurzeln der Bäume verhindern das Abrutschen von Hängen und das Abspülen von den oberen Bodenschichten (Erosion). Der Wald schützt vor Lawinen und Hochwasser, weil er Schnee und Wasser nur langsam weitergibt. Und er bietet zahlreichen Lebewesen Schutz und Lebensraum.
- Nutzfunktion: Holz wird als Brennstoff verwendet; außerdem wird es genutzt, um Häuser zu bauen, Papier herzustellen, Zellulose zu gewinnen, Möbel zu bauen usw.
- Erholungsfunktion: Menschen nutzen den Wald oft zur Naherholung, aber auch für sportliche Betätigungen. Spaziergänger, Wanderer, Jogger, Walker, Radfahrer und Reiter sind häufig im Wald anzutreffen.
- Kohlenstoffspeicher: Die Wälder sind nach den Ozeanen die größten Kohlenstoffspeicher der Erde. Bei der Fotosynthese entnehmen die Bäume Kohlenstoff aus der Atmosphäre, was im Hinblick auf den Treibhauseffekt immer wichtiger wird.

Ökosystem Wald

Protokollblatt:
Erosion – Modell

Meine Beobachtung / Eine Behauptung:
Der Wald schützt unsere Böden besser als die Äcker.
Ohne den Schutz der Wälder müssten viele Menschen verhungern.

Meine Frage: _____
_____

Ich vermute: _____
_____

So will ich es herausfinden:
1) Ich fülle eine Kiste nur mit Erde (ohne Bepflanzung). Ich stelle sie dann schräg auf den Rand einer Wanne und bringe ein Sieb vor der Öffnung an.
2) Ich gieße einen Liter Wasser am oberen Ende in die Kiste und beobachte, was passiert.
3) Ich fülle die Kiste mit Waldbodenstücken, die bewachsen sind. Ich wiederhole den Gießversuch und beobachte, was nun passiert.

Ergebnis:
_____
_____
_____
_____
_____
_____
_____

Arbeitsbuch **Ökologie**

Info:
Erosion –
eine Gefahr für die Umwelt

→ Erosion: Was ist das?

Erosion bedeutet, dass die oberen **Bodenschichten durch Wasser abgetragen** werden. 80 % des Weidelandes und 60 % des Ackerlandes weltweit sind davon betroffen. Bei leichter bis stärkerer Hangneigung können auf einem Hektar Mais- oder Zuckerrübenacker 50–200 Tonnen Boden jährlich durch Regen weggeschwemmt werden.

Wissenschaftler halten einen **Bodenabtrag** von maximal 10 Tonnen je Hektar oder 0,6 mm für tolerabel. Doch eigentlich ist selbst das zu viel: Es wird nicht so viel Boden nachgebildet, wie auf Grund der Erosion verloren geht.
Neben Regen können auch eine schnelle Schneeschmelze und starker Wind Erosion auslösen.

→ Folgen

Wenn der fruchtbare Boden erst einmal abgeschwemmt ist, wird es immer schwieriger, Pflanzen anzubauen. Ganze **Landstriche** können so auf Dauer **unfruchtbar** werden. Während die fruchtbare Ackerfläche weltweit so immer mehr abnimmt, steigt die Weltbevölkerung gleichzeitig ständig an.
Besonders in vielen Ländern **Südamerikas** und **Afrikas** ist der so entstehende Teufelskreis bereits im Gange: Ist das Land unfruchtbar geworden, roden die Bauern Waldgebiete, um dort Ackerbau betreiben zu können. Auch dieses Land wird wieder unfruchtbar, und weitere Wälder müssen abgeholzt werden. Allerdings sind auch bei uns Böden gefährdet: Wegen des zunehmenden Waldsterbens sind Böden in Hanglagen nicht mehr ausreichend geschützt und gehen unwiederbringlich verloren.

→ Gegenmaßnahmen

In Hanglagen ist die Nutzung von Äckern ohne Erosion nicht möglich. Eine Verringerung kann jedoch durch verschiedene Maßnahmen erreicht werden:

- ✗ **Gehölzstreifen:** In Gebieten, die von Gehölz und Waldstreifen durchzogen sind, ist die Bodenerosion nur gering. Die Anbauflächen müssten dafür geringfügig verkleinert und Gehölze gepflanzt werden. Allerdings müssten die großen landwirtschaftlichen Betriebe mehr Zeit aufwenden, um ihre Äcker zu bearbeiten. Sie würden weniger verdienen.
- ✗ **Mulchbewirtschaftung:** Wenn Landwirte Reste ihrer Ackerpflanzen auf den Äckern liegen lassen und mulchen (klein häckseln), wird die Aufschlagskraft der Regentropfen vermindert.
- ✗ **Bodenneubildung anregen:** Um die Neubildung von Boden zu fördern, ist es wichtig, genügend tote organische Substanz auf den Äckern zu lassen oder zu verteilen (z.B. Pflanzenreste, Mist). Gleichzeitig müssen die Bodenlebewesen (z.B. Regenwürmer, Springschwänze) geschont werden, die die organischen Substanzen zerkleinern und mit dem vorhandenen Boden vermischen. Sowohl die Verdichtung der Böden mit schweren Maschinen als auch tiefes Umpflügen sollte so weit wie möglich vermieden werden.

Ökosystem Wald

Protokollblatt:
Filterwirkung

Meine Beobachtung/Eine Behauptung: _____

_____

Meine Frage: _____

_____

Ich vermute: _____

_____

So will ich es herausfinden: 
1) Ich baue in einem Jogurteimerchen o.Ä. die Schichten des Waldbodens nach, wie sie in der Natur vorkommen. Ich benutze dazu Kies, Sand, Blätter und Erde. Im Eimer drücke ich den Boden fest an und stelle ihn auf einen Dreifuß. Dieser soll in einer Wanne stehen.
2) Ich fülle ein Becherglas mit 400 ml Wasser und mische einen Teelöffel Mehl hinein.
3) Ich schütte das Mehlwasser ganz langsam in die Mitte des Bodeneimers, immer nur kleine Schlucke. Es soll kein Wasser als Pfütze stehen.
4) Wenn die ersten Tropfen in die Wanne getropft sind, stelle ich eine Petrischale unter den Eimer und fange das Wasser auf. Ich beschreibe meine Beobachtungen und formuliere ein Ergebnis.

Ergebnis:

_____

_____

_____

_____

Arbeitsbuch **Ökologie**

Info: Filterwirkung

Das Grundwasser aus Wäldern ist in der Regel so sauber, dass man es ohne Aufbereitung als **Trinkwasser** nutzen kann. Das Regenwasser läuft dort durch mehrere Bodenschichten – Laubstreu, Humus, Lehm, Sand und Gestein –, bevor es ins Grundwasser gelangt.

→ Wie funktioniert die Filterwirkung?

Während das Wasser durch die verschiedenen Bodenschichten sickert, wird es mechanisch, chemisch und biologisch gereinigt. **Mechanische Reinigung** bedeutet, dass grobe Schmutzpartikel und Schwebstoffe im Boden hängen bleiben. Mit **chemischer Reinigung** ist gemeint, dass Ionen am Gestein gebunden und dort festgehalten werden, so ähnlich wie das in den Aktivkohlefiltern für Wasserkocher in der Küche passiert. Eine besondere Bedeutung hat die **biologische Reinigung**: Die Mikroorganismen im Boden verdauen einen Großteil der im Trinkwasser unerwünschten organischen und chemischen Verbindungen. Stickstoff wird z.B. auf diese Weise gebunden. Etwa 67 % des Stickstoffs, der in den Wald getragen wird, entsteht bei der Nutztierhaltung, die übrigen 33 % werden über Stickoxide aus Abgasen von Fahrzeugen und Feuerungen in den Wald getragen. Böden in **gesunden Laubwäldern** bereiten Wasser am besten auf. In **Nadelwäldern und auf Feldern** leben weit weniger Mikroorganismen, die die biologische Reinigung vornehmen. Zudem werden Düngemittel und Pestizide auf Äcker verteilt, die das Trinkwasser belasten.

→ Nachlassen der Wirkung

Die gute Filterwirkung der Laubwälder nimmt jedoch ab: **Kahlschläge und Sturmschäden** senken die Reinigungskraft des Bodens drastisch. Wichtig ist auch, dass Forstfahrzeuge nur auf den Rückegassen fahren und den Waldboden nicht **großflächig verdichten**, sonst können die Mikroorganismen nicht optimal arbeiten.
Auch die **Versauerung** („Saurer Regen" aus der Verbindung von Wasser und Schwefeloxiden und Stickoxiden) gefährdet den Wald und seine Filterwirkung: Wichtige Nährstoffe, wie Kalium-, Calcium- und Magnesiumionen, werden ausgewaschen. Dadurch verschärft sich die Ernährungssituation der Bäume. Dafür werden schädliche Aluminium-, Eisen- und Manganverbindungen freigesetzt, die das Feinwurzelsystem der Bäume schädigen. Die Folge davon ist, dass die Bäume erkranken oder schlimmstenfalls absterben.
In Hanglagen **trägt der Regen** zudem die oberen **Bodenschichten ab**. Der Boden steht dann nicht mehr für Pflanzen und die Wasserfilterung zur Verfügung.

Protokollblatt:
Fleischesser als Waldvernichter? (1/2)

Meine Beobachtung/Eine Behauptung:
In den Tropenwäldern werden riesige Fleischfarmen angelegt.
Der Wald wird für Weideflächen und als Papier- und Möbelholz gerodet.

Meine Frage:
Was passiert, wenn wir Europäer Fleisch aus diesen Farmen
und Produkte aus Holz aus dem Regenwald kaufen?

Ich vermute: _____
_____

So will ich es herausfinden (Womit mache ich was warum?):
Ich baue anhand der Zeichnung Modelle, die intakten und abgeholzten
Regenwald zeigen, und bringe Fähnchen mit den unten angegebenen
Stichworten an den passenden Stellen an. Ich besonne die beiden
Landschaften und simuliere den Wasserkreislauf. Ich messe und
protokolliere Temperatur und Feuchtigkeit.

Messergebnisse (Tabelle, Rückseite) und Beobachtungen:
_____
_____

Ergebnis:
_____

---

dünne Humusschicht	geringe Auswaschung in Flüsse	Austrocknen der Böden auf Grund großer Hitze
Weideland nur wenige Jahre nutzbar	Boden ungeschützt, dünne Humusschicht verschwindet	starke Verdunstung bei seltenen Regenfällen
Abfluss von Wasser und Erde in Bächen und Flüssen	Erosion	permanente Verdunstung führt zu regelmäßigen Regenfällen

Arbeitsbuch **Ökologie**

Fleischesser als Waldvernichter? (2/2)

Protokollblatt:
Baumwachstum trotz Stress?

Meine Beobachtung / Eine Behauptung:
Bäume werden von Stressfaktoren am Wachstum gehindert.

Meine Frage:
Welche Folgen hat der Stress für Bäume, und sind auch die Bäume in meiner Umgebung von Stress betroffen?

Ich vermute: _____
_____

So will ich es herausfinden (Womit mache ich was warum?):
Ich plane eine Erkundung, die oben stehende Frage klärt:

_____
_____
_____

Fragen, die mir bei der Arbeit durch den Kopf gegangen sind:

_____
_____

Ergebnis:

_____
_____

Ökosystem Wald 2

Info:
Baumwachstum trotz Stress?

Jeder Einfluss auf das Wachstum oder den Stoffwechsel, natürlich oder von Menschen verursacht, bedeutet **Stress** für Pflanzen.

→ Stressfaktoren

Zu den **natürlichen Stressfaktoren** zählen Hitze, Kälte, Frost, Wassermangel, Mineralienmangel, Überflutung, Tierfraß, Insekten-, Viren-, Pilz- und Bakterienbefall. In den letzten 60 Jahren sind darüber hinaus **von Menschen ausgelöste** hinzugekommen: mehr und andersartige Pflanzenschutzmittel (Herbizide/Pestizide/Fungizide: Mittel gegen Unkraut, Schädlinge und Pilze), eine erhöhte Luftverunreinigung, damit verbunden der Saure Regen und die nachfolgende Bodenversauerung, Ozonbelastung in heißen Sommermonaten, Überdüngung, Schwermetallbelastung usw. Grundsätzlich ist Stress nicht nur negativ zu sehen. Die überlebenden Pflanzen weisen eine höhere Immunität (= Unempfindlichkeit) gegenüber den Stressfaktoren auf oder haben sich ihnen auf andere Weise angepasst. Somit kann man den Stress als Mittel der **Evolution** auffassen. Zudem kann man, wie bei Menschen, zwischen positivem – **Eustress** – und negativem Stress – **Distress** – unterscheiden: So benötigen z.B. Laub abwerfende Fruchtbäume niedrige Temperaturen, die Stress auslösen, um später Blütenknospen entwickeln zu können.

→ Reaktionen auf Stress

Pflanzen sind **keineswegs hilflos** gegen ungünstige Einflüsse von außen. Sie reagieren einerseits ganz gezielt auf einen bestimmten Stressfaktor, andererseits mit unspezifischen (= allgemeinen) Reaktionen.
So bilden Pflanzen unter Stresseinwirkung verstärkt **Enzyme** (z.B. Katalase, Ascorbate), um schädliche Sauerstoffradikale abbauen zu können. Weil im Zusammenhang mit Stress (z.B. Trockenheit, Wind, Schäden am Blatt …) häufig Wassermangel auftritt, erhöhen die Pflanzen stets die Konzentration der Stoffe in der Wurzel, mit deren Hilfe verstärkt Wasser in die Wurzeln eindringen kann, die **Wasserversorgung** der Pflanze verbes-

Arbeitsbuch **Ökologie**

sert sich. Die Pflanzen bilden auch neue Proteine (= Grundbausteine der Zellen), um Schäden ausgleichen zu können.

Daneben haben sich genau auf den Stressfaktor ausgerichtete Reaktionen entwickelt. Ein Beispiel ist die Reaktion auf den natürlichen **Stressfaktor Verbiss**: Im Verhältnis zur Ausdehnung der Wälder gibt es zu viele Rehe. Daher ist Verbiss (= Abbeißen von Knospen, Blättern und jungen Zweigen) fast überall in Mitteleuropa zu finden. Dadurch kann über Jahrzehnte die Naturverjüngung, also das Nachwachsen junger Bäume, verhindert werden. Pflanzen reagieren auf Verbiss mit **verstärktem Wachstum**. Sie verwenden dazu die über die Wurzel aufgenommenen und in den Blättern gebildeten Stoffe. Zudem können Pflanzen bis zu 10 % ihrer Energie in **Abwehrmechanismen** investieren: Sie bilden beispielsweise giftige Substanzen (z.B. Alkaloide, Lignin, Terpene, Harze), oder sie verstärken Dornen, Stacheln oder raue Haare.

Aber auch auf von Menschen herbeigeführten Stress können Pflanzen gezielt reagieren, z.B. auf **gasförmige Luftschadstoffe**: Beim Verbrennen fossiler Brennstoffe (Öl, Kohle, Gas) entstehen Gase, wie etwa Schwefeldioxid, Stickoxide, Ammoniak, Salpetersäure, Fluorwasserstoffe und Ozon. Besonders reaktive (= reaktionsfreudige) Stoffe verätzen die Blattoberfläche und dringen dann in die Pflanzen ein. Weniger reaktive Stoffe gelangen durch die Spaltöffnungen in die Blätter. In den Pflanzen **reagieren die Schadstoffe** mit den Zellen: Protonen werden frei, der pH-Wert sinkt, die Zelle arbeitet nicht mehr optimal. Die Pflanzen versuchen, die Protonen aus der Zelle zu transportieren und den pH-Wert nicht absinken zu lassen. Gelingt dies nicht, wird insbesondere die **Fotosynthese behindert**, die Nährstoffversorgung der Pflanze ist gefährdet. Bei den Reaktionen der Schadstoffe in der Zelle werden auch **Enzyme** von freien Radikalen **zerstört**, und **Membranschäden** treten auf. Auch die **Verteilung** der von der Pflanze gebildeten Zucker und der über die Wurzeln aufgenommenen Stoffe wird **beeinträchtigt**. Gegen diese Prozesse produzieren die Pflanzen Radikalfänger, wie etwa Antioxidantien und Carotinoide. Reichen diese Schutzmechanismen nicht aus, wachsen die Pflanzen weniger, altern schneller, und es können Teile der Pflanze absterben.

Folgen bei Waldbäumen

Bei verschiedenen Bäumen können die Folgen von Stress unterschiedlich aussehen:
- **Buchen**: einzelne Äste sterben ab, grüne Blätter fallen schon im Frühsommer, im Herbst werden gelb-grüne Blätter abgeworfen, Kurztriebe werden ausgebildet
- **Eichen**: die Krone lichtet sich von oben nach unten, es entstehen kahle Äste, im Herbst fallen die Blätter vorzeitig zu Boden
- **Fichten**: ältere Nadeljahrgänge werden verfrüht abgeworfen, die Bäume verlichten
- **Tannen**: die Kronen der Bäume verlichten, das helle Kernholz vernässt (Nasskern, Foto)
- **alle Bäume**: „unsichtbare" Schäden am Feinwurzelsystem treten auf, diese Veränderungen werden sichtbar, sobald die Wurzelsysteme stark geschädigt sind und die Bäume bei Stürmen entwurzelt werden

Leichter Stress kann also die Pflanzen zu stärkerem Wachstum anregen oder bestimmte Reaktionen hervorrufen, wie etwa das Blühen nach einer Kälteperiode. Mäßiger Stress behindert das Wachstum, weil Nährstoffe und Baustoffe eingesetzt werden müssen, um die von Stress ausgelösten Verluste auszugleichen. Starker Stress kann zum Tod der Pflanzen führen.

Ökosystem Wald

Didaktische Materialien:
Lebensräume im Wald

Einsatzmöglichkeiten:

Projektartiges Vorgehen

Die Projektinitiative könnte der Lehrer mit Hilfe der Materialien „Wald = gutes Klima?" gestalten. Die Schüler sammeln dabei Erfahrungen mit der Messung abiotischer Faktoren und bauen das Modell eines Waldes. Daran lässt sich dann die Frage anschließen, wie ein Wald in der Natur aufgebaut ist und welche Lebensräume es dort gibt. Nach einer ersten Ideensammlung bearbeiten die Schüler das Arbeitsblatt und das Leseblatt „Lebensräume im Wald" sowie das Leseblatt „Laubstreu": Zu dem Arbeitsblatt entwickeln die Schüler ihren Projektplan, darin sollte ein Plan für die Exkursion enthalten sein. Bei der Untersuchung des Ökosystems sollten die Schüler die Informationen des Leseblattes aufnehmen und die Wirkungszusammenhänge „Wer frisst wen?" und „Einflüsse von außen" neben einer Bestimmung der Lebewesen und einer Messung der abiotischen Faktoren klären. Ob die Protokollierung der Ergebnisse bereits den Abschluss des Projekts bedeutet oder die Ergebnisse der einzelnen Projektgruppen, z.B. auf einer Wand des Klassenraumes, präsentiert und verglichen werden, kann der Lehrer im Laufe der Arbeit entscheiden.

Forschungskiste

Zum Auftakt der Erkundung der Lebensräume im Wald kann der Lehrer die abiotischen Faktoren und den Aufbau des Waldes („Wald = gutes Klima?") mit den Schülern erarbeiten, oder die Schüler setzen sich mit den dort lebenden Tieren und der Anpassungen an den Lebensraum Wald („Fortbewegung: Fliegen, Schwimmen, Laufen") auseinander. Das Arbeitsblatt dazu überlässt die Planung entsprechender Forschungsaufgaben den Schülern, die bereitgestellten Materialien bieten ihnen dazu die notwendigen Anregungen (Schädel wiegen; Knochen aufsägen, Bruchfestigkeit der Federn mit der von Büroklammern vergleichen; mit Hilfe der Dichte von Federn das Ausblasen einer Kerze verhindern; Wärme regulierende Funktion von Daunen/Fell/Luft im Becken mit heißem Wasser und Thermometer nachweisen; günstige Körperformen im strömenden Wasser feststellen).

Die daraufhin folgende Planung der Exkursion „Lebensräume im Wald" können die Schüler auf unterschiedlichem Niveau mit unterschiedlichem Aufwand betreiben. Erfahrene Schüler sollten die Informationen aus dem Leseblatt aufnehmen und neben der Messung der abiotischen Faktoren und der Bestimmung der Lebewesen in den verschiedenen Schichten des Waldes auch die Zusammenhänge zwischen Produzenten, Konsumenten und Destruenten beschreiben und Außeneinflüsse dokumentieren können. Weniger erfahrene Schüler können sich auf die Dokumentation der Schichten mittels Fotos, Messung der abiotischen Faktoren und einem groben Überblick über die dort lebenden Tiere und Lebewesen beschränken.

Haben die Schüler in der Planung die Bestimmung der Tiere in der Laubstreu nicht aufgenommen, kann der Lehrer mit dem zusätzlichen Arbeitsblatt „Laubstreu" diese Bestimmung verbindlich vorgeben: Die Schüler müssen einen Laubwald und eine ältere Fichtenmonokultur vergleichen. Dafür sind die Monate im Jahreslauf besonders geeignet, in denen der Boden stark belebt ist: Im März, April, September und Oktober sind besonders viele Tiere zu finden, während im November, Dezember und Januar sowie im Mai und Juni weniger Tiere aktiv sind.

Klassenverband

Im Klassenverband bietet es sich an, die Kompetenzen des Lehrers zu nutzen, etwa um einzelne Arbeitsschritte, wie die Planung in Reflexionssequenzen, zu üben. Dazu notiert der Lehrer vorab,

Arbeitsbuch **Ökologie**

Ökosystem Wald

welche Ansprüche an den jeweiligen Arbeitsschritt er stellt. Einzelne Schüler präsentieren ihren Arbeitsfortschritt, ihre Vorgehensweise und Gedanken („Berichte, wie du vorgegangen bist, warum du so vorgegangen bist und was du erreicht hast"), die Klasse und der Lehrer reflektieren, was daran gut war und was verbessert werden könnte.

Advance Organizer

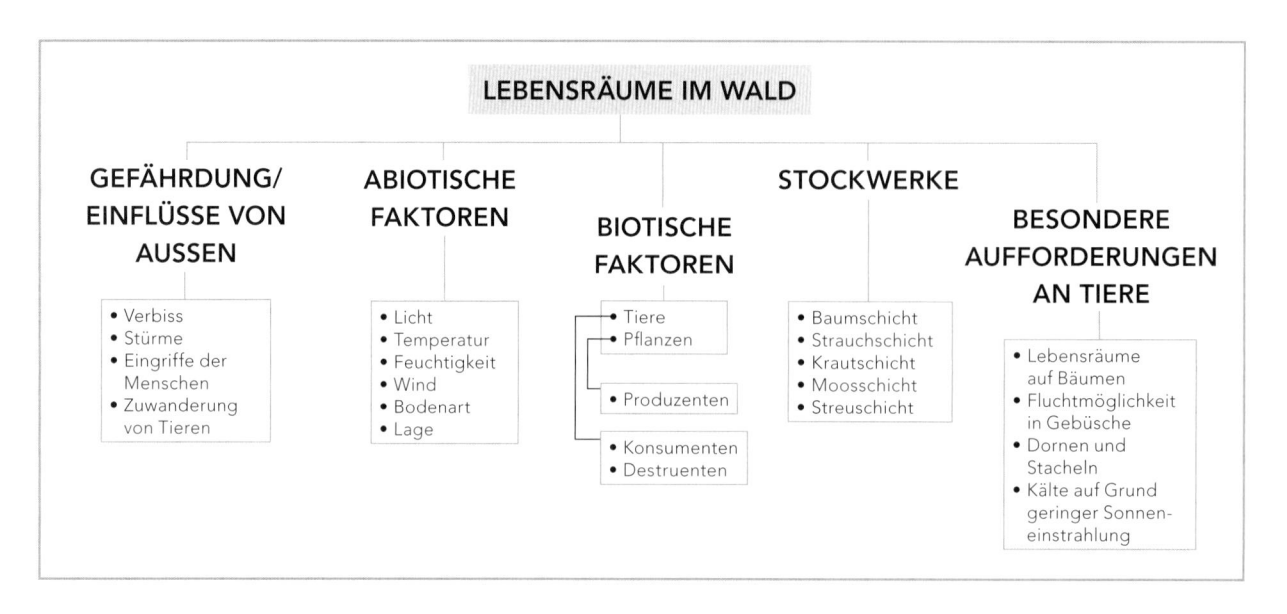

LEBENSRÄUME IM WALD

GEFÄHRDUNG/ EINFLÜSSE VON AUSSEN
- Verbiss
- Stürme
- Eingriffe der Menschen
- Zuwanderung von Tieren

ABIOTISCHE FAKTOREN
- Licht
- Temperatur
- Feuchtigkeit
- Wind
- Bodenart
- Lage

BIOTISCHE FAKTOREN
- Tiere
- Pflanzen
- Produzenten
- Konsumenten
- Destruenten

STOCKWERKE
- Baumschicht
- Strauchschicht
- Krautschicht
- Moosschicht
- Streuschicht

BESONDERE AUFFORDERUNGEN AN TIERE
- Lebensräume auf Bäumen
- Fluchtmöglichkeit in Gebüsche
- Dornen und Stacheln
- Kälte auf Grund geringer Sonneneinstrahlung

Materialliste

„Lebensräume im Wald" und „Laubstreu"
- ✗ Thermometer, Anemometer, Feuchtemessgerät, Luxmeter
- ✗ Klopfstock, Regenschirm (Baumschicht, Strauchschicht)
- ✗ Insektennetz, Klopfschachtel (Krautschicht)
- ✗ Weißes Tuch (Streuschicht)
- ✗ Federstahlpinzetten, Exhaustoren, Fanggläser
- ✗ Bestimmungsbücher, Kopien der Bestimmungshilfe
- ✗ Fotoapparat
- ✗ Käse (z.B. Romadur), Marmeladenglas, Dreibein, Abdeckung gegen Regen

„Fortbewegung: Fliegen, Schwimmen, Laufen"
- ✗ ähnlich große Schädel Säugetier – Vogel, etwa Marder – Gans, Ente – Kaninchen, Waage
- ✗ Metallsäge, Knochen Rind/Schwein und Geflügel
- ✗ Schwungfeder, Kerze, Büroklammer
- ✗ Wanne/Aquarium, heißes Wasser, 3 Bechergläser, 3 Thermometer, Fell, Daunen

- ✗ Knete, Dübel, Schraubhaken, Blumendraht (Aufhängung der Knetmasse), Newtonmeter (0,1 N-Teilung)

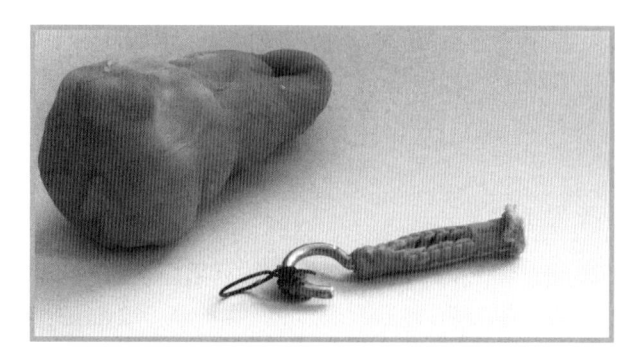

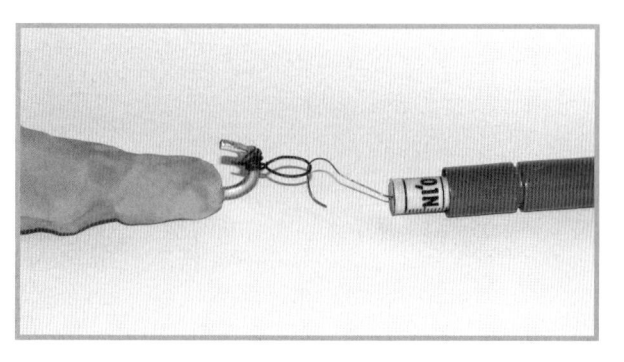

Arbeitsbuch **Ökologie**

Ökosystem Wald ②

Protokollblatt:
Lebensräume im Wald

Meine Beobachtung / Eine Behauptung:
Wald ist nicht einfach Wald. Es gibt dort sehr unterschiedliche Lebensräume für Tiere und Pflanzen.

Meine Frage:
Welche Lebensräume gibt es, und wie unterscheiden sie sich?

Ich vermute: _____

_____

So will ich es herausfinden (Womit mache ich was warum?):

Strauchschicht    *Streuschicht*    *Krautschicht*

Material: Fotoapparat, Bestimmungsbücher für Wildpflanzen und -tiere

Fragen/Beobachtungen, die mir bei der Arbeit durch den Kopf gegangen sind:

_____

_____

Ergebnis (Zeichnungen und Details auf der Rückseite oder zusätzlichen Seiten):

_____

_____

Arbeitsbuch **Ökologie**

Info: Lebensräume im Wald

Im Wald gibt es sehr viele **unterschiedliche Lebensräume** für Tiere und Pflanzen, in denen man jeweils unterschiedliche **unbelebte (abiotische) Faktoren** (Licht, Temperatur, Feuchtigkeit, Wind, Bodenart, Lage) und **belebte (biotische) Faktoren** (Tiere und Pflanzen, die Konkurrenz oder Nahrung sein können) vorfindet. Während die abiotischen Faktoren mit Messgeräten eindeutig zu bestimmen sind, ist es nicht möglich, alle im Wald lebenden Tiere zu Gesicht zu bekommen und mit Bestimmungsbüchern zu bestimmen. Einige Arten muss man mit Hilfe seines Vorwissens oder mittels Expertenrat ergänzen.

Aufbau des Waldes

Um Messungen und Bestimmungen vornehmen zu können, muss man wissen, wie der Wald aufgebaut ist: Früher wurden Monokulturen mit nur einer Baumart in einer Altersklasse gepflanzt. Diese Bestände bieten nur wenige verschiedene Lebensräume. Heute sorgen die Förster dafür, dass **naturnahe Mischwälder** mit unterschiedlichen Baumarten verschiedener Altersklassen entstehen. Dort sind die **Schichten des Waldes** voll ausgeprägt: **Baumschicht, Strauchschicht, Krautschicht, Moosschicht** und **Streuschicht**. Jede Schicht ist ein eigener Lebensraum. Weil die Pflanzen in naturnahen Mischwäldern unterschiedlich alt sind, kann man insbesondere die **Baumschicht** in mehrere Lebensräume untergliedern:

- ✘ **Jungwuchs:** die meisten Bäume sind unter 2 m hoch, der Bestand ist noch nicht geschlossen, es gibt noch Platz für weitere Pflanzen
- ✘ **Jungbestand/Dickung:** der Bestand ist geschlossen, der Brusthöhendurchmesser der meisten Bäume liegt unter 15 cm)
- ✘ **Stangenholz:** die meisten Bäume haben einen Brusthöhendurchmesser von 7–20 cm,
- ✘ **Baumholz/Altholz:** der Brusthöhendurchmesser beträgt über 20 cm

Ökosysteme

Hat man sich einen Lebensraum zur Untersuchung ausgewählt, abiotische Faktoren gemessen und biotische Faktoren mit Hilfe von Bestimmungsbuchern erkannt, ist es wichtig, aus den **gewonnenen Informationen** Schlüsse zu ziehen: Meist bestehen **Zusammenhänge** zwischen biotischen/abiotischen Faktoren und den dort lebenden Pflanzen und Tieren, z.B. „Der Jungwuchs ist als Versteck für Rehe noch nicht dicht genug, es dringt aber sehr viel Licht zum Boden. Die Krautschicht ist deshalb besonders ausgeprägt, sodass die Rehe dort viel Nahrung finden." Auf diese Weise lässt sich aus Messwerten, Tier- und Pflanzenlisten und eventuell Fotos ein Steckbrief des untersuchten Lebensraumes erstellen. Wer sich Zusammenhänge in dem untersuchten Lebensraum überlegt, beschäftigt sich nicht mehr nur mit einem Lebensraum (Biotop), sondern mit einem **Ökosystem**. Dieser Begriff betont die **Wirkungszusammenhänge in einem Lebensraum zwischen den dort lebenden Tieren, Pflanzen und abiotischen Faktoren. Ökosysteme können groß sein (ein See, Wald …), aber auch sehr klein (ein bewachsenes und von Tieren besiedeltes Holzstück, ein bestimmter Baum …). Oft ist es sinnvoll, ein Ökosystem unter dem Aspekt „Wer frisst wen?" zu betrachten. In jedem Ökosystem gibt es **Produzenten**, die aus der unbelebten Natur mit Hilfe der Sonnenenergie Fotosynthese betreiben, also z.B. **Pflanzen, Algen** oder **Moose**. Produzenten werden von **Konsumenten 1. Ordnung (Pflanzenfresser)** gefressen, diese wiederum von den **Konsumenten 2. Ordnung (Fleischfresser)**. Der Endkonsument in einer Nahrungskette oder einem Nahrungsnetz wird selbst nicht mehr gefressen. Jedoch zerlegen ihn **Bakterien, Pilze** oder **Würmer**, die so genannten **Destruenten**, nach seinem Tod in kleinste unbelebte Bestandteile, die dann wieder den Produzenten zur Verfügung stehen. Der Kreislauf schließt sich.

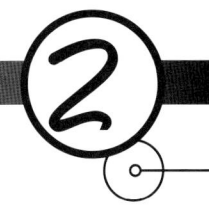

Einflüsse von Außen

Ökosysteme verändern sich ständig, nicht nur auf Grund des **Wachstums der Pflanzen** (z.B. wird aus einem dichten Jungbestand im Wald ein lichtes Altholz). Auch die **Zuwanderung und Abwanderung von Tieren** beeinflusst ein Ökosystem (mehr Rehe verbeißen den Wald, Kühe kommen auf eine Wiese …). Besonders eindrucksvoll sind die **Einflüsse abiotischer Faktoren** (z.B. starke Stürme, Überflutungen …).

Die **Einflüsse der Menschen** auf die Ökosysteme sind aber häufig einschneidender als die der abiotischen Faktoren (Düngemittel verändern die Artenzusammensetzung der Wiesen, Pestizide, Luftverschmutzung und Wasserverschmutzung lassen Lebewesen erkranken oder sterben; Kahlschläge, Baumaßnahmen oder im Falle kleiner Ökosysteme auch nur ein Fußtritt verändern oder zerstören Lebensräume …).

© tutto62/PIXELIO

Protokollblatt:
Laubstreu – Untersuchung

Meine Beobachtung / Eine Behauptung:
Es gibt immer noch Waldbesitzer und Förster, die Fichtenmonokulturen pflanzen, weil damit schnell Geld zu verdienen ist. Im Zusammenspiel mit der Luftverschmutzung ist das aber besonders schädlich für die Artenvielfalt und die Böden.

Meine Frage:
Sind Fichtenmonokulturen schädlich für die Artenvielfalt und die Böden?

Ich vermute: _____

So will ich es herausfinden
(Womit mache ich was warum?):

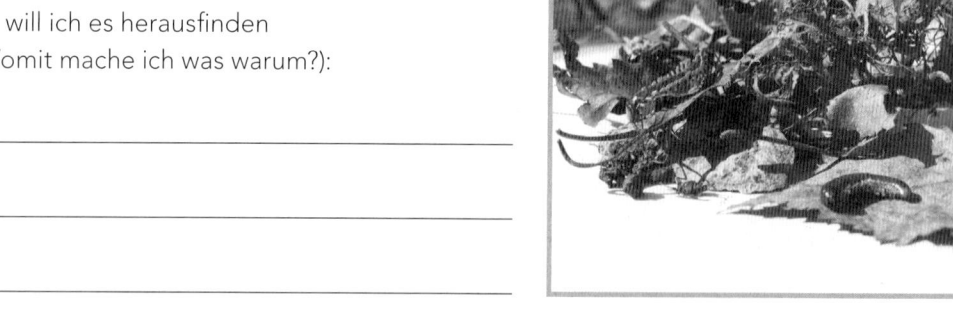

_____

_____

_____

Fragen, die mir bei der Arbeit durch den Kopf gegangen sind:

_____

_____

Ergebnis:

_____

_____

_____

_____

_____

Info: Laubstreu

Dass einige Waldbesitzer die **Fichte** ihren „Brotbaum" nennen, ist verständlich: Fichten wachsen schnell und liefern bereits nach 25 Jahren erste Gewinne, nach 50–80 Jahren ist ein Standort hiebreif, d.h. die Bäume haben einen bestimmten Umfang erreicht, sodass sie gefällt werden können. Bei Laubhölzern ist das anders. In **Eichenmonokulturen** beispielsweise können erst nach 180 Jahren die letzten Bäume geschlagen werden.

Mischwälder und Monokulturen

Heute weiß man, dass **stufige Mischwälder** (1) (also Wälder mit verschieden alten Bäumen und unterschiedlichen Arten) vorteilhafter sind als Monokulturen: Mischwälder sind weniger empfindlich gegen Sturmbruch und Befall von Schadinsekten, und sie sind ökologisch wertvoller:

- ✗ **Lebensräume:** Die Mischung unterschiedlich alter Bäume verschiedener Baumarten sorgt dafür, dass viele Lebensräume für Tiere bereitstehen (es gibt z.B. dichten Jungwuchs als Versteck für Säugetiere und lichtes Altholz mit krautigen Pflanzen als Nahrung nebeneinander), Monokulturen beinhalten nur wenige Biotope.
- ✗ **Artenvielfalt:** In den vielfältigen Lebensräumen der Mischwälder können deutlich mehr Tiere leben als in Monokulturen. Das hat auch damit zu tun, dass besonders in der Laubstreu und im Boden von Nadelholzmonokulturen sehr ungünstige Verhältnisse entstehen. Die von den Bäumen abfallenden und verrottenden Nadeln führen zu einer sauren oberen Bodenschicht. Luftschadstoffe und Saurer Regen sorgen dafür, dass mehr Nadeln absterben und abfallen als normalerweise. Die Versauerung der Humusauflage wird verstärkt. Unter diesen Bedingungen können nur noch bestimmte Tiere leben. Um herauszufinden, ob ein Waldboden gut belebt ist (und folglich, ob der Waldbau gelungen ist), müssen die dort lebenden Tiere gefangen und bestimmt werden. Bei der Beurteilung des Bodens kommt es nicht auf die Anzahl der gefangenen Tiere an, sondern auf die Artenvielfalt.
- ✗ **Boden:** Auch hier zeigt sich, dass Monokulturen, speziell Nadelholzmonokulturen (3), ökologisch weniger wertvoll als andere Wälder (2) sind: Die Säuren der Nadeln zerstören die Tonmineralien im Boden. Der Saure Regen verstärkt diesen Prozess. Als Folge davon sind wichtige Bestandteile des Bodens (Magnesium, Mangan) nicht mehr gebunden und werden vom Regen ausgewaschen. Andere Mineralien, wie das Aluminium, sind so leicht löslich,

Ökosystem Wald

dass sie von den Pflanzen in viel zu hohem Umfang aufgenommen werden und dann wie ein Gift wirken. Eine Folge davon ist die Schädigung des Feinwurzelsystems, das für die Aufnahme von Wasser und Mineralien verantwortlich ist. Außerdem sind die Wurzeln anfälliger gegen Pilze: Krank machende Keime treten in die Pflanze ein und werden mit dem Wasser verteilt. Das führt zu einer besonders feuchten, von Bakterien besiedelten Zone im Stamm, die Wasser schlecht weiterleitet, dem so genannten Nasskern.

Als Folge davon tritt Wassermangel in der Baumkrone auf. So geschädigte Bäume fallen Stürmen als erste zum Opfer. Der Nasskern ist erst nach dem Aufsägen der Stämme oder nach Windbruch sichtbar. Flache, storchennestartige Kronen, die auf Grund mangelnden Wachstums entstehen, deuten aber darauf hin.

- ✗ **Klima:** Nach dem Kahlschlag einer Monokultur fällt der Wald nicht nur als Filter für das Treibhausgas CO_2 aus, die Böden geben zudem große Mengen Lachgas (Distickstoffmonoxid) ab. Dies erzeugen die Bodenbakterien, weil der Stickstoff nicht mehr von den Bäumen aufgenommen wird. Lachgas ist ein 300-mal wirksameres Treibhausgas als Kohlendioxid und trägt zur Erwärmung der Erdatmosphäre bei.

Tiere in der Laubstreu meiden das Licht und versuchen, sich so schnell wie möglich zu verkriechen. Um die Tiere bestimmen zu können, müsst ihr sie deshalb zunächst fangen.

Vorgehensweise:
- ✗ eine kräftige Hand voller Laubstreu (auch tiefere Schichten) auf ein Leintuch legen. Große Tiere, wie Schnecken, mit den Fingern fangen, Insekten mit der Federstahlpinzette, sehr kleine Tiere mit einem Exhaustor.
- ✗ Tiere auf krautigen Pflanzen mit der Klopfschachtel oder dem Insektennetz fangen: Bei der Klopfschachtelmethode einen Schuhkarton schräg neben die Pflanzen halten und mit dem Deckel des Kartons so auf die Pflanzen klopfen, dass die Tiere in die Schachtel fallen. Beim Insektennetz fehlt die Schachtel als Auffangbehälter, einige Tiere fallen zu Boden. Flugfähige Insekten allerdings sind besser mit dem Netz zu fangen. Deshalb am besten mit beiden Methoden arbeiten.
- ✗ nachtaktiven Tieren am Abend vor der Untersuchung einige Bodenfallen stellen: Marmeladengläser mit würzigem Käse in den Boden eingraben. Die gefangenen Tiere gegen Ertrinken in Regenwasser schützen: Dazu ein Dreibein über die Gläser stellen und ein Holzstück darauflegen.
- ✗ stets darauf achten, dass die Tiere unverletzt bleiben. Sie werden in Stopfdeckelgläsern (notfalls Marmeladengläsern) gehalten, bis sie bestimmt und erfasst sind (nicht in die Sonne stellen). Danach die Tiere dort freilassen, wo sie gefangen wurden!

Beim Bestimmen der Tiere helfen euch spezielle Bestimmungsbücher zu Insekten, Weichtieren, Gliedertieren aus der Schule oder der Bibliothek. Ist ein Tier dennoch nicht genauer zu bestimmen, kann die nächsthöhere Einheit angegeben werden, z.B. statt „Heideschnecke" nur „Landlungenschnecke".

Beim Bestimmen empfiehlt es sich, zusammenzuarbeiten, um auftretende Fragen gemeinsam klären zu können.

Arbeitsbuch **Ökologie**

Protokollblatt:
Fortbewegung:
Fliegen, Schwimmen, Laufen

Meine Beobachtung / Eine Behauptung:
Viele Tiere, z.B. im Wald, sind gut an die Fortbewegung in ihrem Lebensraum angepasst.

Meine Frage:
Welche Anpassungen gibt es, und kann ich nachweisen, dass die Anpassungen tatsächlich günstig sind?

Ich vermute: _____
_____

So will ich es herausfinden (Womit mache ich was warum?):
_____
_____
_____

Fragen, die mir bei der Arbeit durch den Kopf gegangen sind:
_____
_____

Ergebnis:
_____
_____
_____
_____

Ökosystem Wald

Info:
Fortbewegung:
Fliegen, Schwimmen, Laufen

Viele Tiere haben Eigenschaften, die besonders günstig für die Bewegung in ihrem Lebensraum sind. Rehe im Wald beispielsweise können auf Grund ihres Knochenbaus schnell über kurze Entfernungen flüchten und in dichtes Gebüsch schlüpfen, man bezeichnet diesen Körperbau deshalb als „Schlüpfertyp". Hirsche dagegen sind „Läufertypen", sie haben einen Körperbau, der Fluchten über lange Strecken zulässt.

→ Kaninchen und Ente: gleich groß und gleich schwer?

Säugetiere sind bei gleicher Größe deutlich schwerer als Vögel. Das liegt an der auf das Fliegen ausgerichteten Leichtbauweise der Vögel. Das geringere Gewicht der Vögel ist neben dem Knochenbau noch weiteren Merkmalen zuzuschreiben: Vögel haben einen leichten Schnabel aus Keratin statt schweren Zähnen; die Lunge der Vögel ist mit Luftsäcken ausgestattet, und die Kiele der Federn sind luftgefüllt, sodass der Körper der Vögel viel Luft enthält. Säugetiere haben dagegen schwere Körper. Dennoch können sie hüpfen, springen und laufen. Für diese Bewegungsarten sind besonders stabile Knochen wichtig.

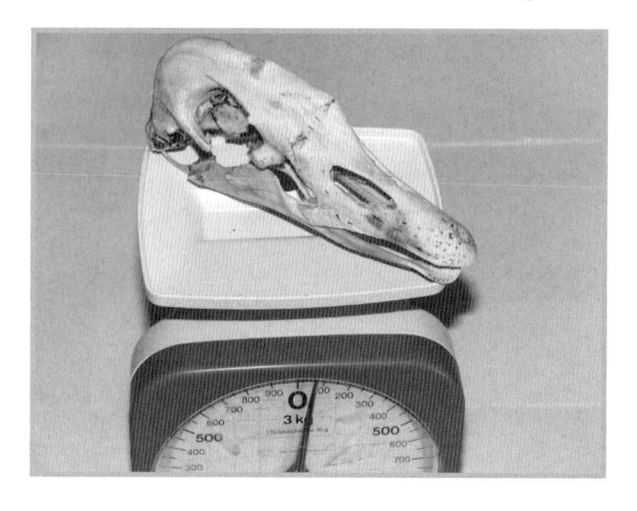

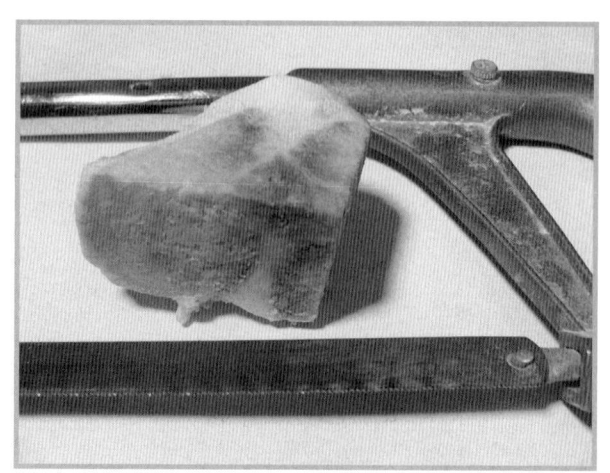

→ Federn sind zum Fliegen da?

Mehr als ein Viertel der in Deutschland brütenden Vögel hat seinen Hauptlebensraum im Wald, weil dort Nisthöhlen zur Verfügung stehen oder ein gutes Nahrungsangebot verfügbar ist. Viele dieser Tiere sind besonders wendige Flieger, die hervorragend zwischen den Ästen hindurchsteuern können. Aber nicht alle Federn sind deshalb zum Fliegen da: Nur die Konturfedern, die das äußere, sichtbare Federkleid bilden, sind für die Flugleistung der Vögel verantwortlich: Die Schwungfedern (2) bilden die Tragfläche der Flügel, die Steuerfedern (1) am Schwanz der Tiere ermöglichen gezieltes Fliegen in gewünschte Richtungen. Die nicht sichtbaren Daunen darunter schützen gegen

Kälte und Wärme. Einige Konturfedern haben auf Grund ihrer Färbung noch weitere Funktionen: Sie dienen zur Tarnung oder Partnerwerbung.

Darüber hinaus sorgen Deckfedern an Schwanz, Flügeln und Rumpf für ein geschlossenes Federkleid, das Wind und Wasser abhält.

Haarige Angelegenheit

Mit ihrem Fell können Säugetiere ihre Körpertemperatur regulieren. Darüber hinaus haben die Haare noch weitere Funktionen: Sie tarnen die Tiere, markieren bei manchen Arten den Unterschied der Geschlechter, spielen beim Tastsinn eine Rolle (z.B. Schnurrhaare), schützen vor Fremdkörpern (Nasenhaare, Wimpern) und helfen bei der Kommunikation (z.B. Aufstellen der Nackenhaare).

Die Form macht's

In den Weihern und Bächen sind bestimmte Formen günstig, um eine schnelle und Kraft sparende Fortbewegung oder das Schwimmen zwischen Pflanzen hindurch zu ermöglichen. Fische in schnell fließenden Gewässern haben häufig eine „Torpedoform", während man bei Tieren in stehenden Gewässern auch abgeflachte Formen findet.

Agrarökologie

3 Agrarökologie

Die Materialien auf den folgenden Seiten sind unabhängig voneinander einzeln einzusetzen oder im Hinblick auf thematische Schwerpunkte zu größeren Einheiten zu ordnen. Im Folgenden sind die Bereiche Boden und Lebensmittel als mögliche Einheiten vorgeschlagen. Innerhalb der Einheit Boden wird zudem ein Vertiefungsgebiet angeboten.

1. Wissensbereich Boden

Frühblüher
Frühes Blühen als ökologische Nische, Vergleich eines Außenstandortes mit Topfpflanzen, Vermittlung von Messerfahrungen: Nitratwert, Temperatur, Feuchtigkeit, pH-Wert, Helligkeit

↓

Pflanzenwachstum
Systematik des Experimentierens anhand der Topfbelegung bei Wachstumsexperimenten erlernen, abiotische Faktoren messen

↓

Gute Böden: versiegeln?
Lebensraumzerschneidung, Lebensraumzerstörung dokumentieren, Gegenmaßnahmen finden, lokale Überprüfung der Bodenqualität: Humusgehalt, Kalkgehalt, Bodenart, eventuell: Erstellen eines Schülergutachtens und Präsentation

UND

Bodenlebewesen als Müllmänner?
Qualitätsbeurteilung der Mikroflora von Böden: Zellulosetest, Lignintest, Keratin- und Chitintest, Stärketest, Bedeutung der Bakterien und Pilze als Destruenten

↓

Vertiefungsmöglichkeit
Untersuchung der Meso- und Makrofauna

↓

Metallvergiftungen
Häufige Metalle als anthropogene Belastungen der Böden messen und deren Herkunft erkennen: Aluminiumtest, Bleitest, Cadmiumtest, Quecksilbertest, Transferwege zum Menschen und Folgen

2. Wissensbereich Lebensmittel – Sterbensmittel?

Alles Bio?
Zusatzstoffe, was Bio-Siegel bedeuten, Transportwege von Nahrungsmitteln, Vergleich Bio – Nicht-Bio, eine Erkundung zu Supermärkten und Läden planen, durchführen und auswerten

ODER

Is(s) was? Industrieessen
Zusatzstoffe, Produktionsformen, Billigproduktion, Positionen der Verbraucher und der Industrie, eine Erkundung zum Supermarkt durchführen, Herstellungsprozesse recherchieren, eine Diskussion durchführen

Landwirtschaftliche Produktionsformen
Kreislaufwirtschaft, Massenproduktion und integrierten Anbau verstehen, ein Modell bauen oder zeichnen

Jogurt – Quark – Käse
Jogurt, Käse, Quark als Sauermilchprodukte ohne Zusatzstoffe herstellen, die Herstellung eines Produkts planen, durchführen und auswerten

Fleischesser sind Umweltverschmutzer
Die Zusammenhänge rund um die Massentierhaltung verstehen und darüber berichten können

Nitrat und Nitrit in Gemüse
Gesundheitliche Auswirkungen der Belastung von Lebensmitteln mit Nitrat und Nitrit verstehen, eine Befragung von Verkäufern durchführen

Didaktische Materialien: Boden

Einsatzmöglichkeiten

Projektartiges Vorgehen

Besonders das **Material zur Bodenversiegelung** eignet sich für projektartiges Vorgehen. Dazu ist eine Kooperation mit den Fächern Erdkunde, Wirtschaft oder Gemeinschaftskunde sinnvoll. Der Lehrer kann die **Projektinitiative** beispielsweise mit Ausschnitten aus einem Film zur Bodenversiegelung und Landschaftszerschneidung starten (z.B. H. Grub: „Ende im Gelände", beziehbar im Buchhandel oder über den Landesnaturschutzverband Baden-Württemberg). Das Projekt kann aber auch aktiv mit Tests zur Bodenaktivität (Zellulose, Lignin, Keratin, Chitin, Stärke) aus der Forschungskiste „Bodenlebewesen als Müllmänner" beginnen, sodass die Schüler die unterschiedliche Qualität von Böden erarbeiten. Kleingruppen können sich dann anhand des Infoblattes oder anderer Materialien aus Lehrerhand intensiv mit der Thematik auseinandersetzen. Dabei könnten folgende **Teilprojekte** entstehen, mit denen sie sich beschäftigen: Mehrere Gruppen können **an unterschiedlichen Orten Siedlungs- und Verkehrsflächen und angrenzende Biotope** besichtigen, ihre Beobachtungen mit Fotos dokumentieren, Bodenuntersuchungen durchführen, Tiere und Pflanzen bestimmen, Flurkarten besorgen und aus den Materialien eine Dokumentation erarbeiten. Weitere Gruppen können die **Stadt oder das Dorf im Hinblick auf die Einsparung von Flächen untersuchen**: Sie suchen Brachflächen innerorts auf, fotografieren sie, entwickeln Nutzungskonzepte, finden Bereiche, die intensiver genutzt oder verdichtet werden könnten, und dokumentieren auch diese, erarbeiten Vorschläge zur Entsiegelung und zur Erhöhung der Attraktivität der Innenbereiche. Eine Gruppe kann sich anhand der Materialien zur **Forschungskiste „Metallvergiftungen"** mit der Frage auseinandersetzen, ob bestimmte Standorte besonders belastet sind und Bodenversiegelung für die Industrie gerade dort stattfinden sollte bzw. welche Böden unbelastet sind und erhalten bleiben sollten. Aus jeder Gruppe können die Schüler darüber hinaus eine Person abordnen, die einen **Besuch in der Stadtverwaltung** vorbereitet und sich über den Umgang der Gemeinde mit der Problematik informiert (was ist wo genau geplant/bereits geschehen).

Das Ende des Projektes kann als **Markt der Möglichkeiten** gestaltet werden, bei dem die Projektgruppen den umhergehenden Besuchern ihre Arbeit und Ergebnisse vorstellen. Dazu können Vertreter aus Stadtverwaltung und Gemeinderat sowie die Eltern eingeladen werden. Positiv empfinden Schüler auch, eine Präsentation mit einem **Projektfest** abzuschließen.

Forschungskiste

Die Materialien können die Schüler **unabhängig voneinander als Forschungskisten** bearbeiten. Das **Arbeitsblatt „Frühblüher"** zielt auf die Vermittlung von Messerfahrungen bei jüngeren Schülern. Die Planung der Messungen ist vorgegeben, damit die Schüler sich auf das Messen konzentrieren können: Die Schüler müssen mit Hilfe des Infoblatts, den Messgeräten und Indikatoren ohne Einweisung arbeiten. Deshalb sollten Lehrer und Schüler eine Reflexion über die Messverfahren nach Bearbeitung der Forschungskiste durchführen.

Die **Forschungskiste zum Pflanzenwachstum** ist eine Möglichkeit, jüngeren Schülern die Systematik von Experimenten nahezubringen: Ihnen ist häufig nicht klar, dass die von ihnen festgelegten Wachstumsbedingungen nicht zu einer eindeutigen Aussage über einen Faktor führen. Deshalb sollte unbedingt eine Reflexion der Planungen stattfinden. Sei es, indem der Lehrer die Planungen nach dem Unterricht schriftlich kommentiert – in diesem Fall kann erst in der Folgestunde gepflanzt werden –, sei es mittels eines „Spickzettels" (die Planungshilfe zum Pflanzenwachstum), der im Zimmer ausgehängt ist, mittels persönlicher Beratung der einzelnen Gruppen oder einer Reflexionsrunde mit der ganzen Klasse.

Im Gegensatz zu den beiden erstgenannten Forschungskisten ist die **Forschungskiste „Gute Böden: versiegeln?"** für ältere und erfahrene Schüler gedacht: Die Planung ist auf selbstständiges Arbeiten außerhalb des Schulgeländes ausgerichtet: Die Schüler müssen eine Fotodokumentation von Siedlungs- und Verkehrsflächen sowie Bodenuntersuchungen planen und durchführen und dafür einen geeigneten Ort finden. Gruppen, die ihre Planung fertig gestellt haben, stellen dem Lehrer ihre Planung vor. Ist diese überzeugend und vollständig, dürfen sie die Schule zur Durchführung verlassen. Bis zur Fertigstellung der Dokumentationen vergehen mehrere Unterrichtsstunden, eine Kurzpräsentation und eine Bewertung der Ergebnisse sind deshalb angemessen.

Die **Forschungskiste über Bodenlebewesen** können die Schüler im Zusammenhang mit der Arbeit über Bodenversiegelung oder unabhängig davon bearbeiten. Das bei den Versuchen entstehende Wissen über die Abbauprozesse im Boden (Zellulose, Lignin, Keratin, Chitin, Stärke) und damit die Aktivität eines Bodens ist eine Möglichkeit, die Qualität der Böden zu beurteilen, und damit eine besonders geeignete Ergänzung zu den vorherigen Themen.

Die **Forschungskiste „Metallvergiftungen"** ist im Grunde genommen ein besonderer Aspekt der **Forschungskiste „Gute Böden – versiegeln?"** Die Schüler führen mit Hilfe von Teststäbchen oder Testkits Schadstoffmessungen durch und erhalten so Messerfahrungen und Sensibilität für anthropogene Umweltbelastungen. Die Probenentnahme können sie gemeinsam planen und durchführen, sie kann aber auch als Hausaufgabe ausgelagert werden.

Klassenverband

Mit dem **Arbeitsblatt Frühblüher** können unerfahrene Schüler die Verwendung von Indikatoren und Messgeräten trainieren. Wer seinen Schülern eigenständiges Arbeiten anhand des Infoblatts nicht zutraut, kann mit Hilfe des Advance Organizers Messverfahren vorstellen, diese vorführen und Hintergründe dazu vermitteln. Der **Advance Organizer** kann außerdem nach Beendigung der eigenständigen Arbeit als Reflexionsinstrument verwendet werden. Ein ähnliches Vorgehen ist mit dem **Material zum Pflanzenwachstum** möglich: Schwerpunkt dabei ist, den Schülern zu vermitteln, wie sie ein Experiment planen. Auch dazu kann der Lehrer mit Hilfe des Advance Organizers vorab Wissen vermitteln.

Die **Materialien zur Bodenversiegelung** werden im Klassenverband gemeinsam Schritt für Schritt bearbeitet: Die Schüler stellen ihre Vermutung vor, die Klasse entwickelt gemeinsam einen Plan und geht dann zusammen ins Freiland. Die Arbeitsgruppen werden an verschiedenen Plätzen entlassen und kehren mit Messergebnissen, Fotos und eventuell Ergebnissen aus Bestimmungsübungen zum Sammelpunkt zurück. Bei der Freilandarbeit können die Schüler zudem Bodenproben entnehmen: In der Schule legen Lehrer und Schüler gemeinsam fest, wie die Ergebnisse präsentiert werden sollen, bevor die Arbeitsgruppen ihre Dokumentation vollenden.

Die Materialien zu Metallvergiftungen können auf dieselbe Weise bearbeitet oder als Ergänzung der Messungen zur Bodenqualität eingesetzt werden.

3 Agrarökologie

→ Hilfe zur Forschungskiste „Pflanzenwachstum"

Welche Faktoren sind ausschlaggebend?

1) Ich berücksichtige folgende Faktoren:

2) Ich fülle und „behandle" die Töpfe folgendermaßen (notiere jeweils im Kreis, was in den Topf kommt und wie du den Topf „behandelst"):

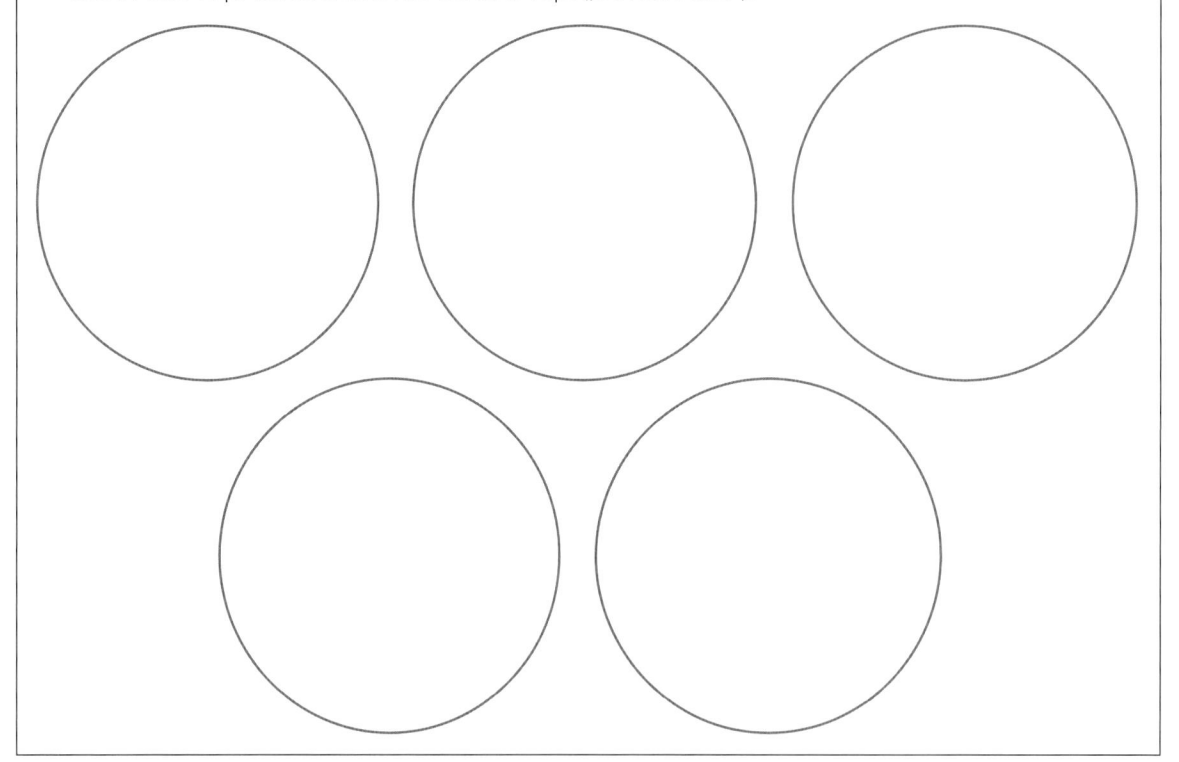

3) So messe ich die Faktoren:

Licht:

Wärme:

Wasser:

Nährstoffverfügbarkeit/Dünger:

Kontrollversuch (Topf bekommt alle Faktoren):

4) Vorschlag zum Protokollieren der Messergebnisse: Zeichne die Tabelle ab, und trage Größe und Aussehen der Pflanzen an jedem Messtag ein.

Datum	Licht	Wärme	Wasser	Nährstoffe	alles

Agrarökologie 3

→ Advance Organizer

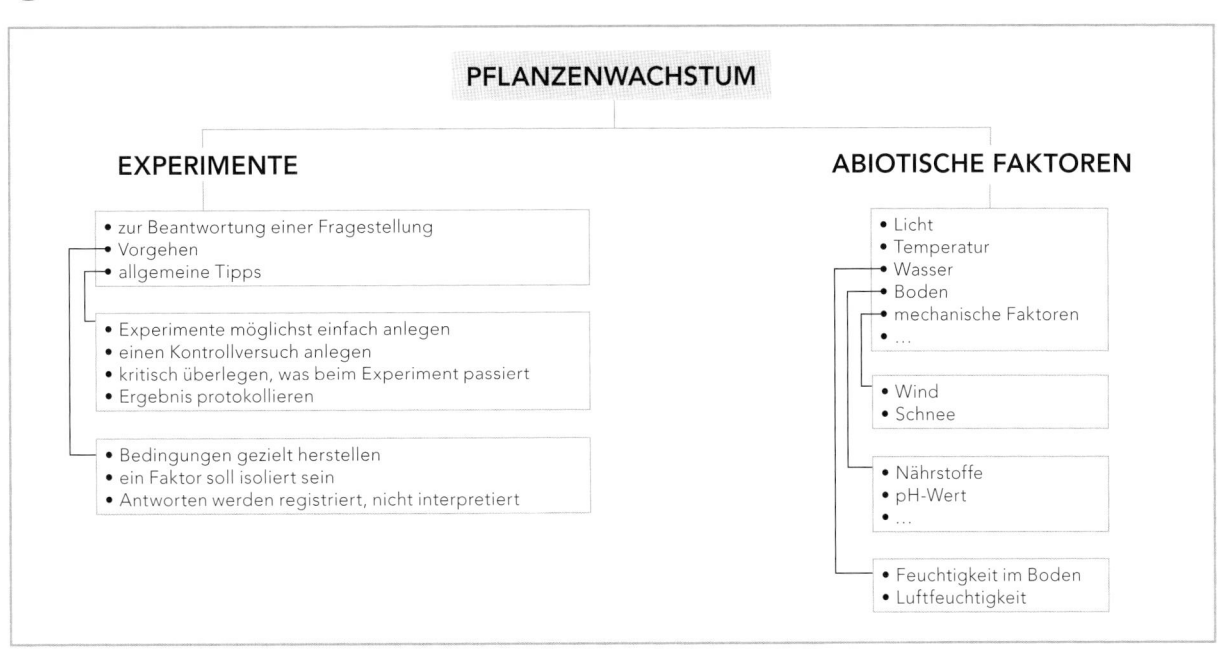

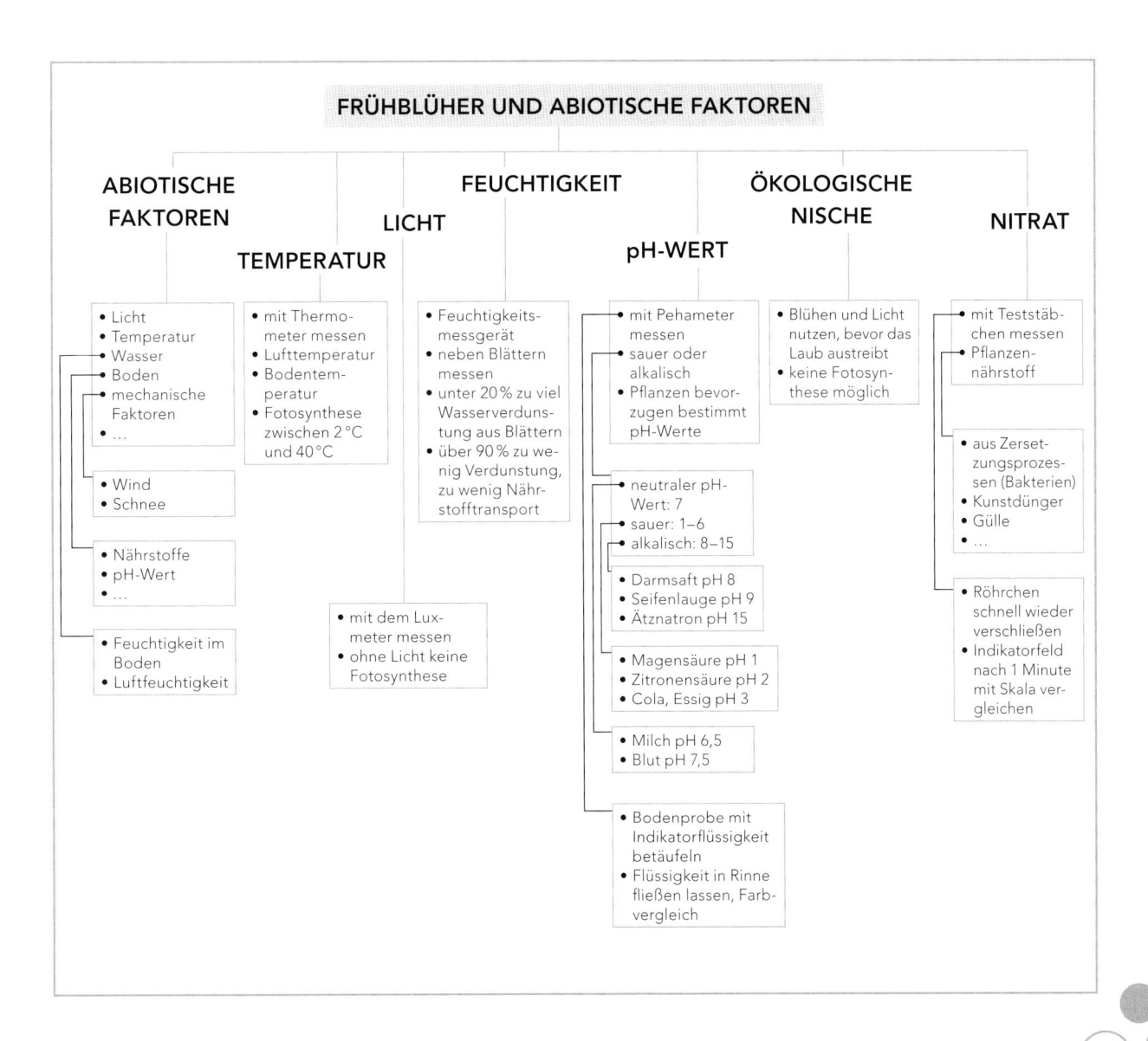

PFLANZENWACHSTUM

EXPERIMENTE

- zur Beantwortung einer Fragestellung
- Vorgehen
- allgemeine Tipps

- Experimente möglichst einfach anlegen
- einen Kontrollversuch anlegen
- kritisch überlegen, was beim Experiment passiert
- Ergebnis protokollieren

- Bedingungen gezielt herstellen
- ein Faktor soll isoliert sein
- Antworten werden registriert, nicht interpretiert

ABIOTISCHE FAKTOREN

- Licht
- Temperatur
- Wasser
- Boden
- mechanische Faktoren
- …

- Wind
- Schnee

- Nährstoffe
- pH-Wert
- …

- Feuchtigkeit im Boden
- Luftfeuchtigkeit

FRÜHBLÜHER UND ABIOTISCHE FAKTOREN

ABIOTISCHE FAKTOREN

- Licht
- Temperatur
- Wasser
- Boden
- mechanische Faktoren
- …

- Wind
- Schnee

- Nährstoffe
- pH-Wert
- …

- Feuchtigkeit im Boden
- Luftfeuchtigkeit

TEMPERATUR

- mit Thermometer messen
- Lufttemperatur
- Bodentemperatur
- Fotosynthese zwischen 2 °C und 40 °C

FEUCHTIGKEIT

- Feuchtigkeitsmessgerät
- neben Blättern messen
- unter 20 % zu viel Wasserverdunstung aus Blättern
- über 90 % zu wenig Verdunstung, zu wenig Nährstofftransport

LICHT

- mit dem Luxmeter messen
- ohne Licht keine Fotosynthese

pH-WERT

- mit Pehameter messen
- sauer oder alkalisch
- Pflanzen bevorzugen bestimmt pH-Werte

- neutraler pH-Wert: 7
- sauer: 1–6
- alkalisch: 8–15

- Darmsaft pH 8
- Seifenlauge pH 9
- Ätznatron pH 15

- Magensäure pH 1
- Zitronensäure pH 2
- Cola, Essig pH 3

- Milch pH 6,5
- Blut pH 7,5

- Bodenprobe mit Indikatorflüssigkeit beträufeln
- Flüssigkeit in Rinne fließen lassen, Farbvergleich

ÖKOLOGISCHE NISCHE

- Blühen und Licht nutzen, bevor das Laub austreibt
- keine Fotosynthese möglich

NITRAT

- mit Teststäbchen messen
- Pflanzennährstoff

- aus Zersetzungsprozessen (Bakterien)
- Kunstdünger
- Gülle
- …

- Röhrchen schnell wieder verschließen
- Indikatorfeld nach 1 Minute mit Skala vergleichen

Arbeitsbuch **Ökologie**

3 Agrarökologie

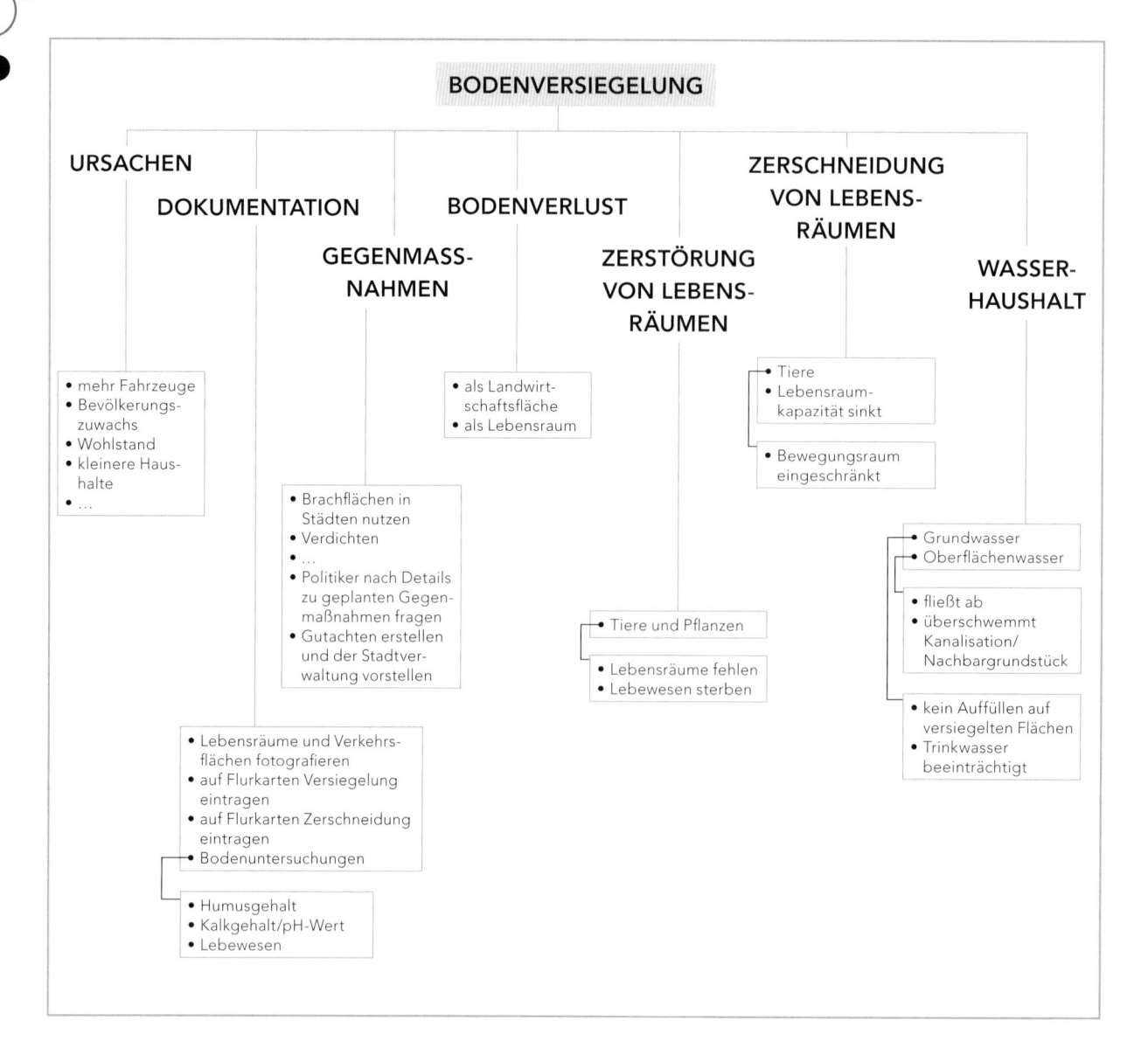

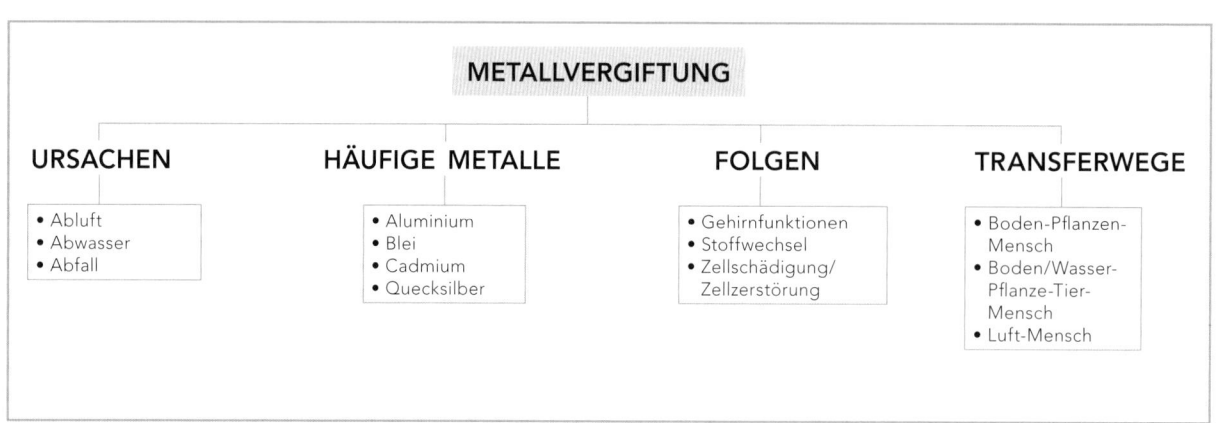

BODENVERSIEGELUNG

URSACHEN
- mehr Fahrzeuge
- Bevölkerungszuwachs
- Wohlstand
- kleinere Haushalte
- …

DOKUMENTATION
- Lebensräume und Verkehrsflächen fotografieren
- auf Flurkarten Versiegelung eintragen
- auf Flurkarten Zerschneidung eintragen
- Bodenuntersuchungen
  - Humusgehalt
  - Kalkgehalt/pH-Wert
  - Lebewesen

GEGENMASSNAHMEN
- Brachflächen in Städten nutzen
- Verdichten
- …
- Politiker nach Details zu geplanten Gegenmaßnahmen fragen
- Gutachten erstellen und der Stadtverwaltung vorstellen

BODENVERLUST
- als Landwirtschaftsfläche
- als Lebensraum

ZERSTÖRUNG VON LEBENSRÄUMEN
- Tiere und Pflanzen
- Lebensräume fehlen
- Lebewesen sterben

ZERSCHNEIDUNG VON LEBENSRÄUMEN
- Tiere
- Lebensraumkapazität sinkt
- Bewegungsraum eingeschränkt

WASSERHAUSHALT
- Grundwasser
- Oberflächenwasser
- fließt ab
- überschwemmt Kanalisation/Nachbargrundstück
- kein Auffüllen auf versiegelten Flächen
- Trinkwasser beeinträchtigt

METALLVERGIFTUNG

URSACHEN
- Abluft
- Abwasser
- Abfall

HÄUFIGE METALLE
- Aluminium
- Blei
- Cadmium
- Quecksilber

FOLGEN
- Gehirnfunktionen
- Stoffwechsel
- Zellschädigung/Zellzerstörung

TRANSFERWEGE
- Boden-Pflanzen-Mensch
- Boden/Wasser-Pflanze-Tier-Mensch
- Luft-Mensch

Materiallisten

Materialliste Pflanzenwachstum:
- je Gruppe 5 Töpfe
- Erde
- Wärmelampen
- Bechergläser zur Messung der Wassergabe
- Flüssigdünger
- Watte als Substrat (Faktor Nährstoffverfügbarkeit isolieren)

Materialliste Frühblüher:
- pH-Wertmesser
- Thermometer
- Teststäbchen für Nitrat
- Luxmeter
- Feuchtigkeitsmesser
- Frühblüher

Materialliste Bodenversiegelung:
- Flurkarten (Stadtmessungsamt)/Messtischblätter (Buchhandlung)
- Fotoapparate
- Petrischalen
- Wasser
- Salzsäure
- pH-Wertmesser

Materialliste Bodenlebewesen:
- Töpfe/Gläser/Bechergläser
- Zellophan (Einweckfolie aus Zellglas oder Zellophantüten)
- Kochplatte und Kochtopf
- Zeitungspapier
- Tintenfischschulp
- Salzsäure
- Messer
- stärkehaltiger Agar
- Petrischalen
- Jodkaliumjodid
- Pinzette/Löffel/Pipette

Materialliste Metallvergiftungen
- Aluminium-Test
- Blei-Test
- Cadmium-Test
- Quecksilber-Test
- destilliertes Wasser zur Verdünnung der Bodenproben (Ergebnis entsprechend umrechnen, z.B. bei Verdünnung 1:1 Messergebnis verdoppeln)

3 Agrarökologie

Protokollblatt: Frühblüher

Meine Beobachtung/
Eine Behauptung: **In den Gärtnereien kann man im Januar schon blühende Hyazinthen, Osterglocken, Krokusse usw. kaufen. Draußen blühen die Pflanzen noch nicht.**

Meine Frage: _____

Ich vermute: _____

So will ich es herausfinden:
Ich untersuche die unbelebte (= abiotische) Umwelt der Pflanzen im Zimmer und im Freien mit biologischen Arbeitsweisen

✘ Ich messe den Nitratwert der Erde (Nitrat ist im Dünger enthalten) mit Teststäbchen (Lösung aus etwas destilliertem Wasser und Erde herstellen, Erde absetzen lassen, Teststäbchen eintauchen, nach 1 Minute ablesen).
✘ Ich messe den pH-Wert der Erde mit Universalindikator.
✘ Ich messe die Temperatur in der Erde und über der Erde mit dem Einstichthermometer.
✘ Ich messe die Helligkeit bei den Pflanzen mit dem Luxmeter.
✘ Ich messe die Feuchtigkeit direkt an der Erdoberfläche mit dem Feuchtigkeitsmesser.

Beobachtungen:

	Nitrat	Temperatur	pH-Wert	Helligkeit	Feuchtigkeit
Beispiel	250 mg/l	17 °C	7	1644 Lux	76 %
Gärtnerpflanze					
(Schul-)Garten					

Ergebnis: _____

Arbeitsbuch **Ökologie**

Protokollblatt: Pflanzenwachstum

Meine Beobachtung / Eine Behauptung:
Das Wachstum von Pflanzen hängt stark von den Faktoren Licht, Temperatur, Wasser, Nährstoffverfügbarkeit/Dünger ab.

Meine Frage:
Wie kann man herausfinden, ob alle diese Faktoren für gutes Wachstum notwendig sind?

Ich vermute: _____

So will ich es herausfinden (Womit mache ich was warum?):
Ich habe die Möglichkeit, fünf Töpfe zu bepflanzen.
Auf der Rückseite beschreibe ich ganz genau, wie ich den Versuch durchführen will. Folgende Fragen werde ich dabei beantworten:
1) Welche Faktoren werden berücksichtigt?
2) Was kommt außer Samen in die Töpfe, und wie werden sie „behandelt"?
3) Wie werden die Faktoren (Einflüsse) gemessen?
4) Wann wird kontrolliert, wie sich die Pflanzen entwickeln, und wie wird das Ergebnis aufgeschrieben?

Fragen, die mir bei der Arbeit durch den Kopf gegangen sind:
_____
_____
_____

Ergebnis:
_____
_____

Agrarökologie

Info:
Frühblüher/Pflanzenwachstum

Frühblüher **nutzen eine besondere ökologische Nische**: Sie blühen in Wäldern und unter Bäumen, bevor das Laub austreibt. Um das Licht so früh im Jahr ausnutzen und Blüten treiben zu können, brauchen sie besondere **Speicherorgane**. Ohne diese könnten sie nicht so früh austreiben, die Pflanzen bräuchten zuerst Blätter, um mittels Fotosynthese Nährstoffe zu erzeugen.

Bis die Blätter der Frühblüher ausgetrieben sind, wäre aber das Licht bereits von den Blättern anderer Pflanzen abgeschirmt. Dieses Speicherorgan enthält **Stärke**, was man mit Jodkaliumjodid nachweisen kann: Schneidet man das Speicherorgan auf und träufelt die Flüssigkeit auf die Schnittfläche, so färbt sich diese dunkel.

Gärtnereien

Wieso aber blühen die Frühblüher aus den Gärtnereien längst, bevor diese Pflanzen in unseren Gärten zu sehen sind? Die Gärtner **verändern dazu gezielt bestimmte Bedingungen**, man spricht von abiotischen (= nicht belebten) Faktoren. Dabei handelt es sich um alle Einflüsse, die nicht von Lebewesen ausgehen: Licht, Wasser, Wärme, mineralische Düngung, Bodenfeuchte oder chemische Eigenschaften des Bodens, wie den pH-Wert. Vergleicht man diese Faktoren bei Frühblühern im Klassenzimmer mit Standorten unter Bäumen, in Beeten unter Kleinsträuchern usw., so werden Unterschiede deutlich. Diese Faktoren werden in der Gärtnerei ständig kontrolliert.

Zu den Messverfahren

Die verschiedenen abiotischen Faktoren könnt ihr selbst bei den Frühblühern messen.

Vorgehensweise:

Nitrat: Nitrat ist ein Pflanzennährstoff. Nitrat gelangt unter anderem bei künstlicher Düngung oder dem Ausbringen von Gülle in Böden, aber auch, wenn Bakterien Stoffe im Boden zersetzen.

- ✗ Teststäbchen aus dem Röhrchen entnehmen, Röhrchen sofort wieder verschließen.
- ✗ Indikatorfeld in feuchte Erde drücken
- ✗ nach 1 Minute Farbe mit der Skala auf dem Röhrchen vergleichen und ähnlichste Farbe suchen
- ✗ Nitratwert ablesen

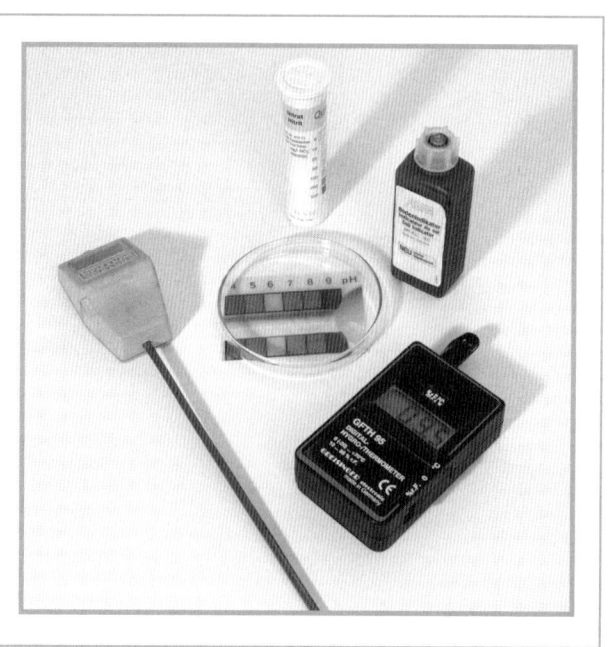

Agrarökologie

Temperatur: Fotosynthese und damit Wachstum ist nur bei bestimmten Temperaturen möglich: Ab etwa 2 °C beginnt die Fotosynthese. Die maximale Fotosyntheseleistung erbringen die Blätter der meisten Pflanzen zwischen 18 °C und 25 °C. Schließlich nimmt die Leistung wieder ab, bis bei etwa 40 °C keine Gewinnung von Nährstoffen mehr möglich ist.
- ✘ Temperatur in Bodennähe mit dem Thermometer messen.

pH-Wert: Der pH-Wert sagt aus, ob ein Boden sauer oder alkalisch ist. Viele Pflanzen wachsen bei bestimmten pH-Werten besonders gut: Tulpen bevorzugen einen pH-Wert von 6–7,5, Maiglöckchen 5–6, Narzissen 5,5–7,5, Krokusse 6–7,5. Sehr saure (pH-Wert unter 4) und sehr alkalische Böden (pH-Wert über 9) sind ungünstig für die Nährstoffe und damit für das Wachstum der Pflanzen. Deshalb sorgen die Gärtner für einen eher neutralen pH-Wert von etwa pH 7.
- ✘ Bodenprobe in Vertiefung des Pehameters einfüllen
- ✘ mit Indikatorflüssigkeit beträufeln, überstehende Flüssigkeit in die Rinne fließen lassen
- ✘ Farben vergleichen und pH-Wert ablesen

Helligkeit: Helligkeit ist sehr bedeutend für Pflanzen: Ohne Licht findet keine Fotosynthese statt, also keine Nährstoffproduktion und kein Wachstum. Wer keinen Luxmeter zur Verfügung hat, kann die Lichtverhältnisse auch beschreiben.
- ✘ Luxmeter neben die Blätter halten
- ✘ Wert ablesen

Luftfeuchtigkeit: Pflanzen brauchen stete Verdunstung aus ihren Blättern, denn durch den ständigen Sog werden Nährstoffe aus dem Boden über die Wurzeln bis in die Blätter transportiert. Bei Werten unter 20 % verdunstet zu viel Wasser aus den Blättern, die Pflanze muss ihre Stomata (mikroskopisch kleine Spaltöffnungen auf der Unterseite der Blätter) schließen. Bei Werten über 90 % verdunstet zu wenig Wasser aus den Blättern. In beiden Fällen können nicht genügend Nährstoffe aus dem Boden in die Blätter transportiert werden.
- ✘ Feuchtemessgerät einschalten, neben die Blätter halten
- ✘ warten, bis sich der angezeigte Wert einpendelt
- ✘ Wert ablesen

Bodenfeuchtigkeit: Pflanzen ertragen weder Trockenheit (keine Fotosynthese) noch Überflutung (Faulen der Wurzeln). Der Boden sollte vor allem in Wurzeltiefe feucht sein. Zur Messung der Bodenfeuchte benötigt man einen Tensiometer, der misst, wie stark der Boden Wasser ansaugt. Wenn ihr keinen habt, reicht auch die Fingerprobe.
- ✘ Finger tief in den Boden stecken
- ✘ Zustand abschätzen (trocken/feucht/nass)

Protokollblatt:
Gute Böden: versiegeln?

Meine Beobachtung/Eine Behauptung:
Baugebiete, Industriegebiete und Straßen versiegeln immer mehr gute Böden.

Meine Frage:
Gehen hier bei uns tatsächlich gute Böden verloren? Was können wir gegen den Flächenverbrauch tun?

Ich vermute: _____

So will ich es herausfinden (Womit mache ich was warum?):

_____

Fragen und Erkenntnisse, die mir bei der Arbeit durch den Kopf gegangen sind:

_____

Ergebnis:

_____

Info: Bodenqualität und Flächenversiegelung

Immer mehr Autos, Bevölkerungszuwachs, zunehmend Ein- bis Zwei-Personen-Haushalte ... Dies sind einige Ursachen für das **Fortschreiten der Flächenversiegelung** in Deutschland. Täglich werden 125 ha (125 Fußballfelder) von land- und forstwirtschaftlichen Flächen zur Bebauung freigegeben. Bislang sind etwa 6% der Fläche Deutschlands versiegelt.

Negative Folgen der Versiegelung

Bereits jetzt ist der **Wasserhaushalt** gestört: Regenwasser kann auf versiegelten Flächen nicht versickern, das **Grundwasser** wird nicht ausreichend aufgefüllt, der Grundwasserspiegel sinkt. Als Folge davon treten in einigen Gegenden Probleme bei der Trinkwasserversorgung auf. Auf der anderen Seite kann Regenwasser nicht aufgenommen und gespeichert werden. Es fließt oberflächlich ab, entweder auf die umgebenden, nicht versiegelten Flächen oder in die Kanalisation. Dort kann es bei Starkregen nicht komplett aufgenommen werden, **Überschwemmungen** sind die Folge. Neben der Störung des Wasserkreislaufs bereitet die Flächenversiegelung den Tieren Probleme, ihre **Lebensräume werden zerschnitten oder zerstört**. Sie haben es beispielsweise schwerer, von Brut- oder Rückzugsflächen zu Futterflächen zu gelangen. Außerdem können immer weniger Tiere bei uns leben, da die Aufnahmefähigkeit der Lebensräume sinkt.

Weitere Folgen der fortschreitenden Flächenversiegelung sind der **Verlust wertvoller Böden für die Landwirtschaft** und die **Beeinträchtigung des lokalen Klimas** auf Grund der Umlenkung von Luftströmen durch neue Bauten. Zudem die **Auflösung der gewachsenen Siedlungsstruktur** mit klarer Trennung zwischen Stadt, landwirtschaftlichen Flächen und Wald sowie Dörfern.

Flächenplanung überprüfen

Um herauszufinden, ob die Flächenplanungen einer Region in der Vergangenheit günstig oder ungünstig waren, sollt ihr die Siedlungs- und Verkehrsflächen und angrenzende Biotope vor Ort besichtigen.

Vorgehensweise:
- Beobachtungen in den verschiedenen Gebieten mit Fotos dokumentieren
- Flurkarten beim Stadtmessungsamt bestellen, Messtischblätter im Buchhandel kaufen oder in der Schule erfragen
- Flurkarten mit Zeichnungen, Vermerken und Fotos illustrieren
- Bodenproben analysieren. Dabei kann festgestellt werden, ob besonders wertvolle Böden verloren gingen oder ob dies nicht der Fall war
- dort wachsende Pflanzen kartieren oder bestimmen und dadurch feststellen, ob ein bestimmter Lebensraum auf Grund der dort wachsenden Arten eventuell besonderen Schutz genießen müsste

Agrarökologie

→ Flächenplanung

Damit liegen viele stichhaltige Gründe vor, bei der **Einrichtung von Siedlungs- und Verkehrsflächen** genau zu überlegen, wo gebaut werden darf: In wertvollen Biotopen mit guten Böden und umfangreichen Lebensgemeinschaften sollte z.B. weitere Flächenversiegelung vermieden werden. Die Politiker haben bereits erkannt, dass der **schonende Umgang mit Flächen** gleich nach dem Klimaschutz eine besonders wichtige Aufgabe ist. Dazu müssten die Gemeinden nun folgende Fragen klären: Welche Brachflächen gibt es im Dorf/der Stadt, wie groß sind sie, wozu könnten sie genutzt werden? Gibt es Flächen, die intensiver genutzt und verdichtet werden könnten? Können Innenbereiche attraktiver gemacht werden? Gibt es Flächen, die wieder entsiegelt werden könnten?

Zudem sind die oben beschriebenen Aspekte relevant: Welche Lebensräume würden zerstört oder zerschnitten? Welche Qualität haben die Böden in potenziellen Bau- und Industriegebieten?

Humusgehalt bestimmen

Je höher der Humusgehalt eines Bodens ist, desto höher ist die Stabilität der Bodenkrümel. Das ist wichtig, damit der Humus bei Regenfällen nicht weggeschwemmt wird.

Vorgehensweise:
- ✗ Fünfzehn 2–3 mm große Bodenkrümel sammeln
- ✗ in eine Petrischale legen und die Schale so hoch mit Wasser füllen, dass die Krümel bedeckt sind
- ✗ Petrischale 3-mal vorsichtig im Kreis schwenken.
- ✗ das Ergebnis mit folgenden Angaben vergleichen

Kein Zerfall der Krümel oder große Bruchstücke → Krümelstabilität sehr groß → **sehr humusreich**
Etwa gleich viele große und kleine Bruchstücke → Krümelstabilität groß → **humusreich**
Vorwiegend kleine Bruchstücke → Krümelstabilität mäßig → **mäßig humushaltig**
Nur kleine Bruchstücke und Trübung des Wassers → Krümelstabilität gering → **humusarm**

Der Humusgehalt kann auch über die Farbe des Bodens bestimmt werden.

Vorgehensweise:
- ✗ einen Spaten senkrecht in den Boden stechen
- ✗ den Spaten aus dem Boden herausziehen
- ✗ die so geschaffene „Schnittfläche" von der Seite her freilegen
- ✗ die Farbe der oberen Humusschichten mit den folgenden Angaben vergleichen:

Lehmige Böden:
hellgrau → **humusarm**; grau → **humushaltig**; dunkelgrau → **humos**; schwarz-grau → **humusreich**; schwarz → **sehr humusreich**

Sandige Böden:
grau → **humusarm**, dunkelgrau → **humushaltig**, schwarz-grau → **humos**, schwarz → **humusreich**

→ Humus und seine Bedeutung

Humose Böden sind gut durchlüftet (auf Grund der großen Krümel), dort können mehr Bodentiere leben und mehr organisches Material in den Boden einbauen. Zudem können sie sehr viel Wasser speichern, Pflanzen können bei Trockenheit länger überleben. Sie binden Nährstoffe besser, die dann für Pflanzen zur Verfügung stehen. Und letztlich nehmen sie durch ihre dunkle Farbe besonders viel Wärme auf.

→ Kalkgehalt, pH-Wert und deren Bedeutung

Der Kalk im Boden stammt hauptsächlich aus verwitterndem Gestein. Ist genügend Kalk vorhanden, dann hat der Boden einen einigermaßen neutralen pH-Wert. Für die Ernährung der Pflanzen ist das wichtig: Huminstoffe („Humus") bleiben dann im Wurzelbereich verfügbar. Ist ein Boden dagegen sauer, lösen sich die Huminstoffe und verlagern sich in tiefere Erdschichten. Sie sind dann für die Pflanzen nicht mehr zugänglich. Neben dem Kalkgehalt beeinflussen auch Düngung, die Säureniederschläge und andere Faktoren den pH-Wert der Böden. Um der Versauerung des Bodens entgegenzuwirken, können Kalkverbindungen ausgebracht werden (z.B. Gesteinsmehl, Knochenmehl).

Kalkgehalt

Ob der im Boden erwünschte Kalkgehalt vorhanden ist, wird mit der Salzsäureprobe überprüft.

Vorgehensweise:
- ✘ an mehreren Stellen des Bodens einen Teelöffel Erde einsammeln. Proben von der Oberfläche und in Wurzeltiefe mischen
- ✘ einige Tropfen verdünnte Salzsäure über die Erde tröpfeln
- ✘ Ergebnis mit der folgenden Tabelle vergleichen

	Kalkgehalt	Beurteilung
Kein Aufbrausen	unter 0,5 %	kalkfrei-kalkarm
Schwaches, nicht anhaltendes Brausen	0,5–2 %	schwacher Kalkgehalt
deutliches Brausen, nicht anhaltend	3–4 %	mäßiger Kalkgehalt
Starkes, anhaltendes Brausen	5 % und mehr	hoher Kalkgehalt

Agrarökologie

pH-Wert

Ob der Boden sauer, neutral oder alkalisch ist, wird mit Universalindikator überprüft.

Vorgehensweise:
- ✘ eine kleine Bodenprobe in eine Petrischale geben
- ✘ die Probe mit destilliertem Wasser auflösen
- ✘ einige Tropfen Universalindikator hinzugeben
- ✘ zugehörige Farbkarte unter die Petrischale legen und den pH-Wert bestimmen

Bodenarten

Die Bodenart ist von den unterschiedlichen Anteilen an Ton, Sand und Schluff bestimmt. Mit dem nachfolgend beschriebenen Vorgehen kann die Bodenart bestimmt werden.

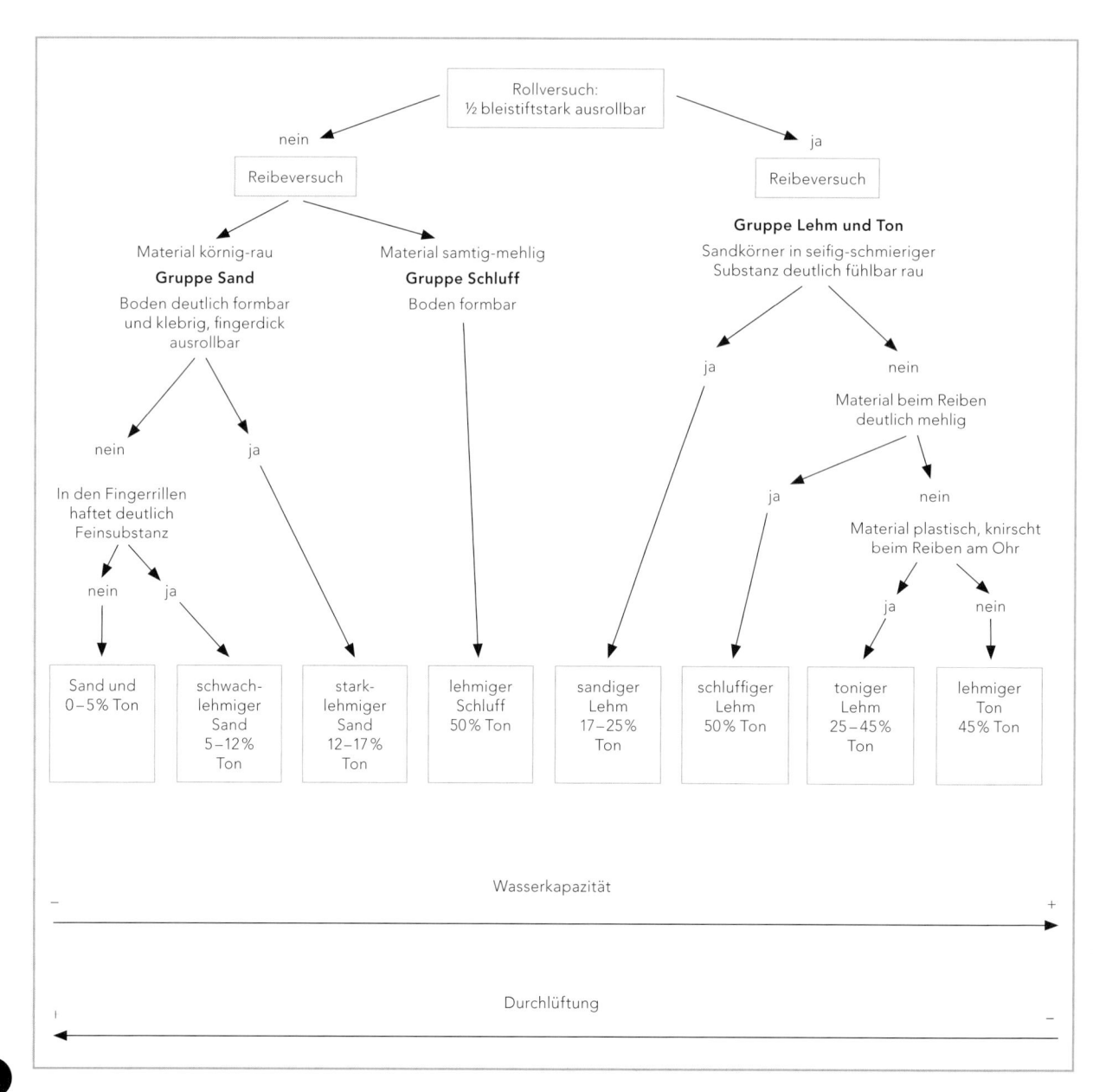

```
                          Rollversuch:
                    ½ bleistiftstark ausrollbar
            nein                                    ja
         Reibeversuch                          Reibeversuch

  Material körnig-rau    Material samtig-mehlig    Gruppe Lehm und Ton
     Gruppe Sand            Gruppe Schluff      Sandkörner in seifig-schmieriger
  Boden deutlich formbar   Boden formbar         Substanz deutlich fühlbar rau
  und klebrig, fingerdick
      ausrollbar
                                              ja                 nein
                                                          Material beim Reiben
                                                           deutlich mehlig
     nein        ja
                                                        ja              nein
 In den Fingerrillen                                             Material plastisch, knirscht
 haftet deutlich                                                  beim Reiben am Ohr
 Feinsubstanz
                                                              ja              nein
   nein    ja

  Sand und   schwach-    stark-    lehmiger   sandiger   schluffiger   toniger    lehmiger
  0–5% Ton   lehmiger   lehmiger   Schluff     Lehm         Lehm        Lehm        Ton
              Sand        Sand     50% Ton    17–25%      50% Ton      25–45%     45% Ton
             5–12%       12–17%                 Ton                      Ton
              Ton          Ton
```

– Wasserkapazität +

  Durchlüftung –

Bodenbeurteilung

	Sand	Schluff	Lehm	Ton
Bodenbearbeitung	1	3–4	2	5
Nährsalzspeicherung	5	4	2	1
Nährsalznachlieferung	3	2	1	4
Wasserspeicherung	5	1–2	1	1–2
Wassernachlieferung	4	1	2	4
Entwässerung	1	4	3	5

1 = sehr gut / sehr hoch
2 = gut / hoch
3 = befriedigend / mittel
4 = schlecht / wenig
5 = sehr schlecht / sehr wenig

Kartoffelanbau
© wikipedia.de

Protokollblatt: Müllmänner im Boden

Meine Beobachtung / Eine Behauptung:
Ohne Bakterien, Pilze und andere Bodenlebewesen würde noch viel mehr Müll in der Natur herumliegen.

Meine Frage: _____
_____

Ich vermute: _____
_____

So will ich es herausfinden (Womit mache ich was warum?):
_____
_____
_____
_____

Fragen und Erkenntnisse, die mir bei der Arbeit durch den Kopf gegangen sind:
_____
_____

Ergebnis:
_____
_____
_____

Info:
Bodenlebewesen als Müllmänner

Unsere Böden sind voll von Lebewesen.
Und tatsächlich gelingt es **Würmern, Insekten, Bakterien und Pilzen,** allerhand Materialien in kleinste Bestandteile zu zerlegen und so wieder nutzbar zu machen.

→ Laubzersetzung

Ein bekanntes Beispiel ist das Laub: **Ohne Bodenlebewesen** würde sich das Laub nicht zersetzen, sondern sich bis zur Erstickung der Bäume auftürmen.
Springschwänze und Rindenläuse fressen erste Löcher in die Blatthaut (Fensterfraß). Im Laufe der Zeit sorgen Zweiflüglerlarven dafür, dass das Blatt immer löchriger aussieht. Schließlich werden die Blattränder von **Asseln, Saftkuglern** und anderen Tieren angefressen. **Enchyträen** (= Ringelwürmer) zerkleinern die Blattstücke weiter. Schließlich ziehen **Regenwürmer** die Blattstücke in den Boden und vermischen sie in ihrem Darm mit Erde. Neben den gut sichtbaren Insekten und Würmern sind von Anfang an **Bakterien und Pilze** an der Zersetzung von Blättern und anderen Materialien, wie eben Müll, beteiligt: Viele Organismen sind auf den Abbau bestimmter Stoffe ausgerichtet.

→ Zellulose- und Ligninabbau

Frisches Fall-Laub und alle Produkte, die **Zellulose** oder **Lignin** enthalten, wie Taschentücher oder Papier, werden zunächst von **Mikropilzen** befallen (z.B. Penicillium oder Absidia). Diese bauen zunächst einfach erschließbare Zucker ab, dadurch werden die Blätter braun. Dann siedeln sich auch **Ständerpilze** (Fruchtstand mit Hut und Stiel) an, Zellulose und **Lignin** werden abgebaut. Lignin ist ein fester Stoff in den Zellwänden der Pflanzen, der die Verholzung der Zellen verursacht.

Zellulosetest
Um herauszufinden, ob ein Boden genügend Zellulose abbauende Pilze enthält, könnt ihr einen einfachen Versuch durchführen.

Vorgehensweise:
- ✘ ein Glas mit feuchter Erde befüllen
- ✘ darin einen Zellophanstreifen eingraben
- ✘ den Boden feucht halten, damit die Pilze besser arbeiten können. Je schneller der Zelluloseabbau erkennbar ist, desto besser der Boden. Eine erste Kontrolle lohnt nach vier Wochen.
- ✘ Sollen mehrere Böden verglichen werden, müssen die Zellophanstreifen alle gleich groß sein, die Gläser werden mit Inhalt (Herkunft des Bodens) und Datum beschriftet.

Lignintest
Für den Lignintest könnt ihr wie beim Zellulosetest verfahren, jedoch müsst ihr statt Zellophan Zeitungspapier in den Boden eingraben.

Agrarökologie

Keratin und Chitinabbau

Neben Lignin und Zellulose bauen Pilze auch **Keratin** und Chitin ab. Keratin ist Hauptbestandteil von Säugetierhaaren, Nägeln und Horn. Aus **Chitin** bestehen zum großen Teil das Außenskelett von Insekten, Krebsen und Spinnentieren und die Zellwand der Pilze. Es ist aber auch in Haarsprays und Cremes enthalten.

Keratin- und Chitintest:
Ob Chitin und Keratin abbauende Pilze im Boden enthalten sind, lässt sich ebenfalls mit einfachen Mitteln testen.

Vorgehensweise:

Keratin:
- 30 Haare mit einem weiteren Haar zusammenbinden und in den Boden eingraben. Die Haare sollten vorab mit Ethanol entfettet werden, um die normale Zersetzungsdauer von 220 Tagen zu verkürzen.
- regelmäßig kontrollieren

Chitin:
- Tintenfischschulp (= Schnabelwetzstein für Vögel, Zoohandlung) besorgen
- mit Salzsäure den Kalk entziehen, danach können dünne Chitinstreifen geschnitten werden
- Streifen in Erden eingraben
- regelmäßig kontrollieren

Stärkeabbau

Stärke fällt in großen Mengen an. Sie ist ein **Speicherstoff der Pflanzen**, der bei der Fotosynthese entsteht. Gleichzeitig ist Stärke das wichtigste Kohlehydrat der menschlichen Ernährung. Auch in Klebstoffen, Schmierstoffen, Kleister, Filmen, Bau- und Kunststoffen sowie abbaubare Verpackungen oder Baumaterialien wird Stärke eingearbeitet.

Der Stärkeabbau wird insbesondere vom häufigsten Bodenbakterium Bacillus subtilis geleistet, das ein Stärke spaltendes Enzym ausscheidet. Tatsächlich sind Bodenlebewesen also auch dazu fähig, Zivilisationsmüll zu zersetzen. Das ist allerdings keine Rechtfertigung dafür, Müll in der Natur zu entsorgen.

Stärketest
Ob genügend Stärke abbauende Bakterien im Boden enthalten sind, könnt ihr mit dem Stärketest feststellen.

Vorgehensweise:
- Petrischalen mit stärkehaltigem Agar (= japanisches Geliermittel aus Algen) ausgießen
- 15–20 Bodenkrümel auf den Nährboden geben
- Nach einem Tag auf der Platte mit Jod-Kaliumjodid die Bereiche anfärben, die noch Stärke enthalten. Je größer die hellen Höfe um die Bodenkrümel sind, desto intensiver der Stärkeabbau.
- Auf halbsteriles Arbeiten achten: Petrischalen vor dem Ausgießen auskochen. Bodenkrümel mit ausgekochter Pinzette/ Löffel oder mittels steriler Pipette, die ausgekochtes Wasser enthält, in die Schale geben. Schale sofort verschließen.

Protokollblatt: Metalle im Boden?

Meine Beobachtung / Eine Behauptung:
Unsere Böden sind mit Metallen vergiftet, aber es stört sich niemand daran.

Meine Frage:
**Stimmt es, dass unsere Böden mit Metallen vergiftet sind?
Woher kommen die Metalle? Wie schädigen sie Mensch und Tier?**

Ich vermute: _____
_____

So will ich es herausfinden (Womit mache ich was warum?):
_____
_____
_____

Fragen, die mir beim Messen und Lesen durch den Kopf gegangen sind:
_____
_____
_____

Ergebnis:
_____
_____
_____

Info: Metallvergiftungen

Giftige Metalle wie **Aluminium, Blei, Cadmium und Quecksilber,** kämen ohne menschliches Zutun nur in geringen Mengen in der Natur vor. Seit der Industrialisierung werden diese Metalle aber bei der Herstellung verschiedener Güter eingesetzt.

Belastung durch Metalle

Die Gifte gelangen über **Abluft, Abwasser und Abfälle** in die Umwelt und belasten Luft, Gewässer und Böden. Schließlich gelangen sie in die Pflanzen (z.B. Gemüse, Futterpflanzen), aber auch über die Nahrung oder die Atemluft in Tiere und Menschen. Im Körper können sie **starke Schädigungen** verursachen. Sie wirken sich z.B. negativ auf die **Funktion des Gehirns** aus: Konzentrationsstörungen, Antriebsschwäche, Lernstörungen können die Folge sein. Zudem **behindern die Metalle den Stoffwechsel** von Spurenelementen wie Calcium, was das Immunsystem schwächt und die Fruchtbarkeit reduziert. Metalle können Fette im Körper oxidieren („ranzig machen"), das schädigt beispielsweise Zellwände und behindert den Austausch von Bau- und Abfallstoffen. Bei den Oxidationen entstehen freie Radikale, die Zellen und Zellbestandteile schädigen und zerstören können. Falls das Erbgut der Zellen, die DNS, betroffen ist, erhöht sich die Krebsgefahr. Cadmium schädigt darüber hinaus Leber und Nieren, Blei kann Nervenschäden und Depressionen hervorrufen. Quecksilber kann unter anderem Immunschwäche und Hirnschäden auslösen.

Metallvergiftungen

Gut untersucht sind Metallvergiftungen als **Arbeitsunfälle** in der Metall verarbeitenden Industrie. Die **Aufnahme geringerer Dosen über die Nahrung** findet weniger Beachtung. Das liegt wohl auch daran, dass die Auswirkungen erst später sichtbar werden. Dann ist es schwer, nachzuweisen, dass Metalle die Ursache einer Schädigung sind. Dennoch: Die verstärkte Aufnahme von Metallen ist ungesund. Die Menschen einer Region sollten beispielsweise wissen, ob sie Gemüse selbst anbauen dürfen oder lieber darauf verzichten sollten. Ob die Böden einer Stadt tatsächlich belastet sind, ist heutzutage ebenfalls leicht messbar.

Metalle: Woher?

- **Aluminium:** In Getränkedosen, Backblechen, Alufolie, Konservendosen, Geschirr und Töpfen enthalten. Es löst sich bei Kontakt mit Säuren (z.B. Fruchtsäure). Zu finden auch in Scannern, Scheinwerfern, Dekoartikeln, in der Lebensmittelfarbe E 173, als Überzug auf Süßwaren, in Kaffeeweißer, Schmelzkäse, Gewürzen, Zahnpasta, Deo, als Werkstoff beispielsweise in Autos und Kaffeemaschinen, in der Elektronik beispielsweise für als Leitungsmaterial in Kabeln und anderen Elektrobauteilen. Aluminium wird als Staub von der Industrie ausgestoßen. Das im Boden gebundene Aluminium löst sich auf Grund der Säurebelastung („Saurer Regen") aus den Böden und wird verstärkt von Pflanzen aufgenommen. Über die Nahrung nehmen Menschen täglich etwa 25 mg Aluminium auf.

- **Blei:** In Batterien als Energiespeicher, früher als Zusatz zum Benzin, heute in geringeren Mengen in Kraftstoffen und Kohle (die Masse der verbrannten Stoffe ist aber ungeheuer groß!), als Gewicht zum Auswuchten von Rädern, als Geschoss, als Beigabe zu Legierungen auf Grund seines Korrosionsschutzes (= Rostschutz), auf Dächern zur Abdichtung rund um Dachfenster … Das meiste Blei gelangt über Stäube die Luft. Hauptquelle sind die Industriebetriebe, die bleihaltige Produkte herstellen, zudem die Verbrennung von Kohle und die Verbrennung von Kraftstoffen in Fahrzeugen. Die Bleistäube gelangen in die Böden, von dort in Gewässer und Pflanzen und Pilze. Über die Nahrungskette in Tiere und Menschen.

- **Cadmium:** Wird in Ni-Cd-Akkus verwendet, als Rostschutz, bei der Herstellung von Halbleitern, bei der Verbrennung alter Cadmiumhaltiger Farben, gelangt beim Ausbringen von Klärschlamm und mit Düngemitteln in die Umwelt, ebenso bei der Herstellung cadmiumhaltiger Produkte … Menschen nehmen Cadmium vor allem mit den Nahrungsmitteln auf. Leber als Entgiftungsorgan, Pilze und Muscheln, die eine große Kontaktfläche mit der Umwelt haben, enthalten besonders viel Cadmium.

- **Quecksilber:** Ist enthalten in Knopfzellen, wird verwendet bei der Goldwäsche, in Zementwerken, bei der Chlorproduktion, in Höhensonnen, Schwarzlichtlampen, Amalgam-Zahnfüllungen, als Desinfektionsmittel. Die größte Menge an Quecksilber wird bei der Verbrennung von Kohle freigesetzt. Dort ist Quecksilber in Spuren enthalten.

Didaktische Materialien: Lebensmittel – Sterbensmittel?

Einsatzmöglichkeiten

Projektartiges Vorgehen

Die **Projektinitiative** leitet der Lehrer mit der Erkundung „Alles Bio?" oder bei älteren Schülern alternativ mit der Erkundung „Is(s) was? – Industrieessen" ein. Dabei erarbeiten die Schüler Wissen über Zusatzstoffe, Bio-Siegel, Preise und die Transportwege von Nahrungsmitteln.
Im Anschluss daran ergänzt die Klasse gemeinsam Äste eines Advance Organizers zur Thematik „Lebensmittel – Sterbensmittel?". Aus diesen ergeben sich dann die **Themen für die Projektgruppen**. Dabei könnten sich unter anderem die Aspekte Landwirtschaftliche Produktionsformen, Zusatzstoffe, Selbstversorgung als Ausweg und aktuelle Spezialaspekte, wie die Fleischproduktion (Gammelfleisch), oder Gemüseproduktion (Pestizidbelastungen), ergeben. Sollen nur die Themen bearbeitet werden, zu denen es auch Arbeitsblätter gibt, kann der Lehrer auch den entsprechenden Advance Organizer vorgeben und mit den Schülern besprechen.
Die Projektgruppen einigen sich zunächst darüber, was das **Produkt ihrer Arbeit** sein wird. Falls die Gruppen ihre Arbeit mit den Materialien dieses Buches beginnen, bieten sich folgende Vorgehensweisen und Produkte an:

Forschungskiste „Landwirtschaftliche Produktionsformen": Vorbereitung und Durchführung einer Erkundung mit Interviewfragen zu einem oder verschiedenen Bauernhöfen (eventuell mit Videoaufnahme), Gestaltung einer Ausstellung mit Darstellung der Produktionsformen als Modell/gezeichnet.

Forschungskiste „Jogurt – Quark – Käse": Recherche nach praktikablen Möglichkeiten der Selbstversorgung über die in der Forschungskiste benannten Aspekte hinaus, Gestaltung einer Broschüre für die Klasse, die Vorgehensweisen und Rezepte wiedergibt, Grenzen der Selbstversorgung und Alternativen aufzeigt.

Forschungskisten zu „Fleischesser sind Umweltverschmutzer": Antibiotikatest bei verschiedenen Metzgern und Fleischsorten, Internetrecherche über Antibiotika im Fleisch, Gestaltung einer Ausstellung über Fleisch und Gründe für großflächigen Antibiotikaeinsatz bei der Massentierhaltung.

Forschungskiste „Nitrat und Nitrit in Gemüse?": Vorbereitung und Durchführung einer Erkundung mit Interviews und dem Kauf von Gemüse für halbquantitative Tests mit Teststreifen, Gestaltung einer Ausstellung über Gemüse und dessen Schadstoffbelastungen (auch über Pestizide mittels Internetrecherche) oder Erstellen eines Einkaufsratgebers, der Sachinformationen über Nitrat/Nitrit mit Untersuchungsergebnissen und Einkaufsempfehlungen verbindet.

Forschungskiste „Is(s) was? – Industrieessen": Vorbereitung und Durchführung einer Erkundung zum Aspekt Zusatzstoffe und Industrieessen, Recherche zur Massenproduktion, Gestaltung einer Broschüre, die industrielle Herstellungsprozesse, Zusatzstoffe und Gefahren aufzeigt.

Forschungskisten

Wie beim projektartigen Vorgehen ist es sinnvoll, zu Beginn mit den Schülern einen Advance Organizer zur Thematik „Lebensmittel – Sterbensmittel?" zu erarbeiten. Der Lehrer gibt jedoch hier am Ende der Erarbeitung die Schwerpunkte vor. Die Schüler bearbeiten die Materialien in Partnerarbeit und tauschen die verfügbaren Kisten untereinander aus. Innerhalb eines festzulegenden Zeitrahmens sollten sie alle Forschungskisten bearbeiten. Danach beginnt die Reflexionsphase: Neben einer Evaluation der Arbeitsprozesse sollten auch Inhalte reflektiert werden. Dazu könnten die Schüler folgendermaßen vorgehen:

„Fleischesser sind Umweltverschmutzer" und „Landwirtschaftliche Produktionsformen"
Die Gruppen haben 15 Minuten Zeit, sich ihre Mindmaps zu vergegenwärtigen und Aufgaben zu verteilen (siehe die Tipps zur Präsentation unter „Hilfen"). Danach lost der Lehrer eine Gruppe aus, die ihre Mindmap z.B. mit Hilfe von Folien, vorstellt. Die Klasse bewertet die Leistung der Gruppe anhand der Leitfragen: Konnten alle Gruppenmitglieder ihre Qualitäten zeigen? Sind Verlauf und Umfang der Arbeiten deutlich geworden? Wurde das erworbene Wissen kompetent präsentiert? Wurde deutlich, wie die Gruppe zusammengearbeitet hat? Bei der Beurteilung sollten die Schüler ausschließlich Satzanfänge wie „Ich fand gut, dass …" und „Anders machen würde ich …" benutzen.

„Alles Bio?", „Jogurt – Quark – Käse", „Nitrat und Nitrit im Gemüse?" und „Is(s) was? – Industrieessen": Diese Forschungskisten erfordern ein besonderes Maß an Kooperation und sozialen Kompetenzen. Deshalb lohnt sich eine Reflexion der Prozesse und eventuell auch Produkte im Sitzkreis. Der Lehrer kann dabei Aspekte vorgeben, etwa „Verhalten auf der Erkundung, bei der Herstellung von Jogurt/Quark/Käse oder beim Modellbau", „Eure Planung", „Euer Produkt", „Umgang mit den Materialien". Die Schüler äußern sich der Reihe nach mit den Satzanfängen „Ich fand gut, dass …" und „Geärgert hat mich …". Kommentare sind erst nach Beendigung der Runde erlaubt.

Klassenverband

Im Klassenverband können die Materialien einzeln bearbeitet werden. Dazu wird jeder Aspekt für sich vorbereitet und abschließend reflektiert. Nach einer Motivationsphase kann der Lehrer zur Einführung an das Vorwissen der Schüler anknüpfen, etwa mit Hilfe eines schnellen Blitzlichts zum Thema oder mittels Advance Organizern, die von Schülern an der Tafel erstellt werden. Die bei den Forschungskisten genannten Reflexionsformen eignen sich auch hier für einen Einsatz direkt nach Beendigung der Arbeit mit den Materialien. Zudem bietet das Material „Is(s) was? – Industrieessen" Diskussionsvorlagen, die für den Abschluss der Arbeit mit dem Thema Industrieessen geeignet sind.

Tipp: Nach der Bearbeitung der Materialien zu „Alles Bio?" oder „Landwirtschaftliche Produktionsformen" bietet sich die Erkundung von Bauernhöfen an: Die Schüler sollen zu selbst festgelegten Aspekten Interviews vorbereiten, führen und dokumentieren.

3 Agrarökologie

→ Hilfen

Sollen die Schüler einen Antibiotikatest bei Fleisch durchführen, kann ihnen dazu die folgende Versuchsbeschreibung vorgelegt werden.

Antibiotikatest

Ob Tiere während ihrer Aufzucht mit Antibiotika behandelt wurden, ist noch im Fleisch nachzuweisen.

Vorgehensweise:
- Petrischale vorbereiten: auskochen, mit einer dünnen Schicht Standard-Agar (= japanisches Geliermittel) ausgießen
- Nährböden mit je einem kleinen Stück Fleisch einer Fleischsorte beimpfen
- Petrischalen einige Zeit offen stehen lassen, damit Pilzsporen aus der Luft auf den Nährboden gelangen können
- danach die Petrischalen mit Tesafilm® verschließen
- regelmäßig kontrollieren
- Kontrollversuch: Je eine Petrischale ohne Fleisch und eine Petrischale mit einem Antibiotikum (Tablette aus der Apotheke oder Hausapotheke, die das Verfallsdatum überschritten hat) anlegen

Pilzsporen, die aus der Luft auf einen Nährboden mit einer Fleischprobe gelangt sind, beginnen innerhalb weniger Tage zu wachsen. Ist im Fleisch ein Antibiotikum enthalten, wachsen die Pilze nicht an das Fleisch heran, es verbleibt ein pilzfreier Hof.

Wenn die Schüler Hilfe bei der Erstellung einer Auswertungstabelle zum Arbeitsblatt „Alles Bio?" benötigen, kann ihnen diese Hilfe vorgestellt werden:

→ Vergleich: Bio – Nicht-Bio

- Untersucht und vergleicht immer ein Bioprodukt mit einem konventionellen („normalen", nicht biologisch erzeugten) Produkt.
- Fotografiert beide Produkte nacheinander.
- Berechnet den Preis pro Gramm.
- Die Entfernung zwischen Laden und Hersteller messt ihr im Atlas nach.
- Erforscht, was die Zusatzstoffe bedeuten (z.B. unter www.zusatzstoffe-online.de)
- Legt eine Tabelle nach folgendem Muster an:

Produkt und Hersteller	Salami der Firma XY
Bio-Siegel, Gütesiegel …	keine
Preis	2,89 €
Gewicht in Gramm	200 g
Preis pro 100 Gramm	1,45 €
Zusatzstoffe	E 412, Emulgator Lecithin, Ascorbinsäure
Aussehen des Produkts (Inhalt und/oder Verpackung)	
Erzeugungsort und Bundesland	Bielefeld, NRW
Entfernung des Herstellers vom Laden	

→ Jogurt-Quark-Käse

Bei der Arbeit mit der Forschungskiste „Jogurt – Quark – Käse" kann die nachfolgende Hilfe in der Rubrik „Eigene Beobachtungen" ergänzt werden:

Kreuze die richtigen Aussagen an:

○ Milchsäurebakterien bauen Milchzucker in Lactat um.
○ Milchsäurebakterien fressen das Eiweiß Kasein der Milch.
○ Sauermilchprodukte sind weniger haltbar als Milch.
○ Sauermilchprodukte sind sauer und für unerwünschte Bakterien und Pilze schwerer zu besiedeln.
○ Jogurt, Quark und Käse schmecken nicht gleich, weil sie unterschiedlich gewürzt sind.
○ Jogurt, Quark und Käse schmecken nicht gleich, weil die Milchsäurebakterien unterschiedlich lange und bei unterschiedlichen Temperaturen fressen.

Wenn die Schüler Hilfe bei der Erstellung einer Auswertungstabelle zum Arbeitsblatt „Is(s) was – Industrieessen" benötigen, kann ihnen diese Hilfe vorgestellt werden:

→ Industrieessen

✗ Versucht, bei der Recherche passend zu einem Industrieprodukt das gleiche Lebensmittel von einem regionalen Kleinerzeuger zu finden (z.B. Industriesalami und Salami von einem lokalen Bauernhof).

✗ Unterscheiden sich die Produkte im Aussehen stark? Fotografiert, falls möglich.

✗ Was die Zusatzstoffe bedeuten, recherchiert ihr später (z.B. unter *www.zusatzstoffe-online.de* oder *www.libase.de*)

✗ Falls Aromen nicht näher spezifiziert sind, ruft den Hersteller an, und erfragt Details.

✗ Legt eine Tabelle nach folgendem Muster an:

Produkt + Hersteller, evtl. Internetadresse, Telefonnummer	Salami der Firma XY
Zusatzstoffe (alle auflisten, z.B. E 212, Guarkernmehl)	E 412, Ascorbinsäure
Erzeugungsort und Bundesland	Bielefeld, NRW
Regionales, nationales, ausländisches Produkt	
Entfernung von deinem Schulort in km (Atlas)	
Tierhaltung/Landbau: EU-Biosiegel, Bioland, Demeter, Naturland usw. oder kein Siegel	keine
Preis	2,89 €
Gewicht in Gramm	200 g
Preis pro 100 g	1,45 €

3 Agrarökologie

Die folgende Arbeitsanweisung kann den Gruppen zur Vorbereitung
auf die Präsentation vorgestellt werden:

→ Thema bearbeitet?

Bereitet jetzt die Präsentation der Ergebnisse vor.
Achtet auf folgende Aspekte:

- In eurer Präsentation muss jedes Gruppenmitglied zu Wort kommen und seine Qualitäten zeigen können.
- Erläutert, **warum** ihr **was** in eurem Modell **wie** umgesetzt habt.
- Berichtet über eure Beobachtungen und Messergebnisse, und darüber, welche Schlussfolgerungen ihr daraus gezogen habt.
- Stellt dar, wie ihr als Gruppe zusammengearbeitet habt (wie habt ihr die Aufgaben unter euch aufgeteilt, worüber wart ihr uneinig, wie habt ihr Meinungsverschiedenheiten gelöst usw.)

→ Advance Organizer

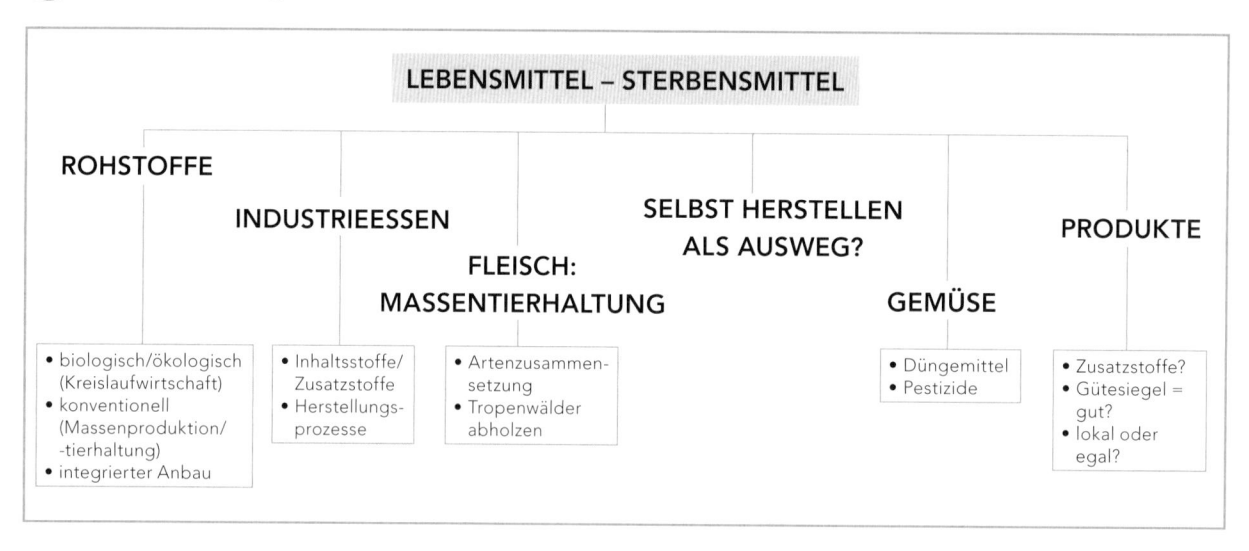

LEBENSMITTEL – STERBENSMITTEL

- **ROHSTOFFE**
  - biologisch/ökologisch (Kreislaufwirtschaft)
  - konventionell (Massenproduktion/-tierhaltung)
  - integrierter Anbau
- **INDUSTRIEESSEN**
  - Inhaltsstoffe/Zusatzstoffe
  - Herstellungsprozesse
- **FLEISCH: MASSENTIERHALTUNG**
  - Artenzusammensetzung
  - Tropenwälder abholzen
- **SELBST HERSTELLEN ALS AUSWEG?**
- **GEMÜSE**
  - Düngemittel
  - Pestizide
- **PRODUKTE**
  - Zusatzstoffe?
  - Gütesiegel = gut?
  - lokal oder egal?

Arbeitsbuch **Ökologie**

Agrarökologie 3

→ Materialliste

→ Alles Bio?

- ✗ Digitalkamera zur Dokumentation
- ✗ evtl. Schreibbretter

→ Landwirtschaftliche Produktionsformen:

- ✗ Arbeitsblätter
- ✗ Scheren
- ✗ Klebstoff

→ Jogurt – Quark – Käse

Die Schüler sind für die Beschaffung der Rohstoffe und Werkzeuge selbst verantwortlich. In erfolgreichen Planungen sollten folgende Gegenstände und Nahrungsmittel aufgelistet sein:

Jogurt:
- ✗ 1 Liter pasteurisierte Milch
- ✗ Thermometer
- ✗ Topf
- ✗ Frischer Jogurt/ Jogurtferment oder -kulturen (Reformhaus)
- ✗ Gläser
- ✗ Backofen und Kochplatte aus der Schulküche

Quark:
- ✗ Schüssel
- ✗ Handtuch
- ✗ 1 Liter pasteurisierte Milch
- ✗ Sieb mit Mulltuch oder feines Sieb
- ✗ Backofen aus der Schulküche

Käse:
- ✗ selbsthergestellter Quark oder 1 Liter pasteurisierte Milch und Zitronen
- ✗ Kochtopf
- ✗ Schöpfkelle
- ✗ Gewürze nach Belieben
- ✗ Alufolie

→ Fleischesser sind Umweltverschmutzer

- ✗ DIN-A3-Blätter
- ✗ Scheren
- ✗ Klebstoff

→ Nitrat und Nitrit in Gemüse

- ✗ Nitrat- und Nitrit-Teststäbchen (im Handel bestellen)
- ✗ verschiedenes Gemüse

→ Is(s) was? – Industrieessen

- ✗ Digitalkamera zur Dokumentation
- ✗ evtl. Bücher, wie:
  Pollmer, Schmelzer-Sandtner: **Wohl bekomms**
  Grimm: **Die Suppe lügt** oder
  Tappeser et al.: **Die blaue Paprika**

Arbeitsbuch Ökologie

Protokollblatt:
Alles Bio?

Meine Beobachtung / Eine Behauptung:
Die Supermärkte und Einzelhändler werben mit Bio-Produkten. Die sind teurer als herkömmliche Produkte und sollen besser sein.

Meine Frage:
Welche Bio-Produkte gibt es in unseren Supermärkten, und was kosten sie im Vergleich mit konventionellen Produkten? Was könnte „besser" an diesen Produkten sein?

Ich vermute: _____
_____

So will ich es herausfinden (Womit mache ich was warum?):
Ich plane mit einem Partner eine Erkundung in einem Supermarkt. Dort vergleiche ich konventionelle mit Bio-Produkten. Ich schreibe meine Erkenntnisse auf. Ich überlege genau, was ich vergleichen will, und lege ein passendes Auswertungsblatt an (Rückseite).

Besondere Beobachtungen bei der Erkundung:
_____
_____

Ergebnis:
_____
_____
_____
_____
_____

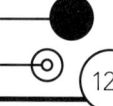

Arbeitsbuch **Ökologie**

Info:
Alles Bio?

Um zu entscheiden, was an **Bio-Lebensmitteln** anders oder besser als an herkömmlichen Lebensmitteln sein könnte, muss man über die Herstellung und Erzeugung der Produkte Bescheid wissen.

→ Was sind eigentlich Bio-Lebensmittel?

Das ist nicht ganz leicht zu beantworten, weil es **sehr unterschiedliche Bio-Produkte** gibt. Landwirte, Politiker und Supermärkte haben eine Vielzahl von Bio-Siegeln erfunden, und hinter jedem Siegel steckt eine andere Vorstellung davon, was „biologische" oder „ökologische" Feldbestellung, Tierhaltung und Erzeugung von Produkten ist. Immerhin gibt es einen **Mindeststandard**: Das **Siegel der EU-Öko-Verordnung** beschreibt den Minimalanspruch, den alle Betriebe mit Siegel erfüllen müssen. Allerdings sind die Ansprüche an die Landwirte nicht besonders hoch: z.B. dürfen die Landwirte Stickstoffdünger zukaufen, wenn sie ihren Bedarf bei der Öko-Kontrollstelle anerkennen lassen, sie dürfen mit Gülle, Blut-, Fleisch- und Knochenmehlen düngen, und es ist möglich, nur einen Teil des eigenen Betriebes auf „Bio" umzustellen.

Das ist bei **Siegeln ökologischer Anbauverbände** anders, deren Kriterien sind in der Regel strenger. Um die Richtlinien in allen Details kennen zu lernen und um weitere Siegel zu hinterfragen, musst du im Internet bei den Anbauverbänden nachlesen. Hier einige wichtige Unterschiede:

Die **Bioland®**-Bauern haben sich strengen Regeln unterworfen: Sie wollen die Bodenfruchtbarkeit erhalten, ohne leicht lösliche Stickstoffdünger, wie Gülle, zu verwenden. Zukaufen dürfen sie nur geringe Mengen an Mist. Sie dürfen keinen Teil ihres Betriebes konventionell bewirtschaften. Die Pflanzen auf den Äckern werden nicht mit Pestiziden gespritzt. Die Tiere werden artgerecht gehalten. Die Produkte werden vorwiegend auf Märkten, in Bioläden, aber auch in Supermärkten vertrieben.

Die **Demeter®**-Bauern unterliegen ebenfalls strengen Richtlinien: Sie sehen ihren Bauernhof als geschlossenen Organismus, in dem sich Tiere, Pflanzen und Böden ergänzen. Kosmische Rhythmen (etwa Mondphasen) werden bei Aussaat, Ernte und Unkrautkontrolle beachtet. Düngergaben sind wie bei Bioland® streng beschränkt. Die Bauern verwenden aber so genannte „dynamische" Präparate, wie etwa Kamille, als Düngerzusatz, die wie homöopathische Arznei wirken sollen. Die Tiere sollen „wesensgemäß" gehalten werden, etwa die Möglichkeit zum Weidegang haben.

3 Agrarökologie

Naturland®-Betriebe unterliegen ebenfalls strengeren Vorschriften als der EU-Bio-Verordnung. Beispielsweise ist die Höchstzahl der zu haltenden Tiere abhängig von der Bodenfläche, die ein Bauer bearbeitet. Zudem darf bei Naturland weniger gedüngt werden. Auch hier gibt es Vorschriften zur artgerechten Tierhaltung (frische Luft, viel Platz …).

Gäa®-Landwirte und Produkte unterliegen strengeren Richtlinien als der EU-Bio-Verordnung. Beispielsweise dürfen Produkte nur ökologische Aromen enthalten. Gäa® fordert ebenfalls artgerechte Tierhaltung, etwa Platz zum Picken für Hühner, Freilauf für Kühe usw.

Darüber hinaus vergeben verschiedene große Handelsketten eigene Bio-Siegel. Deren Vorgaben können unterschiedlich sein, meistens gehen sie nicht weit über das EU-Siegel hinaus, achten jedoch auf Lieferanten aus der Region.

Im Vergleich mit diesen verschiedenen Formen der Bio-Landwirtschaft verzichtet die **konventionelle Landwirtschaft** nicht auf Pestizide, künstliche Düngemittel, chemische Wachstumsförderer, Gentechnik und die Bestrahlung von Lebensmitteln. Sie verzichtet auch nicht auf Massentierhaltung. Das heißt, die konventionelle Landwirtschaft nutzt den möglichen technischen Fortschritt, um möglichst viel zu produzieren. Das allerdings hat Folgen: Chemikalien und Düngemittel haben negative Auswirkungen auf Grundwasser, Böden und Lebensgemeinschaften.

Aus diesem Grund **kaufen immer mehr Menschen Bio-Lebensmittel**. Ein weiterer Grund, Bio-Produkte zu kaufen, ist der Tierschutz: Bio-Bauern halten Tiere in der Regel artgerechter als konventionelle Landwirte. Letzten Endes geht es den Käufern von Bio-Produkten auch um sich selbst: Sie wollen beispielsweise keine Rückstände von Chemikalien in ihrem Essen oder nicht den Gefahren der Gentechnik ausgesetzt sein.

Protokollblatt:
Landwirtschaftliche Produktionsformen (1/2)

Meine Beobachtung / Eine Behauptung:
In der Landwirtschaft gibt es unterschiedliche Produktionsformen: Kreislaufwirtschaft mit biologischer Erzeugung, Pflanzen- und Massentierproduktion, integrierter Anbau.

Meine Frage:
Welche Vor- und Nachteile haben die Produktionsformen? Wie würde ich produzieren?

Ich vermute: _____
_____

So will ich es herausfinden (Womit mache ich was warum?):
Ich erstelle ein Modell oder eine Zeichnung zur Kreislaufwirtschaft und Pflanzen- und Massentierproduktion. Außerdem klebe ich die Texte an die zugehörige Stelle. Danach beantworte ich meine Frage.

Fragen, die mir beim Messen und Lesen durch den Kopf gegangen sind:
_____
_____
_____
_____

Ergebnis:
_____
_____
_____
_____

3 Agrarökologie

Landwirtschaftliche Produktionsformen (2/2)

Kreislaufwirtschaft	biologische Schädlingsbekämpfung	Fruchtwechsel vermeidet einseitigen Verbrauch von Nährstoffen und vermindert die Anfälligkeit für Schädlinge.
Bodentiere zerkleinern und zersetzen tote Pflanzenteile und Tiere und mischen so den Boden mit neuen Nährstoffen für die Pflanzen.	Mikroorganismen zersetzen tote Lebewesen, Mineralien werden frei.	Damit Bodentiere und Mikroorganismen genügend Nährstoffe freisetzen können, ist die Humuspflege mit Kompost und Mist wichtig.
Große Mengen an Gülle und Mist wirken schädlich auf Bodenlebewesen und Grundwasser.	Pestizide wirken schädlich auf Bodenlebewesen und Grundwasser.	Biologische Schädlingsbekämpfung nicht möglich, weil auch nützliche Insekten durch Pestizide getötet werden.
Weniger Bodenlebewesen pro m² können weniger Nährstoffe verfügbar machen.	Boden mit wenigen Lebewesen kann weniger Wasser speichern, Nährstoffe werden deshalb stärker ausgewaschen.	Pflanzen- und Massentierproduktion
Es werden nur so viele Tiere gehalten, wie mit dem Land ernährt werden können.	Methangasproduktion (CH_4) für eine unabhängige Energieversorgung	Ausgegorener Stallmist und Gülle wird wieder auf die Felder ausgebracht und von Mikroorganismen und Bodentieren verarbeitet und zersetzt.
Ausgewaschene Gülle belastet das Grundwasser.	Sonne liefert Energie für die Fotosynthese („Bau von Nährstoffen").	Gesunder, belebter Boden kann viel Wasser speichern. Wenige Nährstoffe werden ausgewaschen.
Es werden so viele Tiere gehalten, dass das Pflanzenwachstum künstlich gesteigert werden muss.	Sonne als Energielieferant reicht nicht aus.	Kunstdünger, Pestizidkauf, schwere Maschinen usw. müssen gekauft (und vorher aufwändig erzeugt) werden, um die Ernährung der Tiere zu gewährleisten.
Geringere Zahl von Bodenlebewesen? Große Mengen an Gülle und Mist nicht verarbeitbar.	Den Kompromiss, der sowohl die Kreislaufwirtschaft als auch den Zukauf von Produkten beinhaltet, nennt man integrierten Anbau. Der Einsatz chemischer Produkte wird reduziert. Man spricht dabei von integriertem Anbau, da hier auch biologische Schädlingsbekämpfung, so gut es geht, integriert und einseitige Massenproduktionsweisen vermieden werden sollen.	

Arbeitsbuch Ökologie

Protokollblatt:
Jogurt – Quark – Käse

Meine Beobachtung/Eine Behauptung:
Früher haben viele Menschen selbst Jogurt, Quark und Käse hergestellt.

Meine Frage:
Wäre es möglich und sinnvoll, Jogurt, Quark oder Käse selbst herzustellen, um die Zusatzstoffe in gekauften Produkten zu vermeiden (Farbstoffe, Konservierungsstoffe …)?

Ich vermute: _____
_____

So will ich es herausfinden (Womit mache ich was warum?):
Ich erstelle mit einem Partner oder in einer Gruppe einen Plan zur Herstellung von einem oder mehreren der oben genannten Produkte. Ich lege eindeutig fest: Wer? Was? Wann? Wo? (Evtl. benutze ich die Rückseite). Für die Beschaffung der Rohstoffe und der Werkzeuge bin ich selbst verantwortlich.

Eigene Beobachtungen/Fragen, die mir bei der Arbeit aufgefallen sind:
_____
_____
_____
_____

Ergebnis:
_____
_____
_____
_____

Agrarökologie

Info:
Wie wird aus Milch Jogurt, Quark oder Käse?

Käse, Jogurt und Quark sind **Sauermilchprodukte**: sie werden mit Hilfe von Milchsäurebakterien hergestellt. Die **Milchsäurebakterien** sorgen dafür, dass erstens aus flüssiger Milch ein anderes Produkt wird, das natürlich auch anders schmeckt, und zweitens die Milch haltbar wird.

→ Milch wird sauer

Im Supermarkt kauft man in der Regel frische, pasteurisierte Milch. Wenn diese einige Zeit stehen bleibt, wird sie sauer.

---

pH-Wert von Milch bestimmen

Zur Erinnerung: Mit dem pH-Wert gibt man an, ob etwas sauer ist oder nicht.
1 bedeutet **sehr sauer**, 7 **neutral** und 12 **alkalisch**.

Vorgehensweise:
- ein Teststäbchen für den pH-Wert nehmen
- in frische Milch halten
- auf einen zweiten Teststreifen etwas saure Milch tropfen
- pH-Werte ablesen

Die **Milchsäurebakterien** sind in der Luft enthalten. Steht frische Milch offen herum, beginnen die Bakterien, den Milchzucker zu fressen. Sie bauen ihn in **Lactat** um. Lactat ist in allen Milchsäureprodukten (z.B. Sauerrahmbutter, Jogurt, Sauerkraut, Buttermilch usw.) enthalten. Trotzdem schmecken alle Produkte unterschiedlich. Das kommt daher, dass sie bei unterschiedlichen Temperaturen bebrütet (gehalten) werden. Außerdem dürfen die Milchsäurebakterien unterschiedlich lange fressen (man sagt eigentlich „gären"). Während die Milchsäurebakterien Milchzucker fressen, scheiden sie unterschiedliche Geschmacksstoffe aus (je nach Temperatur und Gärdauer). Um den **Gärvorgang** zu stoppen, kühlt man die Produkte. Die Bakterien können dann nicht mehr fressen, und der Umbau der Milch ist gestoppt. Es ist also nicht nur Lactat, das für den Geschmack der Produkte verantwortlich ist, sondern auch die **Geschmacksstoffe**, die von den Bakterien erzeugt werden.

→ Haltbarkeit

Käse, Quark und Butter sind **länger haltbar** als die frische Milch. Diese Produkte sind saurer, deshalb können in ihnen außer den Milchsäurebakterien weitere Bakterien und Pilze nicht gut leben. Diese würden sonst die Milch oder die Milchprodukte fressen und für uns unbenutzbar machen.

Jogurt herstellen

Jogurt kann man wie die anderen Produkte aus Rohmilch oder pasteurisierter Milch herstellen. Sicherheitshalber sollte mit pasteurisierter Milch gearbeitet werden. Beim **Pasteurisieren** im Milchwerk wird die Rohmilch für 15–40 Sekunden auf 72–75 °C erwärmt, unerwünschte Bakterien werden abgetötet. Dieses Erhitzen gelingt zu Hause kaum so schonend, dass nicht auch erwünschte Inhaltsstoffe der Milch zerstört würden. Um Jogurt herzustellen, wird die Milch zehn Minuten lang auf 90 °C erhitzt. Es ist ratsam, dabei ständig mit einem Thermometer zu kontrollieren, um höhere Temperaturen und dadurch einen schlechteren Geschmack zu vermeiden. Danach muss die Milch auf 50 °C abkühlen. Frischer Jogurt (150 g auf 1 Liter Milch) oder Jogurtferment werden zugegeben. Vorsicht: Wer den Jogurt in deutlich heißere Milch gibt, tötet die Milchsäurebakterien ab. Die solchermaßen **geimpfte Milch** wird in Gläsern in den Backofen geschoben: 50 °C auf mittlerer Schiene. Nach ca. 30 Minuten muss der Ofen abgeschaltet werden. Die Gläser verbleiben dann noch acht Stunden im Ofen. In dieser Zeit fressen die Bakterien den Milchzucker. Danach müssen sie in den Kühlschrank gestellt werden, der Gärvorgang wird unterbrochen. Der Jogurt ist essbereit.

Quark herstellen

Für den Quark gießt man zunächst 1 Liter Milch in eine Schüssel und deckt diese mit einem Tuch zum Schutz vor Staub und Schmutz ab. Die Milch bleibt zwei Tage bei ca. 20 °C stehen. In dieser Zeit werden die Milchsäurebakterien aktiv, die Milch wird sauer. Danach muss die saure Milch etwa 30 Minuten bei 30 °C in den Backofen gestellt werden, bis sich die festen Bestandteile der Milch (der „Bruch") in weißen Brocken von der klaren oder grünlichen **Molke** getrennt haben (Molke besteht zu 94 % aus Wasser). Nun geht es darum, den Bruch zu trocknen: Man legt ein Sieb mit einem Mulltuch (Babywindel) aus und leert Bruch und Molke hinein. Das Mulltuch kann an den Ecken verknotet aufgehängt werden, damit im Laufe der Zeit möglichst viel Flüssigkeit aus dem Bruch tropfen kann. Nach zwei Stunden (oder mehr) sollte der Quark fertig sein.

Käse herstellen

Zur Herstellung von **Hartkäse** wird die Milchgerinnung meist durch **Lab** eingeleitet, eine Mischung aus den Enzymen Pepsin und Chymosin aus den Mägen junger Wiederkäuer, die selbst noch Milch trinken. Die Enzyme spalten das **Milcheiweiß Kasein**, ohne dass die Milch sauer wird. Der so gewonnene Bruch wird weiter gepresst, eventuell gewürzt oder mit Schimmel beimpft und zum Teil monatelang gelagert. Die Herstellung von Hartkäse gelingt mit „Hausmitteln" nur schwer. Leichter ist es, den Bruch aus der Quarkherstellung weiter zu verwenden und einen **Frischkäse** herzustellen. Wem das zu lange dauert, kann die Gerinnung der Milch für den Heimgebrauch auch anders herbeiführen: Man kocht einen Liter Milch auf, lässt ihn etwas abkühlen und gibt eine Tasse **Zitronensaft** zu. Die Milch gerinnt sofort, der Bruch kann abgeschöpft werden. Ob nun mit Hilfe von Milchsäurebakterien oder mittels Zitronensaft: Der Bruch kann nach Belieben gewürzt werden, z. B. mit Pfeffer, Salz, Salatgewürz, Mandarinenstückchen, Teilen von Walnüssen usw. Es empfiehlt sich, den so gewonnenen Frischkäse nach dem Abschmecken noch etwas zu pressen und in Alufolie eingewickelt zu kühlen, damit er fester wird.

Übrigens: Selbsthergestellte Käse dürfen nur selbst verzehrt werden. Der Verkauf ist aus Hygienegründen verboten.

Protokollblatt:
Fleischesser sind Umweltverschmutzer (1/2)

Meine Beobachtung/Eine Behauptung:
Unser Fleischhunger wird mit Massentierhaltung befriedigt, das ist Umweltverschmutzung.

Meine Frage: _____

_____

Ich vermute: _____

_____

So will ich es herausfinden (Womit mache ich was warum?):
**Ich lege mit den Kärtchen eine Struktur, die die Zusammenhänge rund um die Massentierhaltung erfasst.
Die fertige Struktur erkläre ich einem Partner, der mir dann auch seine vorstellt. Anschließend klebe ich die Kärtchen auf ein DIN-A3-Blatt und ergänze Pfeile usw., wo dies sinnvoll erscheint.**

Fragen, die mir beim Erstellen der Struktur durch den Kopf gegangen sind:

_____

_____

_____

_____

Ergebnis:

_____

_____

_____

Fleischesser sind Umweltverschmutzer (2/2)

Nitrate werden nicht nur bei mineralischer Düngung ins Grundwasser oder in andere Gewässer eingeschleust, sondern auch durch die Gülle- und Mistdüngung bei Düngerstarkzehrern, wie dem Mais. Man hat deshalb den großflächigen Futtermaisanbau als Pest für die Böden bezeichnet.	Antibiotika in der Nahrung können bei Menschen Allergien auslösen. Möglich ist auch ein Nachlassen der Wirkung der Antibiotika bei Krankheiten des Menschen.
Verbraucherforderung: Antibiotika sollen nur gezielt vom Tierarzt im Krankheitsfall der Tiere eingesetzt werden. Wichtig wäre eine verstärkte Kontrolle der gesetzlich vorgeschriebenen Wartezeit nach der Antibiotika-Therapie bis zum Verkauf der Tiere. Gesetzliches Verbot von Antibiotika als Masthilfsmittel.	Antibiotika heilen Krankheiten, beugen gegen Ansteckung vor. Sie verbessern auch die Gewichtszunahme durch bessere Futterausnutzung.
Futtermais-Monokulturen werden als Gülle fressende Starkzehrer angebaut und laugen die Böden aus. Zudem: Verlust von Humus durch Erosion; Einsatz von Pestiziden üblich.	Düngung: Jährlich ausgebracht werden etwa 130 kg Stickstoff pro Hektar. Mit dem Niederschlag gehen davon 45kg ins Grundwasser. Bei einem Niederschlag von 2000 m^3/ha und Jahr entspricht dies 22,5 g N/m^3 Wasser oder: 99,6 mg NO$_3$ (Nitrate)/Liter (oder: 99,6 ppm). Der Toleranzwert der EG liegt bei 50 ppm.
Pestizide, vor allem Herbizide und Fungizide, werden eingesetzt, um einen hohen Maisertrag zu erwirtschaften. Diese Stoffe gelangen oft auch in Gewässer.	Belastung der Meere: Die Nordsee wird jährlich mit etwa 4,7 Mio t gebundenem Stickstoff, Gülle und Düngerresten belastet.
Tierarzneimittel und Masthilfsmittel	**Grund- und Trinkwasserbelastung**
Die Haushalte müssen etwa 1000,– Euro/ha und Jahr aufwenden, um Nitrate bei der Trinkwasseraufbereitung zu entfernen. Die Nitrate entstehen zum großen Teil auf Grund von Düngergaben. Auf den Kubikmeter Wasser bezogen, den ein Haushalt bezahlen muss, sind das 50 Cent/m^3.	**Massentierhaltung**
Bodenbelastung: Pestizide belasten die Lebensvorgänge in den Böden.	**Gülleüberdüngung**
Belastung der Oberflächengewässer	Mit dem Fleisch aufgenommene Sexualhormone können Krebs erregende und das Erbgut schädigende Wirkung haben. Bei Babys und Kleinkindern sind Störungen des Hormonhaushalts und des Wachstums möglich.

Agrarökologie

Protokollblatt:
Nitrat und Nitrit im Gemüse?

Meine Beobachtung/Eine Behauptung:
Gemüse enthält oft schädliches Nitrit und Nitrat.

Meine Frage:
Ist das Gemüse auf unseren Märkten und in unseren Läden belastet?
Wie wirkt Nitrat und Nitrit?

Ich vermute: _____

So will ich es herausfinden:
Ich führe eine Untersuchung von Gemüse aus lokalen Märkten und Läden durch. Dabei berücksichtige ich Freiland- und Gewächshausware. Beim Kaufen des Gemüses befrage ich das Verkaufspersonal, ob das Gemüse Nitrat enthält, evtl. wie sichergestellt wird, dass das Gemüse kein Nitrat enthält.
Plane zunächst ganz genau: Wer macht was wann und warum.
Lege dazu eine Tabelle mit diesen Spalten an:

Wer	macht was	wann	warum

Beobachtung beim Experiment:
Lege eine Tabelle an (Rückseite), in der du die Messergebnisse notierst.

Ergebnis:
_____
_____
_____
_____

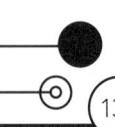

Arbeitsbuch **Ökologie**

… Agrarökologie 3

Info:
Nitrat und Nitrit im Gemüse?

➔ Nitrat und Nitrit im Gemüse?

Das Schaubild zeigt die möglichen gesundheitlichen Auswirkungen der lebensmittelbedingten Belastung mit Nitrat, Nitrit und N – Nitrosoverbindungen. Die durchschnittliche Aufnahme von Nitrat in der Bundesrepublik beträgt etwa 130 mg täglich. Davon stammen 70 % aus dem Verzehr von Gemüse, 20 % werden über das Trinkwasser und rund 10 % mit gepökeltem Fleisch aufgenommen.

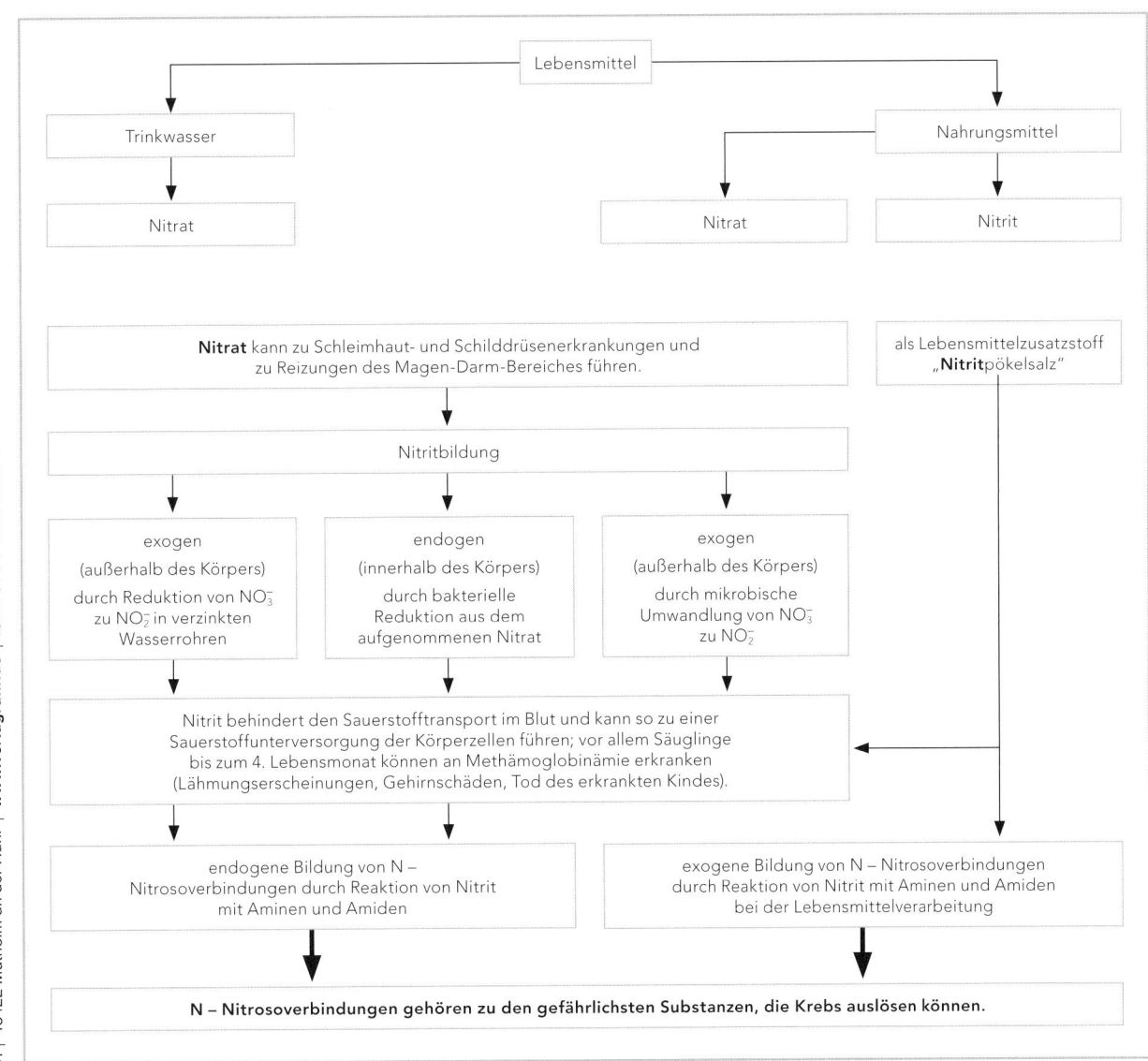

```
                              Lebensmittel
            ┌──────────────────────┼──────────────────────┐
            ▼                      ▼                      ▼
       Trinkwasser                              Nahrungsmittel
                                          ┌───────────┴───────────┐
            ▼                              ▼                      ▼
         Nitrat                         Nitrat                  Nitrit


   Nitrat kann zu Schleimhaut- und Schilddrüsenerkrankungen und
   zu Reizungen des Magen-Darm-Bereiches führen.                    als Lebensmittelzusatzstoff
                                                                         „Nitritpökelsalz"
            ▼
        Nitritbildung
   ┌────────────┼────────────┐
   ▼            ▼            ▼
 exogen      endogen       exogen
(außerhalb  (innerhalb    (außerhalb
 des Körpers) des Körpers) des Körpers)

durch Reduktion  durch bakterielle  durch mikrobische
von NO₃⁻ zu      Reduktion aus dem  Umwandlung von
NO₂⁻ in verzinkten aufgenommenen    NO₃⁻ zu NO₂⁻
Wasserrohren     Nitrat

   Nitrit behindert den Sauerstofftransport im Blut und kann so zu einer
   Sauerstoffunterversorgung der Körperzellen führen; vor allem Säuglinge
   bis zum 4. Lebensmonat können an Methämoglobinämie erkranken
   (Lähmungserscheinungen, Gehirnschäden, Tod des erkrankten Kindes).

   endogene Bildung von N –              exogene Bildung von N – Nitrosoverbindungen
   Nitrosoverbindungen durch Reaktion    durch Reaktion von Nitrit mit Aminen und Amiden
   von Nitrit mit Aminen und Amiden      bei der Lebensmittelverarbeitung

   N – Nitrosoverbindungen gehören zu den gefährlichsten Substanzen, die Krebs auslösen können.
```

✗ Nitrat (NO_3) ist ein wichtiger Pflanzennährstoff, da es Stickstoff enthält.
 Bei hoher Düngung reichert sich Nitrat in den Pflanzen an. Zudem kommt es
 zur Auswaschung, und Nitrat gelangt in das Grundasser.

✗ Nicht alle Gemüsearten lagern Nitrat gleich stark an.
 Freilandgemüse enthält meist weniger Nitrat als Treibhausware.

✗ Das Nitrat verteilt sich auch ungleichmäßig in den Pflanzen.

✗ Die Umwandlungsprodukte des Nitrats können Krebs auslösen.

Arbeitsbuch **Ökologie**

Protokollblatt:
Is(s) was? – Industrieessen

Meine Beobachtung/Eine Behauptung:
Es gibt Nahrungsmittel zu kaufen, die so produziert sind, dass man sie eigentlich wegschmeißen sollte.

Meine Frage:
Gibt es tatsächlich solchermaßen bedenkliche Lebensmittel? Was liegt in den Regalen unserer Supermärkte?

Frischwurstaufschnitt

3er Sortiment: Schinkenwurst schwäbische Art, Paprikalyoner (mit 10% Paprika), Lyoner Schinkenwurst (mit Zwiebel).
Zutaten: Schweine- / Rindfleisch (51%), Speck (20%), Trinkwasser, Nitritpökelsalz (jodiertes Speisesalz, Konservierungsstoff E250), Gewürze (enthält Senf, Sellerie), Saccharose, Fructose, Dextrose, Gewürzextrakte, Stabilisator E331 E450, Antioxidationsmittel E300 E301, Geschmacksverstärker E621, Aromen. Unter Schutzatmosphäre verpackt.

Ungeöffnet bei +7°C mindestens haltbar bis: 30.03.08   Nettogewicht: 0,150kg   €/100g: 1,06   Preis: 1,59 €

Ich vermute: _____

So will ich es herausfinden (Womit mache ich was warum?):
_____
_____
_____

Fragen, die mir bei der Erkundung zum Supermarkt durch den Kopf gegangen sind:
_____
_____
_____

Ergebnis:
_____
_____
_____
_____

Info:
Is(s) was? – Zusatzstoffe

Viele Produkte großer Hersteller werden sehr genau auf die Verbraucher abgestimmt: z.B. werden das **Mundgefühl**, die **Lautstärke des Knackens beim Essen** und die **Wirkung auf die Geschmacksnerven** ausgetestet, bevor ein neues Produkt auf den Markt kommt. Chemiker, Psychologen und Physiker entwickeln Produkte, die den Verbraucher optimal ansprechen. Was in den Nahrungsmitteln enthalten ist und wie sie hergestellt werden, ist kaum noch nachzuvollziehen. Bei der Herstellung von Fertigwürze und Brühwürfeln beispielsweise wird das pflanzliche Eiweiß mit Salzsäure aufgelöst. Die Kartoffeln für Pommes Frites werden mit Natronlauge geschält und sind nur deshalb gelb und ohne schwarze Stellen, weil sie in diversen Zusatzstoffen gebadet werden.

Zusatzstoffe

Lebensmittelzusatzstoffe sind in sehr vielen Produkten enthalten. Sie sind mit einer **E-Nummer** oder ihrem Namen auf den Produkten benannt. Mit der Verwendung von Zusatzstoffen wollen die Hersteller keineswegs nur möglichst **guten Geschmack** erreichen. Es geht darüber hinaus um **Verarbeitungseigenschaften** (Vitamin C beispielsweise macht Brotteig maschinenfreundlicher), um **chemische Eigenschaften** (z.B. wie schnell die Ware oxidiert und fault), um ein **Aussehen**, das bei den Verbrauchern Gefallen findet, um einen **natürlichen Geschmack zu ändern**, sodass er bei den Konsumenten besser „ankommt" (z.B. Zucker in der Wurst). Zusatzstoffe können bedenkliche Folgen haben: Allergien auslösen, Krebs erzeugen, Organe schädigen … Im Internet kann man herausfinden, welche Produkteigenschaften ein Zusatzstoff mit sich bringt und welche Gefahren damit verbunden sind (etwa *www.zusatzstoffe-online.de* oder *www.code-knacker.de*).

Agrarökologie

→ Aromen

Aromen sorgen dafür, dass die **Produkte immer gleich und intensiv schmecken**. Es ist also gleichgültig, wie gut oder auch was der verwendete Rohstoff ist: Das Produkt schmeckt immer gleich. (Erdbeerjogurt muss z.B. nicht unbedingt Erdbeeren enthalten. Erdbeeraroma wird unter anderem aus Sägespänen hergestellt.) Es gibt **natürliche Aromen** aus natürlichen Ausgangsstoffen (dazu zählen auch Bakterien, Sägespäne, Pilze …) und **naturidentische bzw. künstliche Aromen**, die chemisch hergestellt sind.

Der Verwendung von Aromen kann sich der Verbraucher nur schwer entziehen. Die Folge davon ist, dass die Industrie bestimmt, was wir unter einem Geschmack verstehen. Erdbeerjogurt schmeckt beispielsweise ganz anders als Naturjogurt, in den wir Erdbeeren hineinpürieren. Auf den Lebensmitteln ist meist nur vermerkt, dass eine der drei Aromaarten enthalten ist. Wer Genaueres wissen will, muss die Hotlines der Hersteller anrufen oder an die Firmen schreiben.

→ Herkunft

Ein Kriterium für den Kauf von Nahrungsmitteln kann die **regionale Erzeugung** sein. Waren, die quer durch Deutschland geschickt werden, verursachen allein durch den Transport eine Umweltbelastung. Wer Lebensmittel aus der Region kauft, unterstützt häufiger kleine Firmen und die Landwirte vor Ort. Damit kann der Verbraucher dabei helfen, Arbeitsplätze in seiner Umgebung zu sichern.

→ Tierhaltung/Landbau

Auf jedes Produkt, das Tiere aus besonders artgerechter Haltung oder umweltfreundlich erzeugte Pflanzenteile beinhaltet, wird ein (verkaufsfördernder) Hinweis abgedruckt. Anders herum gesagt: Wer nicht das EU-Bio-Siegel oder andere Bio-Siegel (wie Demeter®, Bioland®, Naturland®, Gäa®) ausweist, verwendet Rohstoffe aus konventionellem Landbau. Die Tiere stammen in der Regel aus **Massentierhaltung**, Pflanzen werden mit **Spritzmitteln** und unbegrenzten **Düngergaben** erzeugt.

→ Macht der Verbraucher

Wer sich gegen Industrieessen wehren möchte, kann das über den **Einkaufskorb** tun: Wenn genügend Menschen kein Industrieessen kaufen, wird die Industrie über kurz oder lang Lebensmittel ökologischer erzeugen müssen. Da nur wenige Parteien sich für den Umweltschutz und ökologische Landwirtschaft einsetzen, ist dies der einzige Weg.

Info:
Is(s) was? – Massenproduktion

Wer sich über den Einkaufskorb gegen Industrieessen wehren will, tut gut daran, sich Verbündete zu suchen: Infostände, Einkaufsführer, Flugblätter sind Möglichkeiten, Wissen über Industrieessen weiterzugeben. Man kann sich auch bei Naturschutzorganisationen, wie Greenpeace oder dem BUND, engagieren. Möglich ist auch, die Firmen anzuschreiben und zu Stellungnahmen über die eigenen Verbraucherwünsche zu bewegen. Wer gut diskutieren kann, könnte auch Vertreter großer Firmen und regionaler Erzeuger zu einer Podiumsdiskussion in die Schule einladen.

Zur Diskussion gestellt: Industrieessen

Industrieessen ist für viele das „täglich Brot". Man kann aber durchaus darüber streiten. Bereite mit deiner Gruppe Argumente vor, die zu den folgenden Fragen passen. Schreibe zu jedem Argument ein Stichwort auf eine Karte, die du später in der Diskussion an die Tafel heften kannst.

Massenprodukte: Voraussetzungen und Folgen

- ✘ Welche Anforderungen hat die Nahrungsmittelindustrie an Produkte?
- ✘ Was wünschen sich Verbraucher?
- ✘ Sollen Produkte immer gleich aussehen und schmecken?
- ✘ Soll es eine Kennzeichnungspflicht für alle Inhaltsstoffe, für gentechnologische Produkte und Produktionsabläufe geben?
- ✘ Freie Marktwirtschaft in der Landwirtschaft oder Regulierung durch Gesetze?
- ✘ Ob Produktionsformen für den Verbraucher ethisch vertretbar sind, scheint keine Rolle zu spielen.
- ✘ Artenvielfalt und Industrieessen: Ein Widerspruch?

Billig & bequem: Ist das zu rechtfertigen?

- ✘ Sollen Kunstfleisch und Kunstfisch für ärmere Menschen produziert werden?
- ✘ Ist Industrieessen positiv oder negativ für die kleinbäuerliche und mittelständische Landwirtschaft?
- ✘ Wer hat finanzielle Vorteile von Industrieessen?
- ✘ Wieso unterstützt die Politik die Massenproduktion mittels Vorschriften und Gesetzen?
- ✘ Sind künstliche Nahrungsmittel eine Gewissensentscheidung des Einzelnen?
- ✘ Hauptsache billig: Sind die Details dem Verbraucher egal?

Massenprodukte: Voraussetzungen und Folgen

Ohne technische Verarbeitung können Produkte nicht gleichartig hergestellt werden. Eine korrekte Fertigung für die große Nachfrage ist nur industriell möglich. Solange die **Nachfrage auf gleichartige Produkte** gerichtet ist und den Herstellungsprozess außer Acht lässt, werden Massenprodukte erzeugt, auch wenn sich dahinter Unappetitliches verbirgt. Das beginnt bereits im Mastbetrieb.

In den USA werden nahezu alle **Hühner, Schweine und Rinder** mit Arzneimitteln (Antibiotika gegen Infektionen), die den Futtermitteln bereits zugegeben worden sind, behandelt. Für Massenprodukte werden dort nur vier Rinderarten verwertet, die das schnellste Fleisch bringen: Schlachtreife in 193 Tagen, im Vergleich zu Fleisch aus der Weidehaltung ist das der halbe Zeitaufwand. In Deutschland werden für eine große Hamburgerkette in Günzburg jährlich etwa 120 000 **Rinder** zu Hackfleisch verarbeitet. Sie kann die Fleischproduktion gemäß der späteren Verarbeitung lenken. Für 100 % „pure beef" wird ein durchwachsenes, fettreiches Fleisch mit möglichst 25 % Fett gewünscht, wodurch der Einsatz von sehr großen Mengen an Emulgatoren und stärkehaltigen Bindemitteln überflüssig wird. Die Lebensmittelindustrie steuert mit diesen Forderungen, welche Tiere zu leben haben. Rassen mit anderen Qualitäten (etwa guter Geschmack) verschwinden oder werden seltener und für den Verbraucher schwerer zu beziehen. Für die Fast-Food Branche wurde von einer Universität in Florida der Tomatentyp MH-1 gezüchtet. Diese **Tomate** lässt zwar den bekannten intensiven Tomatengeschmack vermissen, weist dafür aber eine dicke, zähe Haut und festes, dabei jedoch wässriges Fleisch auf. Sie kommt mit diesen Eigenschaften den Transport- und Verarbeitungsanforderungen entgegen, da sie gegen Beschädigung und Fäulnis widerstandsfähig und somit lagerfähiger ist als die früheren, herkömmlichen Tomaten.

Inzwischen ist eine Tomate in den USA auf den Markt gekommen, deren Erbgut künstlich (gentechnologisch) verändert worden ist. Sie soll würziger schmecken und braucht nicht grün geerntet zu werden. Da sie jedoch Erbmaterial eingepflanzt bekommen hat, über dessen Auswirkung in Böden keine langfristigen Untersuchungen vorliegen, ist sie für den Anbau in Europa noch nicht freigegeben.

Zur Artenverarmung der **Kartoffeln** führt die niederländische Industriekartoffel „Bintje". Sie ist geschmacksneutral, gleichmäßig, ohne Augengrübchen, schnellwachsend und groß. Die Kartoffel wird unter Heißdampf oder in Lauge geschält, unter Wasserdruck geschnitten, heiß blanchiert, in Öl einige Minuten auf 170 °C erhitzt und schließlich eingefroren. Alte regionale Kartoffelarten haben wenig Chance, in der Produktion Verwendung zu finden.

Billig & bequem: Ist das zu rechtfertigen?

Um möglichst billig produzieren zu können, wird nicht nur **Fleisch** verarbeitet, wie es in der Auslage des Metzgers zu sehen ist. In vielen Produkten ist zermahlenes und **neu geformtes Fleisch** versteckt. Diese Produkte sind in der Regel billiger als das „Original".

Auch **Meeresfrüchte** sind oft nicht das, was sich hinter ihrem Namen verbirgt. Es handelt sich ebenfalls um Formfleisch, jedoch aus gemahlenem japanischen Fisch, der mit getrockneter Krabben-, Garnelen- oder Muschelsubstanz versetzt wird. Damit das Ganze dann auch zusammenhält, appetitlich aussieht und schmeckt, werden stärkehaltige Bindemittel, Aromen, Geschmacksverstärker und Farben zugemischt. In England ist ein Produkt auf dem Markt, das als **ballaststoffreiche Eiweißnahrung** angeboten wird. Dabei handelt es sich um Mikropilze, die preiswert und rasch auf einer Nährlösung wachsen. Die Pilzmasse wird computergesteuert gezüchtet, geerntet, mit Hitzeschock behandelt, mit Farb- und Geschmacksstoffen versehen und je nach Endprodukt faserig, weich oder knusprig am Ende der Anlage ausgeworfen. Verkauft wird das Produkt z.B. als „Tenda Burger", „Chocolate Crunches" oder sogar als Gulasch oder Geflügelbrust. Doch auch, wer lieber „gesunden" Salat isst, sollte darauf achten, was auf seinem Teller landet: Waren bislang häufig Jogurtpulver, Honigpulver, stärkehaltige Bindemittel, Konservierungsmittel sowie Palmöl Bestandteile von **Dressings**, gehen neueste Entwicklung dahin, dass mittels Mikroorganismen Eiweiß aus Erdölprodukten gezüchtet wird. Dies dient dann als Ausgangsprodukt für eine Palette von neuen cremigen Soßen.

Auch **Eier** sind viel bequemer und billiger zu haben, als in ihrer natürlichen Form: Der deutsche Gaststättenmarkt hat die Verwendung dauerhafter, gut schneidbarer Garnierungen aus Eierscheiben von der Fast-Food-Industrie übernommen.

Humanökologie

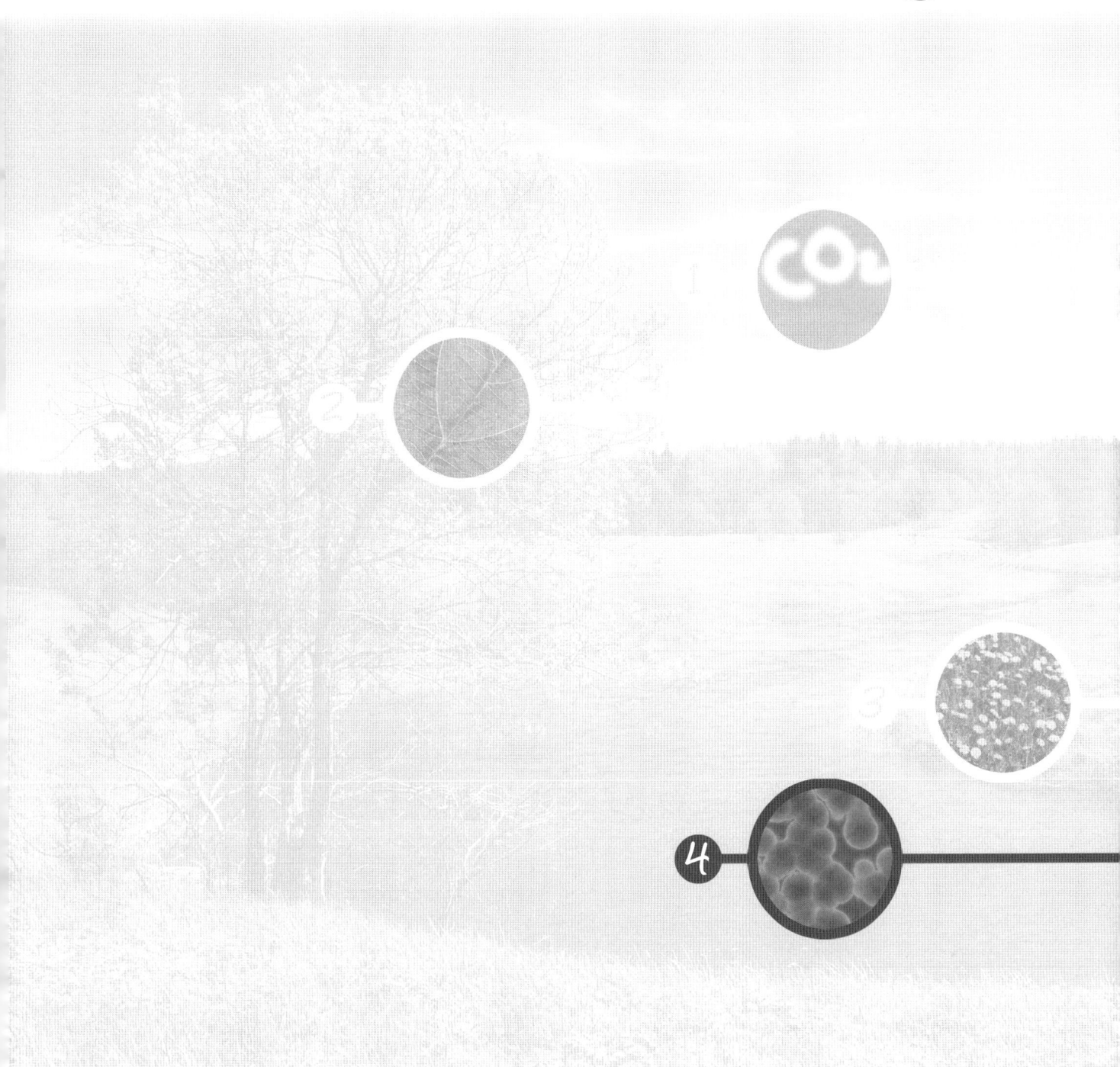

4 Humanökologie

Auf den folgenden Seiten folgen Materialien zu den Wissensbereichen „Bakterien – Pilze – Viren", „Auge – Ohr – Gehirn" und zu „Nahrungsmitteluntersuchungen". Sie können sowohl als einzelne Einheiten als auch in der vorgeschlagenen Reihenfolge bearbeitet werden.

Wissensbereich Bakterien – Pilze – Viren

Pilze: Spannend oder gefährlich?
Einsatz von Fungiziden, Gefahren für Menschen, Lebensweise von Pilzen, Einteilung der Pilze in Ständerpilze, Schimmelpilze und Hefen, Betrachten verdorbener Lebensmittel, Arbeit mit dem Infoblatt, Einüben der Arbeit im Partnerpuzzle

UND

Pilze: Schädlich oder nützlich?
Pilze als Zersetzer, Pilze als Schädlinge, pathogene Pilze, essbare Pilze, Pilze in der Laubstreu betrachten, einen Fruchtkörper aufschneiden und zeichnen, Arbeit mit dem Infoblatt, Einüben der Arbeit im Partnerpuzzle

Bakterien, Pilze, Viren: Alles in unserer Umgebung
Grundwissen Viren und Bakterien, Beispiel Schnupfenviren, Nährböden gießen, an interessanten Orten der Schule beimpfen, kultivieren, Kulturen bestimmen

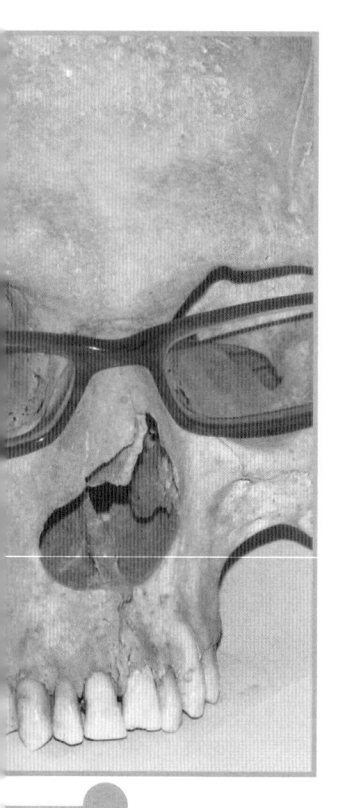

Wissensbereich Auge – Ohr – Gehirn

Farbensehen
Anordnung der Rezeptoren auf der Netzhaut, Durchführen eines Versuchs zum Farbensehen

Auge: Sehstörungen
Ursachen für Sehstörungen: Alkohol und andere Drogen, Bindehautentzündung, trockene Augen, Makuladegeneration, Sehfehler, Bau eines Modells

Auge: Sehfehler
Weitsichtigkeit und Kurzsichtigkeit, Arbeit mit dem Infoblatt oder selbstgeplante Lösungswege

Humanökologie 4

Anregungen zu Versuchen mit Rinder- oder Schweineaugen

Ohr und Hören
Schädigungen des Gehörs, Ursachen, Folgen, Lärm stört Arbeit,
wie wir hören, Durchführung von Versuchen, Arbeit mit dem Infoblatt
oder selbstgeplante Lösungswege

Gehirn und Nervensystem
Reizleitung der Impulse aus Sinnesorganen und deren Verarbeitung im Gehirn,
Erstellen einer Mindmap aus vorgefertigten Texten und Zeichnungen,
Nutzen selbstgewählter Informationsquellen

Wissensbereich Nahrungsmitteluntersuchungen

Hamburger
Inhaltsstoffe eines Hamburgers, Klärung der Frage, inwiefern Hamburger
ungesund sind, Untersuchung eines Hamburgers: Eiweiß, Glucose, Stärke, Fett,
Vitamin C, Nitrat, evtl. Phosphat, Ammonium

Nahrungsmitteluntersuchungen
Ausgewogene Ernährung, Nährstoffklassen, essenzielle Aminosäuren:
wichtig für Vegetarier, einen Eintopf kochen, Messen üben,
evtl. Untersuchung von Fertigprodukten

Lecker Fleisch?
Fleisch als Bestandteil der Ernährung, Einflüsse auf die Fleischqualität,
Kontrollmöglichkeiten, Überprüfung der Fleischqualität verschiedener
Metzgereien mittels pH-Wert-Messungen

Möglicher Übergang zu Materialien aus dem Kapitel Agrarökologie:
Lebensmittel – Sterbensmittel

Didaktische Materialien: Bakterien – Pilze – Viren

Einsatzmöglichkeiten

Projektartiges Vorgehen

Möchte man das Thema „Bakterien, Pilze, Viren: Alles in unserer Umgebung" als Projekt bearbeiten, könnte die **Projektinitiative** mit Hilfe der Materialien „Pilze: Spannend oder gefährlich?" und „Pilze: Schädlich oder nützlich?" wie beim Klassenverband beschrieben angestoßen werden.

Gegenstand der **projektartigen Arbeit** könnten dann Bakterien und Pilze im Schulhaus sein: Die Projektgruppen teilen sich Bereiche des Schulhauses auf (Mensa, WC, Lehrerzimmer, Klassenzimmer, PC-Raum, Schulküche ...) und beimpfen dort selbsthergestellte Nährböden. Bis Bakterien und Pilze gewachsen sind, erstellen die Schüler ebenfalls arbeitsteilig eine Ausstellung über Bakterien, Pilze und Viren. Dazu sollten vorab gemeinsam Kriterien für gute Plakate und Ausstellungen festgelegt werden. Die Plakate werden danach in Partnerarbeit erstellt und anhand der besprochenen Kriterien benotet. Die Themen der Plakate können sich an den Infoblättern orientieren (z.B. Nährböden, Bakterienkolonien, Pilze auf Nährböden, Schnupfenviren, Bakterien: nützlich und schädlich) und mehrfach vergeben werden. Die Schüler können sich darüber hinaus aber auch selbst Themen aus einem breiteren Spektrum wählen (z.B. Desinfektionsmittel und Putzmittel, Antibiotika, Lebensmittelvergiftungen, stickstoffbindende Bakterien, Bodenbakterien, Bakterien und Pilze als Helfer der Lebensmittelindustrie oder Detailthemen, wie Sauerkrautherstellung und Milchsäurebakterien, Schimmelpilze im Haus ...). Zu ihrem Thema sollten die Schüler neben einer Internetrecherche Gegenstände beschaffen, Produkte herstellen oder Versuche machen und auch dies in ihrer Ausstellung oder auf dem Plakat dokumentieren.

Forschungskiste

Wer die Materialien als **Forschungskisten** anbietet, kann alle drei Themen über mehrere Doppelstunden hinweg bearbeiten lassen. Die Schüler tauschen die Forschungskisten nach Bearbeitung selbstständig aus.

Wer alle drei Forschungskisten bearbeitet hat, erstellt eine Musterlösung für eines der Arbeitsblätter und bereitet eine Präsentation vor, die auch die bei der Arbeit verwendeten Realien und Hilfsmittel einbezieht. Um die Ergebnissicherung möglichst kurz zu fassen, kann der Lehrer **Musterlösungen** erstellen (z.B. ausgefüllte Arbeitsblätter) und aushängen. Die Schüler kontrollieren dann ihre Ergebnisse selbstständig. Die schnellsten Schüler können bei diesem Vorgehen zur Differenzierung die Aufgabe bekommen, Quizfragen zum Fachwissen aus den drei Forschungskisten mit Musterlösungen auf DIN-A5-Papiere zu schreiben. Nach Beendigung der Arbeit an den Forschungskisten wird daraus je nach Anzahl der verfügbaren **Quizfragen** ein Wissensspiel für die Klasse insgesamt oder Gruppen („Wer eine Frage beantworten konnte, darf sich hinsetzen").

Lehrer, die neben Inhalten auch den **Arbeitsprozess abschließend reflektieren** möchten, können in den ersten Unterrichtsstunden Fotos von der Arbeit der Schüler mit der Digitalkamera machen und diese als Gesprächsanlass in der Reflexionsphase als Folie projizieren.

Klassenverband

Im Klassenverband bietet es sich an, zunächst die **Materialien mit geringeren eigenständigen Handlungsanteilen** bearbeiten zu lassen („Pilze: Spannend oder gefährlich?" und „Pilze: Schädlich oder nützlich?"). Darin ist die Planung der Handlung vorgegeben. Im Umgang mit Laubstreu, Speisepilzen und den Binokularen ergeben sich allerdings vielfältige Aspekte.

Die beiden Materialien sind als **Partnerpuzzle** konzipiert: Zunächst bearbeitet jeweils die halbe Klasse in Partnerarbeit eines der Arbeitsblätter. In der Folgestunde treffen sich je ein Schüler aus den verschiedenen Gruppen. Die Aufgabe der Schüler ist dann, die richtigen Informationen auf dem Blatt „Wissen teilen" zu erfragen. Um den Schülern die Partnerfindung zu erleichtern, bietet es sich an, Arbeitsblatt, Infoblatt und das Blatt „Wissen teilen" für die beiden Hälften der Klasse in zwei unterschiedlichen Farben zu kopieren.

Der Abschluss der Stunde kann mit provokativen Behauptungen gestaltet werden: Zwei Schüler erhalten die unter Hilfe abgedruckten Karten und lesen abwechselnd vor. Die Klasse nimmt Stellung zu den Aussagen. Die beiden Vorlesenden rufen dabei auf und leiten das Gespräch.

Das **Material „Bakterien, Pilze, Viren: Alles in unserer Umgebung"** zielt darauf ab, dass die Schüler Agarplatten gießen, beimpfen und mit dem Infoblatt Bakterien, Pilze und Viren als unterschiedliche Organismen kennen lernen. Die Schüler übernehmen dabei die Planung. Möglich ist auch, die Materialien zur Herstellung der Nährböden zentral aufzubauen und nach einer eigenständigen Planungssequenz der Schüler anhand der Materialien zu besprechen, welche Handlungsschritte sinnvoll sein könnten.

Der **Advance Organizer** fasst wichtige Aspekte aus den Infoblättern zusammen und kann deshalb zur Wiederholung genutzt werden: Die Unteräste werden abgedeckt, und die Schüler erklären sie entsprechend ihrem Wissen.

Mit dem in der **Hilfe** dargestellten Aufbau einer Bakterienzelle kann der **Zellbegriff** gefestigt und das bei den praktischen Arbeiten erworbene Wissen erweitert werden. (Haus-)Aufgabe der Schüler kann sein, Zeichnungen einer tierischen und einer pflanzlichen Zelle herauszusuchen und die Unterschiede zu Bakterienzellen zusammenzustellen. Soll der Bau von Pilzzellen und Viren erarbeitet werden, bietet sich eine Internetrecherche z.B. bei *www.wikipedia.de* an: Die Schüler sollen parallel zum Beispiel der Bakterienzelle die Zeichnung einer Pilzzelle und eines Virus erstellen und die Funktion der Zellorganellen erklären.

→ Hilfen

Zur Erstellung von Nährböden können diese Informationen den Schülern ausgegeben werden.

Mikrobiologisches Arbeiten

Beim mikrobiologischen Arbeiten in der Schule solltest du wenigstens halbsteril arbeiten. Steril bedeutet keimfrei (und auch unfruchtbar), dieser Zustand absoluter Keimfreiheit ist außer in Speziallaboren nicht zu erreichen. Um dennoch korrekte Ergebnisse bei der Bebrütung von Nährböden zu erhalten, sind einige Vorgehensweisen zu beachten:

- ✗ Hitzebeständige Gegenstände, wie Glaswaren, Pinzetten usw., sind vor und nach dem Gebrauch zu sterilisieren. Dies geschieht im Dampfkochtopf oder, falls vorhanden, im Autoklav. Dort werden die Gegenstände mindestens 20 Minuten im Wasserdampf bei etwa 121 °C aufbewahrt.
- ✗ Ältere Pinzetten u. Ä. können auch in der Flamme des Bunsenbrenners ausgeglüht werden (oberhalb des leuchtendsten Teils in die Flamme halten, bis die Pinzette glüht).
- ✗ Hände vor und nach der Arbeit mit Seife und Desinfektionsmittel reinigen, sofern keine sterilen Handschuhe verfügbar sind. Desinfektionsmittel setzen die Keimzahl auf den Händen deutlich herab, töten aber nicht alle Keime.
- ✗ Alle Bemühungen um Keimfreiheit erfolgen unmittelbar vor der Arbeit. Die Arbeiten müssen möglichst zügig durchgeführt werden. Nährböden, Pinzetten usw. sollen so kurz wie möglich der Luft und den darin enthaltenen Keimen ausgesetzt sein.

4 Humanökologie

Zur Erarbeitung des Zellbegriffs kann den Schülern folgender Text vorgelegt werden.

Aufbau einer Bakterienzelle

Die Zelle ist Bestandteil fast aller Organismen, auch der Bakterien. Diese bestehen häufig aus nur einer Zelle.

Die Zelle ist gegenüber ihrer Umwelt durch eine **Zellmembran** (Zm) abgegrenzt. Die meisten Bakterien haben zusätzlich eine **Zellwand** (Zw) und eine **Kapsel** (Ka) aus schleimartiger Substanz.

An der Oberfläche der Bakterien sind häufig **Fimbrien** (Fim) zu finden, mit denen sich Bakterien an andere Bakterien oder Stoffe anheften.

An der Oberfläche vieler Bakterien befinden sich **Geißeln**. Das sind kleine Anhänge aus Protein, die der Fortbewegung der Bakterien dienen.

Innerhalb der Zelle befindet sich ein **Bakterienkern** (DNA), meist handelt es sich dabei um ein **Chromosom** (du hast 23/46 Chromosomen mit Erbinformationen in deinen Zellen). Erbinformationen sind auch auf dem **Plasmid** (Pl) gespeichert. Auf beiden Informationsträgern ist codiert, wie die Lebensfunktionen der Zelle ablaufen. Beispielsweise ist dort festgelegt, wie die Bestandteile der Zellwand beim Wachstum des Bakteriums „zusammengebaut" werden sollen. Das Zusammenbauen findet in kleinen „chemischen Fabriken" statt, den **Ribosomen** (Ri). Dort werden je nach „Anweisung" von der Erbinformation (DNA) beispielsweise bestimmte Eiweiße erstellt. Innerhalb einer Bakterienzelle sind auch Speicher zu finden: **Glycogen-Speicher** (Gly) für Energie und Kohlenstoffe. Weiterhin **Poly-ß-hydroxybuttersäure** (PHB), ein Kohlenstoff und Energiespeicher. Speicherfunktion hat auch das **Polyphosphat** (PP).

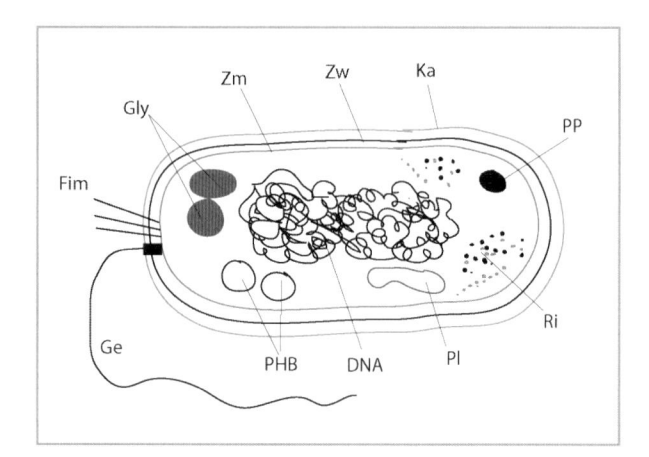

Die nachfolgend abgedruckten Kästen sind als Karten für die schülergeleitete Ergebnissicherung nach der Bearbeitung der Materialien „Pilze: Spannend oder gefährlich?" und „Pilze: Schädlich oder nützlich?" gedacht und können durch eigene ergänzt werden.

Jemand behauptet:
Obst und Gemüse gehören gespritzt. Dann hat man Ruhe vor dem Schimmel. Was sagt ihr dazu?

Jemand behauptet:
Spritzmittel sind weniger schlimm als Pilze. Was sagt ihr dazu?

Jemand behauptet:
Pilze sind Schädlinge. Tritt sie ruhig um. Was sagt ihr dazu?

Jemand behauptet:
Tod den Pilzen, sie fressen unsere Häuser! Was sagt ihr dazu?

Jemand behauptet:
Pilze sind vollkommen ungefährlich. Her damit! Was sagt ihr dazu?

Jemand behauptet:
Pilze sind wichtig für unser Leben. Was sagt ihr dazu?

Humanökologie 4

➡ Advance Organizer

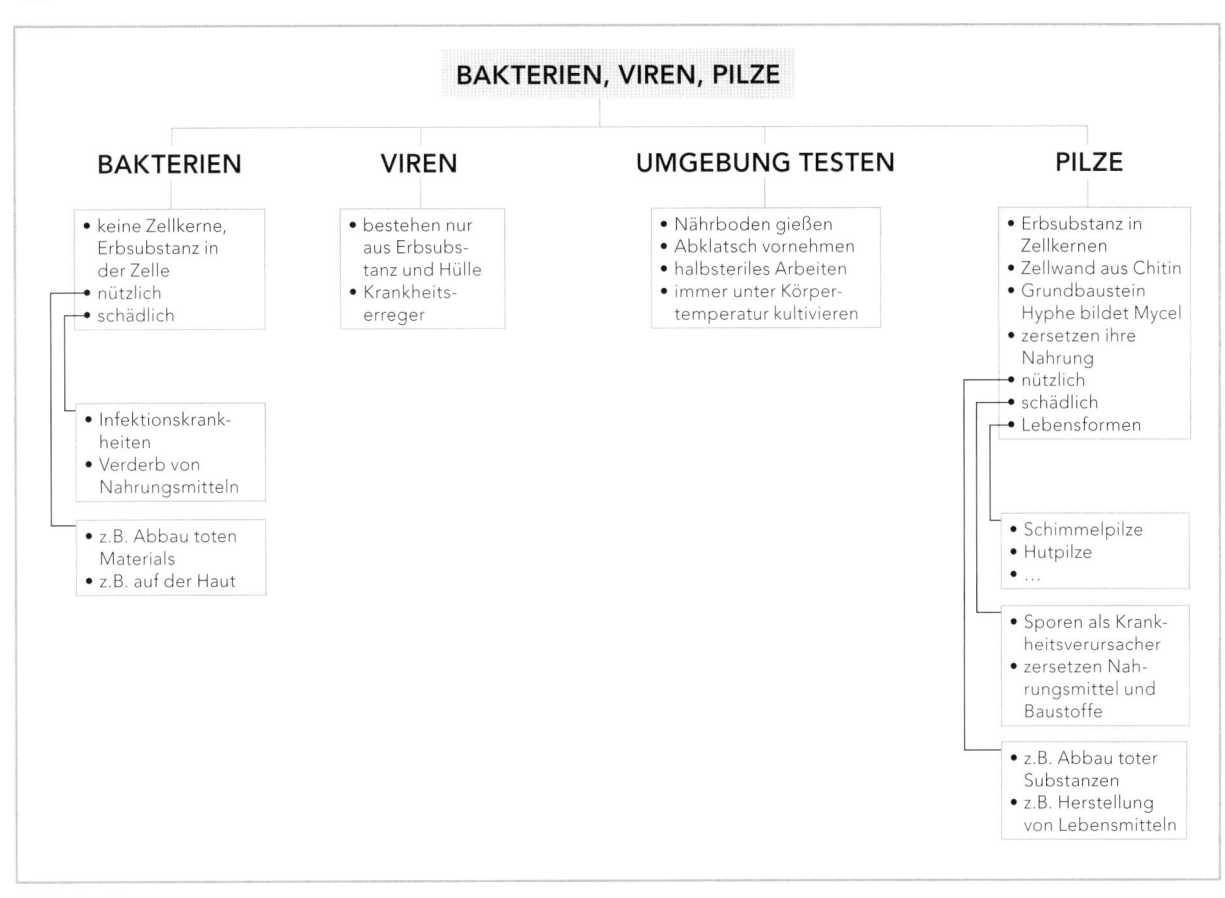

BAKTERIEN, VIREN, PILZE

BAKTERIEN
- keine Zellkerne, Erbsubstanz in der Zelle
- nützlich
- schädlich

- Infektionskrankheiten
- Verderb von Nahrungsmitteln

- z.B. Abbau toten Materials
- z.B. auf der Haut

VIREN
- bestehen nur aus Erbsubstanz und Hülle
- Krankheitserreger

UMGEBUNG TESTEN
- Nährboden gießen
- Abklatsch vornehmen
- halbsteriles Arbeiten
- immer unter Körpertemperatur kultivieren

PILZE
- Erbsubstanz in Zellkernen
- Zellwand aus Chitin
- Grundbaustein Hyphe bildet Mycel
- zersetzen ihre Nahrung
- nützlich
- schädlich
- Lebensformen

- Schimmelpilze
- Hutpilze
- ...

- Sporen als Krankheitsverursacher
- zersetzen Nahrungsmittel und Baustoffe

- z.B. Abbau toter Substanzen
- z.B. Herstellung von Lebensmitteln

➡ Materiallisten

Für: „Pilze: Spannend oder gefährlich?",
„Pilze: Schädlich oder nützlich?"

- ✗ Laubstreu in Wannen (ältere Blätter aus tieferen Schichten der Laubstreu enthalten mehr Pilze)
- ✗ Binokulare
- ✗ Speisepilzkultur (Fertigkulturen oder Pilzbrut für Stroh oder Holz, z.B. in gut sortierten Gartenmärkten)
- ✗ Petrischalen mit Schimmelpilzkulturen: Apfelscheiben, Scheibe eines Weißmehlprodukts, Paprikastück mit Hausstaub impfen und in feuchte Petrischalen (kurz ausspülen) legen. Alternativ bereits verdorbene Lebensmittel (z.B. Orangen, Käse) in verschlossene Gefäße geben. Es sollte Köpfchenschimmel (z.B. auf Brot), Pinselschimmel (z.B. auf Obst) und Gießkannenschimmel (z.B. auf Brot) angeboten werden.

Für: „Bakterien, Pilze, Viren:
Alles in unserer Umgebung"

- ✗ Standard-I-Nähragar (Bakterien), malzhaltiger Agar (Pilze)
- ✗ destilliertes Wasser
- ✗ Kochplatte und Topf, um Pinzetten, Petrischalen, Lappen usw. auszukochen und Agar zu kochen (oder Becherglas und Bunsenbrenner)
- ✗ Petrischalen, Thermometer, Laborbesteck zum Beimpfen der Platten

Arbeitsbuch **Ökologie**

Humanökologie

Protokollblatt:
Pilze: spannend oder gefährlich?

Meine Beobachtung / Eine Behauptung:
Es gibt überall gefährliche Pilze. Überall liest man, dass sie schädlich sind und bekämpft werden müssen.

Meine Frage:
Gibt es überall Pilze? Müssen sie tatsächlich bekämpft werden?

Ich vermute: _____
_____

So will ich es herausfinden (Womit mache ich was warum):

a) Ich betrachte mindestens zwei der verdorbenen Nahrungsmittel mit dem Binokular und bestimme: Wer ist schuld am Verderben der Nahrungsmittel?
Dazu lege ich auf der Rückseite des Blattes eine Tabelle an:

untersuchtes Nahrungsmittel	verantwortlicher Pilz

b) Ich informiere mich auf dem Infoblatt darüber, warum Menschen Schimmelpilze bekämpfen, und notiere meine Antwort.

c) Ich informiere mich auf dem Infoblatt darüber, ob Schimmelpilze eine Gefahr für Menschen darstellen, und notiere meine Antwort.

d) Ständerpilze und Schimmelpilze ernähren sich alle, indem sie ihre Nahrung zersetzen. Dennoch sehen diese beiden Lebensformtypen sehr unterschiedlich aus. Hutpilze tragen ihre Sporen in den Lamellen oder Poren. Schimmelpilze bringen ihre Sporen auf eine andere Weise mit der Luft oder dem Wasser in Kontakt. Ich fertige mit Hilfe des Binokulars eine Zeichnung meiner Schimmelpilze an.
Ich beschrifte sie und verwende dabei folgende Begriffe: Traghyphe für einen Sporenbehälter, gießkannenkopfförmige Anordnung der Sporenträger, pinselförmige Anordnung der Sporenträger, Hyphe, Mycel. Die Aufgaben kann ich zusammen mit einem Partner bearbeiten.

Ergebnis: _____
_____

Info:
Pilze: spannend oder gefährlich?

Die Bürger in Deutschland unternehmen beträchtliche Anstrengungen, um Pilze, insbesondere **Schimmelpilze, abzutöten**, die mit dem Menschen um Nahrung konkurrieren, die Bauten schädigen oder gesundheitsschädlich sind.

So werden Pilze bekämpft

Jedes Jahr werden in Deutschland über 35 000 Tonnen Fungizide (Pilzbekämpfungsmittel) verkauft. **Holzwerkstoffe, Textilien, Teppiche und Farben** enthalten Fungizide, die allerdings selbst Schadstoffe ausdünsten können. Gemüse, Obst und Getreide werden häufig gegen Pilze gespritzt: Äpfel und Salate z.B. bringen so oft Fungizide auf den Tisch und in den Mund. Auch kräftiges Waschen hilft hier nichts, weil die Mittel von den Pflanzen aufgenommen werden.

Besonders aus dem Ausland importierte Früchte weisen hohe Fungizidbelastungen auf: Spanische Tomaten, sämtliche Bananen, türkische Trauben und viele andere Früchte fielen schon 2004 in einer Untersuchung von Greenpeace als besonders belastet auf.

Das Problem der **Fungizidbelastung** ist bis heute nicht gelöst. Wer Spritzmittel auf Gemüse und Obst sicher vermeiden will, muss Bio-Produkte kaufen.

Gefahr für die Menschen

Die Haut der Menschen schützt vor den meisten Schimmelpilzen, die sich über die Luft verbreiten und fast überall sind. **Von Schimmel befallene Nahrungsmittel** sind dagegen eine Gefahrenquelle für Menschen. Die von den Pilzen erzeugten Stoffe dringen tief in die Lebensmittel ein. Es reicht nicht, einen Schimmel nur abzukratzen, das befallene Nahrungsmittel muss weggeschmissen werden. Beim **Einatmen** lösen nur größere Mengen Schimmelpilzsporen Beschwerden aus. Menschen, die dauerhaft einer Pilzbelastung ausgesetzt sind (z.B. bei der Arbeit mit verschimmeltem Heu), können Pilzasthma bekommen. Die meisten Menschen werden allerdings vermeiden, Schimmelpilzsporen einzuatmen, schon weil verschimmelte Stoffe unangenehm riechen. Während Schimmelpilze bei richtigem Umgang damit keine all zu große Gefahr darstellen, sind Pilzbekämpfungsmittel nicht ganz ungefährlich. Die Chemiekonzerne betonen, dass die meisten **Pilzbekämpfungsmittel** für Menschen nur in geringem Maße giftig sind. Umweltschutzorganisationen und Verbraucherschützer weisen allerdings auf **Gefahren** hin: Angefangen von Kopfschmerzen über Übelkeit, Schwindel, Sehstörungen, Unfruchtbarkeit bis zu einer Erhöhung des Krebsrisikos können viele Beschwerden auftreten.

Was sind eigentlich Pilze?

Das Reich der Pilze ist unglaublich vielfältig und umfasst **tausende Arten** mit verschiedensten Ernährungsmöglichkeiten und Fortpflanzungsmechanismen. Pilze sind **weder Pflanzen noch Tiere**, sondern bilden eine eigene Einheit. Ähnlich wie die Tiere nutzen Pilze Enzyme, um Nährstoffe aufzuspalten, und sie verwenden Glycogen als Speicher für Kohlenhydrate. Allerdings haben Pilze im Gegensatz zu Tieren Zellwände, und ihre Zellen besitzen Vakuolen, also kleine Räume, die z.B.

4 Humanökologie

Stoffe speichern können. Auch Pflanzen haben Vakuolen und Zellwände. Dennoch sind Pilze keine Pflanzen: Die Zellwände der Pilze sind aus Chitin, die der Pflanzen aus Zellulose. Zudem haben Pilze kein Chlorophyll, das die Pflanzen nutzen, um aus CO_2 und Wasser mit Hilfe von Sonne Zucker zu gewinnen.

Ständerpilze und speziell die Hutpilze verdanken ihren Namen der Form ihres Fruchtkörpers (das, was man im Laden als Pilz kauft, ist nur der Fruchtkörper): ein Hut auf einem Stiel.

Das Mycel der Pilze lebt unterirdisch oder verborgen in toten Bäumen und anderen toten Substanzen und nimmt dort Nährstoffe auf. Es kann in Einzelfällen sehr groß werden: Wissenschaftler haben von einem 6,5 Quadratkilometer großen und hunderte Tonnen schweren Mycel berichtet. Pilze sind die größten Lebewesen der Welt.

➔ Schimmelpilze und Hefen:

✘ **Hefen** nutzen die Menschen seit Tausenden von Jahren zum Brotbacken und zur Herstellung alkoholischer Getränke: Wenn sich Hefen im Teig von Zucker ernähren, setzen sie Kohlendioxid frei, dadurch geht der Teig auf. Bei der Bier-, Wein- und Mostherstellung wandeln Hefen Zucker in Alkohol um. Die Wahl der Heferasse hat einen gewissen Einfluss auf den Geschmack der Getränke.

✘ Bei der Bierherstellung stellen **Gießkannenschimmel** Stoffe zur Verfügung, die die Stärke im Getreide in Zucker zerlegen. Diese Zucker werden dann von Hefen in Alkohol und Kohlendioxid umgewandelt. Gießkannenschimmel zersetzen aber auch stärkehaltige Nahrungsmittel, wie etwa Brot und Kartoffeln. Auf Brot handelt es sich häufig um Aspergillus glaucus, einen hellgrünen, eng anliegenden Pilzrasen.

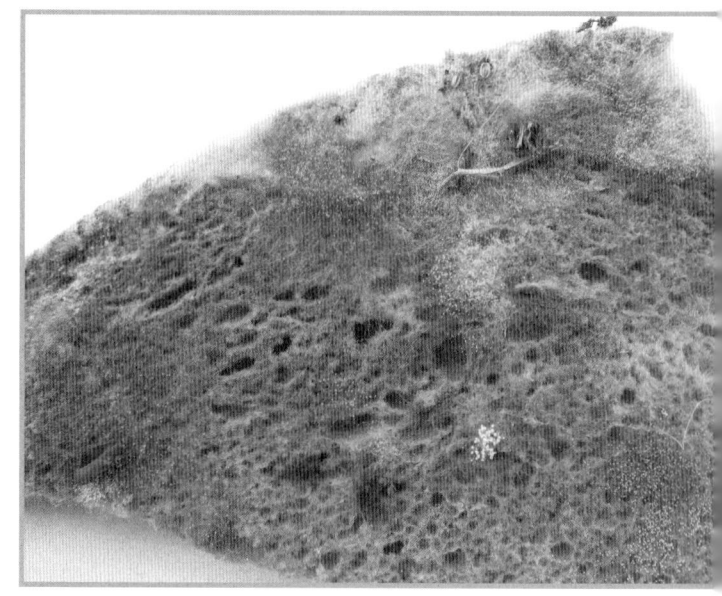

✘ Der **Pinselschimmel** Penicillium liefert den Wirkstoff Penicillin, der von Ärzten bei Bakterieninfektionen verordnet wird. Penicillin wurde erst in den 1940er-Jahren entdeckt. Seither können viele sonst tödliche Infektionen bekämpft werden. Es gibt eine Vielzahl an Penicilliumschimmeln, etwa auf Obst und Käse. Ältere Kulturen zeigen auf der Oberfläche kleine Tröpfchen mit Penizillin.

✘ Köpfchenschimmel wachsen z.B. auf hellem Brot oder Pferdeäpfeln in feuchten Kammern.

© Brandtmarke/PIXELIO

Wissen teilen:
Sind Pilze schädlich?

Versuche, von den Schülern aus der anderen Gruppe so viele wichtige Ergebnisse wie möglich zu erfragen.

➔ Pilze: Schädlich oder nützlich?

Kreuze die richtigen Aussagen an:

- ❍ Pilze zersetzen tote Lebewesen und Abfälle in kleinste Teile. Danach stehen Elemente, wie Kohlenstoff und Stickstoff, wieder als Nährstoffe für das Wachstum der Pflanzen zur Verfügung.
- ❍ Die Hyphen dringen in die Zellen von toten Lebewesen ein. Dort setzen sie Enzyme frei und lösen die Teile der Zelle und die Zellwände auf.
- ❍ Die Pilze im Wald sind bedeutungslos.
- ❍ Ohne die Tätigkeit der Pilze würden die Pflanzen verhungern.
- ❍ Pilze sind keine Schädlinge.
- ❍ Pilze zersetzen meist totes Material und machen auch vor Holz, Bauwerken, Obst und Gemüse nicht halt. Aus Sicht der Menschen können deshalb besonders die Schimmelpilze große Schäden anrichten.
- ❍ Es gibt auch Pilze, die Krankheiten verursachen oder giftig sind.
- ❍ Pilze verursachen keine ernsthaften Krankheiten.
- ❍ Pilze sind schädlich.
- ❍ Pilze sind nützlich.
- ❍ „Schädlich" und „nützlich" sind Kategorien der Menschen. In den Lebensgemeinschaften sind Pilze wichtig, auch wenn manche Pilze für Menschen schädlich sind.

Hier kannst du eintragen, was dir sonst noch wichtig erscheint:

Protokollblatt:
Pilze: schädlich oder nützlich?

Meine Beobachtung/Eine Behauptung:
Viele Menschen finden Pilze wertlos oder schädlich und treten sie im Wald absichtlich kaputt.

Meine Frage:
Sind Pilze schädlich oder nützlich? Sollte man sie zertreten?

Ich vermute: _____
_____

So will ich es herausfinden (Womit mache ich was warum):
a) Ich finde Pilze in der Laubstreu und betrachte sie mit dem Binokular.
   Ich informiere mich auf dem Infoblatt über Pilze als Zersetzer:
   Was leisten Pilze, und wie geschieht das?
b) Pilze treten auch als „Schädlinge" auf.
   Welche Gefahren gibt es?
c) Ich betrachte die Speisepilzkultur bzw. das Foto auf diesem Arbeitsblatt.
   Wovon ernähren sich diese Pilze?
d) Ich nehme einen Fruchtkörper und ein Stück Mycel mit an meinen Platz.
   Ich schneide den Fruchtkörper von oben nach unten durch und
   zeichne Mycel und Fruchtkörper.
   Ich beschrifte die Zeichnung mit den Begriffen:
   Hut, Stiel, Hyphe, Mycel, Lamellen oder Röhren, zur Nahrungsaufnahme,
   zur Fortpflanzung, ganzjährig, nur im Herbst, Sporen …
   Diese Aufgaben kann ich mit einem Partner zusammen bearbeiten.
   Die Antworten und die Zeichnung erstelle ich auf die Rückseite
   des Arbeitsblattes.

Ergebnis:

_____

_____

_____

_____

Arbeitsbuch **Ökologie**

Info:
Pilze: schädlich oder nützlich?

„Schädlich" und „nützlich" sind Kategorien, die Menschen aus ihrer Perspektive verwenden. Eigentlich hat die Beurteilung, ob Pilze „schädlich" oder „nützlich" sind, jedoch mit der Bedeutung der Pilze in den Lebensgemeinschaften (= Ökosystemen) zu tun.

➜ Pilze sind Zersetzer

Pilze und Bakterien sind die wichtigsten **Zersetzer** in den Lebensgemeinschaften. Sie zerlegen abgestorbene Teile, tote Lebewesen und Abfälle (Blätter, Äste, Kot …) in kleinste Teile. Erst danach stehen Elemente, wie Kohlenstoff und Stickstoff, wieder als **Nährstoffe** für das Wachstum der Pflanzen zur Verfügung. Ohne die Tätigkeit der Pilze und Bakterien würden die Pflanzen verhungern, sobald alle Nährstoffe aus dem Boden entnommen sind. Zudem wäre ein Wald ohne Pilze und Bakterien mit riesigen Blätterhaufen und Kadavern gefüllt, denn Blätter und tote Tiere würden nicht zersetzt werden.

➜ Wie zersetzen Pilze andere Lebewesen?

Um diese Frage zu beantworten, muss man zunächst wissen, dass der sichtbare Hut nur ein Teil des Pilzes ist, der auch nur im Herbst vorhanden ist. Das restliche Jahr über ist der Pilz nur im Boden oder in totem organischen Material aktiv. Pilze haben keine Wurzel, sondern **Hyphen**, diese dringen in die Zellen von toten Lebewesen ein. Dort setzen sie Enzyme frei und lösen die Teile der Zelle und die Zellwände auf. Dabei entstehen kleine Bestandteile, die vom Pilz und den Pflanzen als Nahrung aufgenommen werden können. Alle Hyphen zusammengenommen heißen **Mycel** (siehe Foto). Das Mycel der Pilze ist zwar unauffällig, aber dennoch sichtbar: In der Laubstreu sind die weißen „Fäden" einfach zu finden. Mit etwas Aufwand ist ein großes Mycel samt essbaren Fruchtständen zu züchten: Gartenmärkte und Internetversender verkaufen „Pilzbrut", mit der ein Strohballen oder Holzstämme geimpft werden können. Schneller wachsen die ebenfalls dort zu beziehenden Fertigkulturen. Champignon-Fertigkulturen sind beispielsweise innerhalb von drei Wochen erntereif.

4 Humanökologie

→ Pilze als Schädlinge

Die Fähigkeit der Pilze, abgestorbene Lebewesen zu zersetzen, macht natürlich nicht vor **Lebensmitteln und Häusern** halt. Pilze, die sich von Holz ernähren, unterscheiden nicht zwischen totem Holz im Wald und dem toten Holz, das die Menschen in Scheunen und Häusern verbaut haben. Deshalb sind in vielen Farben Pilzbekämpfungsmittel beigemischt. Früher war das nicht so. Heute ist eher der Pilzbefall von Früchten für die Menschen bedeutsam: Zwischen 10 und 50 % der Früchte, die man auf der Welt erntet, werden von Pilzen „gefressen". Hier konkurrieren Pilze und Menschen also um Nahrung.

Krankheitserregende Pilze

Einige Pilze nehmen mit ihren Hyphen Nahrung aus lebenden Zellen auf. Man spricht dann von **parasitischen Pilzen**, sie sind **pathogen** (krankheitserregend). Pathogene Pilze verursachen z.B. Fußpilz oder eine Art der Lungenentzündung. Pflanzen sind von solchen Pilzen in größerem Umfang betroffen als Menschen: Ein großer Teil der Ulmen in Europa beispielsweise wurde durch Pilze vernichtet, die vor ca. 100 Jahren aus Asien eingeschleppt wurden.

Andere Pilze produzieren bei ihrem Stoffwechsel (= Aufnahme von Nährstoffen und deren Umbau zu anderen Stoffen) **Gifte**. Diese können **im Hut** der Pilze vorliegen und versehentlich als Mahlzeit zubereitet werden. Oder sie sind **im Mycel** der Pilze enthalten und gelangen beispielsweise mit verschimmelten Lebensmitteln in den Körper der Menschen. Wer entsprechende Gifte isst, beginnt oft schon innerhalb von 30 Minuten zu erbrechen, bekommt Magenschmerzen, Atemnot und Kreislaufprobleme. Ein Schlauchpilz beispielsweise, der Roggen befällt und dort violette Flecken bildet (man spricht von Mutterkorn), löst Krämpfe und Halluzinationen aus. Todesfälle sind meist auf den grünen **Knollenblätterpilz** zurückzuführen. Sein Gift unterbricht die Arbeit der Zellen, insbesondere der Leberzellen, und führt nach 4–7 Tagen zum Leberversagen.

Essbare Pilze

Viele Pilze bilden bei ihrem Stoffwechsel keine Giftstoffe und dienen als **Nahrung** für Tiere, z.B. für Rehe und Wildschweine. Die meisten Menschen essen vorwiegend Champignons, die wie weitere Speisepilzsorten in Kulturen gezüchtet werden. Diese Pilze kann man bedenkenlos essen.

Dagegen kennen sich nur wenige Menschen mit den Pilzen im Wald so gut aus, dass sie sie selbst für den Verzehr sammeln könnten. Möchte man es dennoch tun, sollte man sich nicht auf Bestimmungsbücher verlassen, sondern die gesammelten Pilze auf jeden Fall einem Fachmann vorlegen.

Wissen teilen:
Sind Pilze gefährlich?

Versuche, von den Schülern aus der anderen Gruppe so viele wichtige Ergebnisse wie möglich zu erfragen.

→ Pilze: Spannend oder gefährlich?

Kreuze die richtigen Aussagen an:

- ○ Die Nahrungsmittel verderben nicht durch Pilze.
- ○ Schimmelpilze besiedeln häufig Nahrungsmittel.
- ○ Typische Schimmelpilze auf Nahrungsmitteln sind Ständerpilze.
- ○ Holzwerkstoffe, Textilien, Teppiche usw. können von Schimmel befallen werden.
- ○ Bei befallenen Lebensmitteln muss man den Schimmel nur abkratzen, dann kann man sie wieder essen.
- ○ Schimmelpilze sollten nicht in großen Mengen eingeatmet werden.
- ○ Pilzbekämpfungsmittel auf Lebensmitteln können Krankheiten auslösen.
- ○ Schimmelpilze sind nicht nützlich.
- ○ Viele Schimmelpilze sind nützlich, wie etwa Penicillium.
- ○ Hefen werden zur Brotherstellung und für die Produktion alkoholischer Getränke genutzt.
- ○ Hutpilze und Schimmelpilze haben ihre Sporen alle in Lamellen gespeichert.
- ○ Die Sporen der Schimmelpilze sind nicht in Lamellen.

Hier kannst du eintragen, was dir sonst noch wichtig erscheint:

Protokollblatt:
Bakterien, Pilze, Viren

Meine Beobachtung / Eine Behauptung:
**Menschen in meiner Umgebung sagen, wenn ich erkältet bin:
„Behalt deine Bazillen bei dir!"**

Meine Frage:
**Womit genau kommen wir in Kontakt, wenn von Keimen,
Bazillen usw. gesprochen wird?
Sind alle diese Lebewesen gefährlich?
Wo genau sind sie in meiner Umgebung zu finden?**

Ich vermute: _____
_____

So will ich es herausfinden
(Womit mache ich was warum):

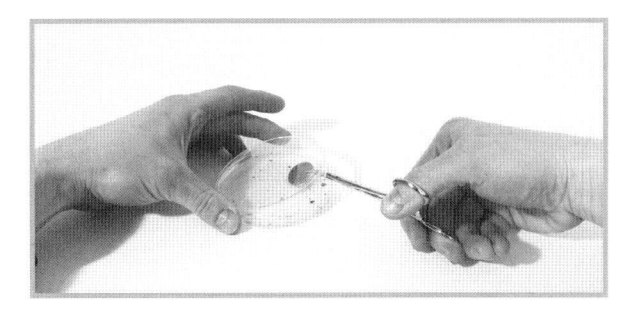

_____

_____

Erkenntnisse:
Nach der Arbeit mit dem Infoblatt kreuze ich die richtigen Aussagen an:
- ○ Viren sind wie Bakterien aufgebaut.
- ○ Viren sind im Gegensatz zu Bakterien nicht fähig, sich ohne einen Wirt zu vermehren. Zudem sind sie einfacher aufgebaut.
- ○ Bakterien vermehren sich durch Zellteilung.
- ○ Der Stoffwechsel der Bakterien ist schädlich für Menschen.
- ○ Der Stoffwechsel von Bakterien und Pilzen ist wichtig, um tote Materialien in kleinste Teile aufzuspalten, die von Pflanzen als Nährstoff aufgenommen werden können.
- ○ Die Hyphen der Pilze bewerkstelligen die Fortpflanzung der Pilze.

Ergebnis:
_____
_____
_____

Arbeitsbuch **Ökologie**

Humanökologie

Info:
Bakterien, Pilze, Viren:
alles in unserer Umgebung

„Bazillen" ist eigentlich nur ein anderer Begriff für Bakterien. Landläufig versteht man darunter aber alles, was klein ist und krank machen könnte: **Bakterien, Viren und Pilze.** Natürlich machen längst nicht alle Vertreter dieser Lebewesen krank. Das wäre auch beängstigend, denn sie sind überall in unserer Umgebung: auf Tischen, der Haut, Geld, Türklinken, in der Erde, auf Nahrungsmitteln, in unserem Mund …

● Bakterien und Pilze sichtbar machen

Einzelne Lebewesen sind im Falle von Bakterien mit bloßem Auge zwar nicht zu erkennen, Kolonien aber sehr wohl. Mit Hilfe von Nährböden können **Bakterien und Pilze kultiviert werden.** Dazu **beimpft man einen Nährboden** mit den gewünschten Keimen (Türklinke, Mensatresen, Tisch, Schulbuch, Geld, Finger …):
Die Petrischale dazu so kurz wie möglich öffnen, damit möglichst wenig Keime aus der Luft auf den Nährboden gelangen. Ausgesuchten Gegenstand mit einer sterilen Pinzette mehrfach über den Nährboden ziehen, Nährboden auf den Gegenstand pressen oder mit sterilem Tuch über den Gegenstand wischen und das Tuch auf den Nährboden drücken. Danach Petrischale mit Tesafilm® luftdicht verschließen und bei maximal 30 °C bebrüten, da krank machende (pathogene) Bakterien und Pilze wachsen, sobald Nährböden mit Körpertemperatur oder mehr bebrütet werden. Nicht züchten kann man Viren.

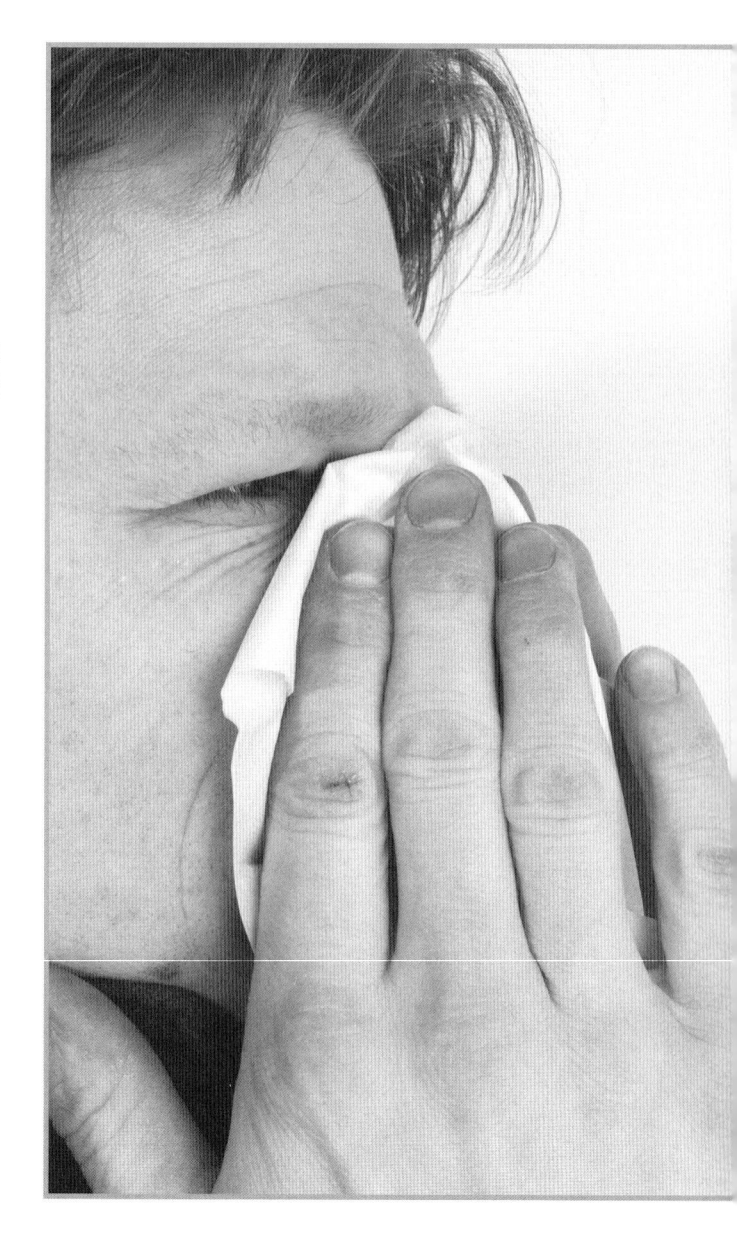

Einen Nährboden herstellen

Bakterien wie Pilze brauchen Nahrung. In Standard-Nährböden wird für beliebige Bakterien/Pilze ein breites Nahrungsspektrum zur Verfügung gestellt. Damit das Nährmedium fest wird, ist zudem Agar als Geliermittel enthalten. Agar wird aus Algen hergestellt und enthält hauptsächlich Zucker. Für die Kultivierung von Bakterien eignet sich Standard-I-Nähragar, für Pilze ein malzhaltiger Nährboden mit vielen Kohlenhydraten.

Vorgehensweise:
- ✘ Laborbesteck, Hände und Glaswaren sterilisieren
- ✘ Granulat nach Vorschrift in destilliertes Wasser einrühren (z.B. 40 g/l) und unter Rühren aufkochen (falls vorhanden mit dem Magnetrührer). Je nach Größe der Petrischalen ergibt 1 Liter Agar-Wasser-Gemisch bei 3 mm Schichtdicke etwa 40–50 Platten.
- ✘ 30 Minuten kochen. Um ein Überkochen zu vermeiden, sollte das Becherglas mit dem Agar-Wasser-Gemisch nur halb gefüllt sein. Wer mit Magnetrührer arbeitet, kann im Erlenmeyerkolben kochen und dessen Öffnung mit Watte verschließen.
- ✘ Gemisch abkühlen lassen, bis das Becherglas „gerade so" mit den Händen anzufassen ist (weniger als 60 °C). Ab 45 °C erstarrt der Agar. Gießt man über 60 °C, entsteht unerwünschtes Kondenswasser.
- ✘ Petrischalen so weit öffnen, dass der Agar eingefüllt werden kann und nach dem Befüllen sofort wieder verschließen.
- ✘ nach dem Erstarren Nährböden vor Keimen schützen, z.B. Tesafilm® rings um die Schale kleben oder in einer Tüte im Kühlschrank aufbewahren.

Viren – klein, aber tückisch

Es gibt eine Vielzahl Viren, die nur Pflanzen, nur Pilze und Algen, nur Bakterien oder nur Tiere befallen. **Schnupfenviren** sind also längst nicht die einzigen Viren in unserer Umgebung. Viren sind im Gegensatz zu Bakterien **keine vollständig eigenständigen Lebewesen**: sie sind zu ihrer Vermehrung auf andere Zellen angewiesen, sie sind aus weniger Bestandteilen als Bakterien aufgebaut und haben keine eigenen „chemischen Fabriken" (Ribosomen) oder Speicher. Viren sind infektiöse Partikel aus **Genen** und einer **Eiweißhülle** und müssen zu einem Wirt gelangen, um überleben zu können. Die Schnupfenviren etwa werden über **feinste Tröpfchen** oder durch **direkten Kontakt** (über Geschirr, Telefonhörer, Händeschütteln, Küsse) weitergegeben. Der Körper wehrt sich durch Schutzreflexe, wie Niesen oder Husten. Dennoch gelingt es den Viren häufig, in die Zellen der Schleimhäute der Atemwege einzudringen. Dort **„programmieren" sie die Zellen um**, indem sie Einfluss auf die „Befehlszentrale" der Zelle (die Erbsubstanz) nehmen. Ist dies gelungen, produzieren die befallenen Zellen massenhaft neue Viren.

Wenn das **Immunsystem** auf die Infektion aufmerksam wird, arbeitet es gegen die Viren: Die **Abwehrzellen** erkennen die infizierten Zellen als verändert. Um die Viren im Inneren der befallenen Zellen zu beseitigen, lösen **Fress- und Killerzellen** die gesamten befallenen Zellen auf. Lästige Begleiterscheinung dieses Prozesses sind Schmerzen, wie Halsweh, Juckreiz und Schwellungen der Schleimhäute: Damit die Bekämpfung der Viren erfolgreich verlaufen kann, sendet das Immunsystem **Botenstoffe** aus, um die Durchblutung der befallenen Gewebe zu steigern und möglichst viele Abwehrzellen mit dem Blutstrom dort hinzutransportieren. Dabei schwellen die Gewebe an, Schmerzen entstehen. In der Umgangssprache spricht man von einer „Erkältung". Das ist nicht immer richtig: Unterkühlung ist nur einer der Gründe, die das **Immunsystem schwächen** können, was dann dazu führt, dass die Viren nicht von körpereigenen Schutzmechanismen ferngehalten werden. Weitere Gründe für die Schwächung des Immunsystems sind zu wenig Bewegung, Rauchen, Stress und trockene Luft.

Bakterien – Details

Bakterien sind weit **komplexer aufgebaut** als Viren. Sie besitzen eigene Ribosomen und können Nährstoffe und Baustoffe speichern. Ihr **Stoffwechsel**, also das Aufnehmen und Umwandeln ihrer Nahrung, hat aus menschlicher Perspektive **positive und negative Auswirkungen**. Manche Bakterien ernähren sich von Körperflüssigkeiten. Ist das Immunsystem, z.B. durch eine Erkältung, von der Auseinandersetzung mit den Viren geschwächt, können Bakterien leichter in den Körper eindringen und eine zusätzliche Infektion verursachen. Ist dies der Fall, verschreibt der Arzt in der Regel ein **Antibiotikum**, das die Bakterien tötet. Krankheiten, wie Lungenentzündung, Tuberkulose, Hirnhautentzündung, Diphtherie und Salmonellenerkrankungen, werden von Bakterien hervorgerufen.

Bakterien sind aber keineswegs alle krankheitsverursachend (pathogen). Es gibt **unzählige verschiedene Bakterien**, die sich sehr unterschiedlich ernähren. Einige können sich wie Pflanzen nur mit Hilfe von Kohlendioxid und Licht mit Nährstoffen versorgen. Die meisten Bakterien sind aber darauf angewiesen, weitere Nährstoffe aufzunehmen. Einige davon sind sehr wichtig für den **Menschen**: Die Bakterien auf der Haut, im Mund, der Scheide und im Darm ernähren sich von **Zellresten**. Daraus produzieren sie einerseits wichtige Stoffe, die der Körper braucht. Beispielsweise wird die Darmschleimhaut von Bakterien mit Nährstoffen versorgt, einige Bakterienarten produzieren Vitamine. Andererseits schützen uns die auf dem Körper lebenden Bakterien davor, dass sich pathogene (krank machende) Bakterien ansiedeln können: Sie bilden Säure und versehen die Haut mit einem Säureschutzmantel.

Nützlich sind auch fast alle **Boden- und Gewässerbakterien**. Sie sind am Abbau der abgestorbenen tierischen und pflanzlichen Substanzen beteiligt. Auf dem Weg der Fäulnis und Gärung zerlegen sie organische Substanzen in kleinste anorganischen Substanzen: Kohlenstoff, Stickstoff, Schwefel und Phosphor stehen danach wieder als Nährstoff für das Pflanzenwachstum zur Verfügung.

Auch im Bereich der **Nahrungs- und Arzneimittel** gibt es aus menschlicher Perspektive nützliche und unerwünschte Bakterien: Der Stoffwechsel von Bakterien („Fressen und Stoffe abgeben") wird eingesetzt, um Arzneimittel, wie etwa Antibiotika, oder Hormone herzustellen. Nahrungsmittel, wie Sauerkraut, Sauerteig, Jogurt, Käse und Essig, können nur mit Hilfe von Bakterien hergestellt werden. Unerwünscht sind dagegen Bakterien, die sich von Nahrungsmitteln ernähren und sie dabei „verderben". Der Fäulnisprozess macht Fleisch, Fisch, Brot, Obst, Getränke usw. ungenießbar, weil die Bakterien nicht nur einen Teil der Nahrungsmittel fressen, sondern auch Giftstoffe bilden, die Vergiftungen hervorrufen können.

Bakterienkolonien

Bakterien werden entsprechend ihrer mikroskopischen Erscheinung eingeteilt in stäbchenförmige Bakterien, kugelförmige (Kokken), kommaförmige (Vibrionen), spiralförmige (Spirillen) und weitere spezielle Formen.

Mit bloßem Auge sichtbare Zellklumpen entstehen allerdings erst bei der Zusammenlagerung von Millionen Einzelzellen. Wir sprechen dann von Kolonien. Mit Hilfe der nachfolgend beschriebenen Merkmale kann man feststellen, wie viele verschiedene Bakterienarten auf einem Gegenstand leben.

- ✗ **Farbe:** Bakterien, die Pigmente produzieren, sind kräftig gefärbt (z.B. rot, gelb, violett). Kolonien nicht pigmentierter Bakterien sind grau, weißlich oder cremefarben
- ✗ **Konsistenz (Beschaffenheit):** Die Konsistenz einer Kolonie kann schleimig, butterartig, bröckelig sein.
- ✗ **Oberfläche:** Die Oberfläche kann glatt oder rau sein.
- ✗ **Form:** Die Form der Kolonien ist folgendermaßen zu beschreiben:

flach konkav konvex buckelig rund unregelmäßig gelappt gefranst

Humanökologie 4

→ Beschreibung einiger Bakterienarten

- **Agrobacterium tumefaciens:** Erzeugt Wucherungen an Pflanzen, Bodenbakterium: rund, konvex, farblos bis hellbeige, glatt
- **Cellulomonas uda:** baut Cellulose ab, Bodenbakterium: rund, sehr klein, flach, weißlich, glänzend
- **Essigsäurebakterium:** Bildet Essig: rund, konvex, blasse und glänzende Oberfläche
- **Gelber Luftkokkus:** in der Raumluft, auf der Haut: rund, konvex, gelb
- **Heubazillus:** baut Stärke aus Pflanzen ab, etwa im feuchten Heu: gelappt bis rund, wird im Laufe der Zeit buckelig, cremefarben
- **Milchsäurebakterium:** senkt in Darmflora und Scheiden pH-Wert, Herstellung von Jogurt …: rund, flach-konvex, farblos, glatt, glänzend
- **Riesenbakterium:** schädigt Insekten, im Boden und auf Pflanzen, wie etwa Karotten zu finden: rund, flach, evtl. mit Spitze in der Mitte, weißlich trüb, anfangs klar-glänzend
- **Sauerkrautbakterium:** vergärt Pflanzen, etwa Sauerkraut: rund, weißlich
- **Wurzelbakterium:** Bodenbakterium: ähnelt einem Wurzelgeflecht, weißlich trüb
- **Wurzelknöllchenbakterium:** auf Wurzeln, bindet Luftstickstoff, Symbiose mit der Pflanze (Nahrung für das Bakterium, Stickstoff für die Pflanze): rund, flach-konvex, gelblich-durchsichtig, schleimig

→ Pilze – Details

Pilze sind wie die Bakterien am **Abbau organischer Stoffe** beteiligt: Die Hyphen der Pilze dringen in die Zellen ein und lösen sie mit Hilfe von Enzymen auf. Sie helfen so dabei, tote Materialien so weit zu zerkleinern, dass Pflanzen diese als Nährstoffe aufnehmen können. Aus menschlicher Perspektive lästig ist dies jedoch bei Nahrungsmitteln und Baumaterialien (etwa Holz). Neben den Stoffwechselprodukten der Pilze kann auch deren Fortpflanzungsmechanismus gesundheitsgefährlich sein: Viele Pilze setzen **Sporen** in die Luft frei, ähnlich wie Pflanzen Samen in die Luft entlassen. Hohe Sporenkonzentrationen in der Luft können beispielsweise Allergien auslösen oder die Lunge schädigen. Sieht man von den einzelligen Hefen ab, sind die **Hyphen** der Grundbaustein aller Pilze. Hyphen sind aus Zellen aufgebaut und bilden ein verwobenes Netz. Dieses **Mycel** nimmt Nährstoffe auf, es wächst schnell und kann unterirdisch riesige Ausmaße annehmen. Das, was wir Menschen als Pilz bezeichnen und essen, ist lediglich der über der Erde sichtbare **Fruchtkörper**, der Sporen in die Luft entlässt, und so verbreitet.

Nektarinen
© wikipedia.de

Pilzgruppen

Im Hinblick auf ihren Aufbau kann man Pilze in zwei Gruppen einteilen: Die einzelligen, rundlichen **Hefen** und die **Fadenpilze** mit schlauchartigen Hyphen. Hefen bilden Kolonien aus vielen Einzellebewesen. Bei Fadenpilzen bilden die Hyphen ein weit verzweigtes Mycel, das die jeweilige Nahrung durchsetzt. Die meisten Pilze auf Nährböden kann man makroskopisch (mit dem bloßen Auge) grob bestimmen:

- ✘ **Köpfchenschimmel:** watteartige Kolonien mit langem, gewebeartigem Flaum, am Ende von vielen Pilzfäden entstehen im Laufe der Zeit kugelförmige „Köpfchen" (eigentlich Sporenträger auf Traghyphen). Füllt nach einiger Zeit die Petrischale völlig aus.
- ✘ **Pinselschimmel:** kurzflaumige, unregelmäßige Kolonien, junge Kolonien mit weißer Außenzone. Die „Pinsel" sind nur mikroskopisch zu erkennen, es handelt sich um perlschnurartige, nebeneinander sitzende Sporen. Viele Pinselschimmel sind Penicilliumarten.
- ✘ **Gießkannenschimmel:** eng am Untergrund anliegende Kolonien, grün-blau-weiß. Die „Gießkannen" sind nur mikroskopisch zu erkennen, es handelt sich um Fortpflanzungsorgane, die der Tülle einer Gießkanne ähneln.
- ✘ **Hefen:** ähneln auf Grund ihrer rundlichen Form und fehlenden Fäden den Bakterien, wachsen aber auf Pilznährböden.

Beschreibung einiger Pilzarten

- ✘ **Rhizopus nigricans:** häufiger Köpfchenschimmel auf Nahrungsmitteln, typischer langer Flaum und „Köpfchen" sichtbar, zu züchten, indem man Schwarzbrot im Staub reibt und in eine feuchte Petrischale legt
- ✘ **Aspergillus glaucus:** typischer Gießkannenschimmel auf Brot, hellgrüner, flacher Rasen, erscheint meist auch, wenn Brot aus Weißmehl mit Staub eingerieben wird und ausreichend Feuchtigkeit vorhanden ist (Vorsicht: Sporen der Aspergillus-Arten sollten nicht eingeatmet werden.)
- ✘ **Weißschimmel (Penicillium camemberti):** Pinselschimmel, überall in der Luft, verdirbt Nahrungsmittel, zur Weichkäseherstellung genutzt, verhindert Bakterienwachstum rings um den Pilz mit Hilfe von Penicillin-Tröpfchen (bei älteren Kulturen sichtbar), rund-gelappt, flach-konvex, ist als Reinkultur zur Impfung von Nährböden einem Camembert zu entnehmen
- ✘ **Blauschimmel (Penicillium roqueforti):** überall in der Luft, verdirbt Nahrungsmittel, zur Herstellung von Blauschimmelkäse genutzt, unregelmäßig, flach, blaugrün und weiß, als Reinkultur zur Impfung von Nährböden aus Roquefort-Käse zu entnehmen
- ✘ **Weitere Penicillium Arten:** häufig auf Obst, Früchten, Gemüse, Aussehen etwa wie die oben beschriebenen Penicillium-Arten, ältere Pilze stets mit Penicillium-Tröpfchen, zu züchten auf angeschnittenen Äpfeln, die in einer feuchten Kammer gehalten werden
- ✘ **Rote Hefe:** überall in der Luft: rund, flach, rötlich
- ✘ **Backhefe/Bierhefe:** zum Backen und Bierbrauen, vergärt Zucker zu Alkohol und setzt dabei Kohlendioxid frei: rund, flach, weißlich
- ✘ **Futterhefepilz:** zur Herstellung von Tierfutter verwendet: kreisrund, konvex, weiß bis cremefarben, halbmatt bis glänzend

Didaktische Materialien: Auge, Ohr und Gehirn

Einsatzmöglichkeiten

Projektartiges Vorgehen

Der Inhalt projektartigen Vorgehens kann sich auf einen Bereich wie „Auge und Sehen" beschränken oder mehrere Sinnesorgane und die Weiterleitung und Verarbeitung der Informationen umfassen.
Für die **Projektinitiative** bietet sich ein Arbeitsblatt mit hohen praktischen Anteilen, wie etwa „Auge: Farbensehen", an. Danach beginnt der Lehrer, den Ast „Sehen/Auge" eines Advance Organizers als stummen Impuls an die Tafel zu zeichnen. Die Schüler ergänzen weitere Äste. Dabei kann der Lehrer die Aspekte der anderen Arbeitsblätter (weitsichtig-kurzsichtig/Sehschärfe und Sehstörungen/wie wir sehen) ergänzen, wenn diese nicht genannt werden. Auch die Frage, wie ein Auge aufgebaut ist, sollte in den Advance Organizer Eingang finden (Forschungen mit Rinder- oder Schweineaugen).
Die Aspekte „Ohr und Hören" sowie „Vom Sinnesorgan zum Gehirn" sind auf dieselbe Weise vor der tatsächlichen Bearbeitung in dem Advance Organizer zu strukturieren.
Ist dies geschehen, können die Schüler die **Unterthemen verteilen**. Sie tragen ihre Fragestellung auf Forschungsanträgen ein und beginnen, eine **Planung** aufzustellen. Darin sollen die Vorgehensweise und das Endprodukt beschrieben sein (Wer? Was? Wann? Materialien?). Unvollständige Planungen gibt der Lehrer mit Ratschlägen und der Bitte um Ergänzung zurück. Alternativ zur Erarbeitung eigener Forschungsanträge ist es möglich, ausschließlich mit den hier abgedruckten Arbeitsblättern zu arbeiten. In diesem Fall markiert der Lehrer die Aspekte des Advance Organizers, die tatsächlich bearbeitet werden sollen, und teilt die Arbeitsblätter aus. Im Fall der offeneren Vorgehensweise mit selbstformulierten Forschungsanträgen sollten in den Folgestunden mehrere Fixpunkte den **Stand der Arbeiten** und den Arbeitsprozess in die Klasse zurückspiegeln und Beratungen über Schwierigkeiten einzelner Gruppen ermöglichen.
Den **Abschluss** des Projekts kann beispielsweise eine Präsentation mit Informationsständen und Tischen bilden, bei der die Besucher Versuche zu den Arbeitsgebieten der Projektgruppen oder -tandems durchführen dürfen.

Forschungskiste

Die Schüler **ergänzen** zunächst in Gruppen **ihr Vorwissen** auf einer Kopie des Advance Organizers mit Bleistift. Der Lehrer stellt danach die verfügbaren **Forschungskisten** vor, die die Schüler in den nächsten Stunden mit einem Partner bearbeiten sollen. Schüler, die alle Forschungskisten bearbeitet haben, überarbeiten ihren Advance Organizer weiter zur Lern-Mindmap. Langsamere Schüler erledigen dies als Hausaufgabe. Zu Beginn der Folgestunde bekommen die Tandempartner zehn Minuten Zeit, die Präsentation ihrer Mindmap vorzubereiten. Danach lost der Lehrer einzelne Tandems für Vorträge aus. Deren Mindmap wird auf Folie kopiert, die Klasse berät und beurteilt die folgende Präsentation anhand von vorab festgelegten Kriterien zu Vortrag und Inhalt.

Klassenverband

Im Klassenverband werden die **Materialien einzeln nacheinander** bearbeitet: Vorwissen wird jeweils zu einem Thema gesammelt. Bei der Bearbeitung in lehrerzentrierter Form steht die **schnelle Kompetenzvermittlung** vom Lehrer zum Schüler im Mittelpunkt: Zwischenschritte, wie Frage, Vermutung und Planung, werden reflektiert und vom Lehrer ergänzt. Nach Bearbeitung der Materialien sorgen **Reflexionen** für die Sicherung der Ergebnisse und die Bewertung der Arbeit der Schüler beim Durchführen der Aufgaben.

4 Humanökologie

→ Hilfe

Schüler, die nur wenig Erfahrung im Mindmapping haben, können folgende Hinweise vorgestellt werden.

Mindmapping

- ✗ Mindmaps und die darin enthaltenen Ideen brauchen Platz: Nimm ein DIN-A3-Blatt, und lege es quer.
- ✗ Schreibe dein Thema in die Mitte, oder zeichne eine passende Skizze.
- ✗ Zeichne von dort aus deine Gedankengänge auf: Ein dickerer Hauptast ist ein Gedanke/Inhalt, zu dem noch weitere Ideen/Inhalte auf dünneren Nebenästen hinzukommen
- ✗ Zwischen Ästen können Pfeile auf Zusammenhänge hindeuten, und du kannst dir erklärende Zeichnungen, Farben und Symbole ausdenken. Das hilft dir beim Merken der Inhalte und dabei, die Mindmap zu erklären:

Mit einer Mindmap kannst du ein Thema präsentieren: Du kannst die Äste „entlang erklären". Sie müssen so viele Details enthalten, dass du das Thema detailliert darstellen kannst. Wenn du zu wenige Äste zeichnest, musst du zu viel auswendig lernen.

- ✗ Halte dich nicht damit auf, jedes Mal neu anzufangen, wenn du eine Idee doch lieber anderswo platzieren möchtest. Passt ein Gedanke besser woandershin, wird er dort nochmals notiert. Wenn dir die fertige Mindmap zu unübersichtlich ist, kannst du ganz am Ende eine „Reinzeichnung" anfertigen.

→ Advance Organizer

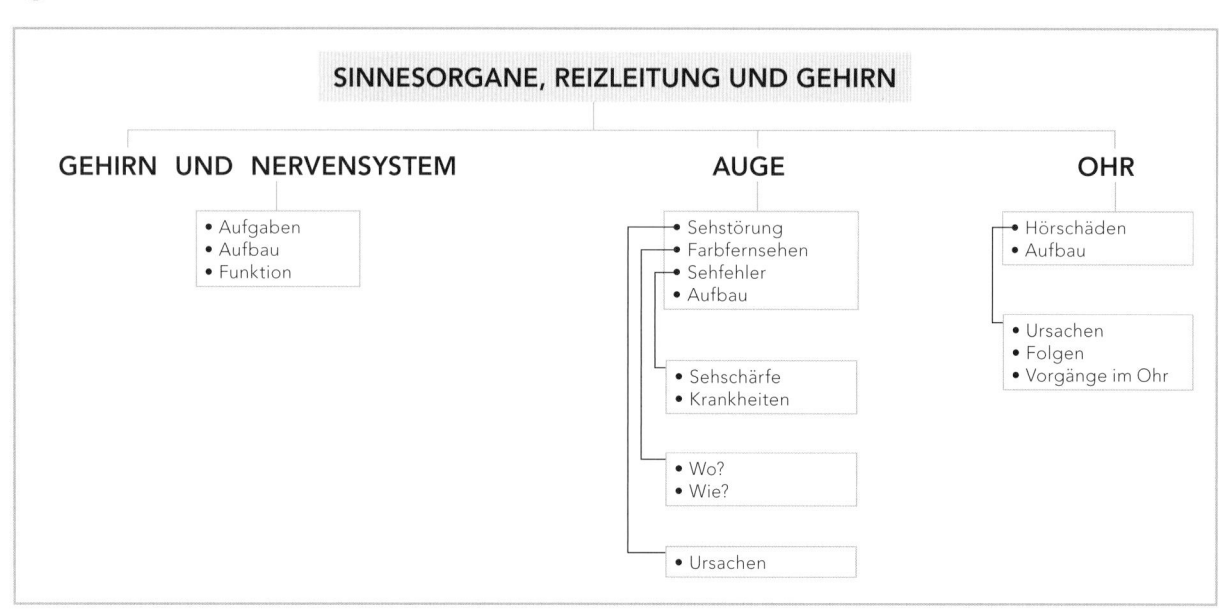

SINNESORGANE, REIZLEITUNG UND GEHIRN

GEHIRN UND NERVENSYSTEM	AUGE	OHR
• Aufgaben • Aufbau • Funktion	• Sehstörung • Farbfernsehen • Sehfehler • Aufbau • Sehschärfe • Krankheiten • Wo? • Wie? • Ursachen	• Hörschäden • Aufbau • Ursachen • Folgen • Vorgänge im Ohr

Humanökologie 4

→ Materiallisten

Ohr und Hören:
- Infoblatt
- eventuell Modell Ohr
- eventuell Schallmessgerät
- falls die Versuche durchgeführt werden: Gasschläuche 1–1,5 m lang, Schallmessgerät

Auge:
Sehstörungen:
- Infoblatt
- eventuell Modell Auge

Farbensehen:
- Infoblatt
- weiße DIN-A4-Blätter
- rote, blaue, grüne Stifte

Sehfehler:
- Infoblatt
- Lupen, Kerzen, Blockschalen
- falls Forschungen mit Rinder- oder Schweineaugen durchgeführt werden: Augen (beim Metzger bestellen), Skalpelle, Rasierklingen, Kerzen, Bechergläser, Objektträger, Mikroskope

Gehirn und Nervensystem:
- Kopie mit Texten für die Mindmap
- DIN-A3-Blätter

Protokollblatt:
Auge: Farbensehen

Meine Beobachtung/Eine Behauptung:
Es gibt auf der Netzhaut an unterschiedlichen Stellen Rezeptoren, die Informationen über Farbsehen an das Gehirn weiterleiten.

Meine Frage: _____

Ich vermute: _____

So will ich es herausfinden (Womit mache ich was warum?):
Ich führe folgenden Versuch mit einem Partner durch: Die Versuchsperson legt ihr Kinn rechts unten auf das DIN-A4-Blatt und sieht gerade aus. Der Versuchsleiter führt in zufälliger Reihenfolge ganz langsam 7-mal einen roten, 7-mal einen blauen, 7-mal einen grünen Stift auf dem Bogen von links unten nach rechts oben am Gesicht der Versuchsperson vorbei. Die Versuchsperson sagt „Jetzt!", wenn sie einen Gegenstand (noch nicht die Farbe) wahrnimmt – der Versuchsleiter macht an dieser Stelle einen Punkt auf dem Papier. Dann wandert der Stift weiter. Die Versuchsperson nennt die Farbe, sobald sie diese sieht. Der Versuchsleiter macht dann an dieser Stelle ein Kreuz auf dem Papier.

Eigene Beobachtung beim Experiment:
Sammlung der Ergebnisse der Klasse:

	rot	blau	grün
zuerst gesehen			
als Zweites gesehen			
als Drittes gesehen			

Ergebnis: **Markiere farbig in der Skizze:
Wo liegen welche Sinneszellen?**

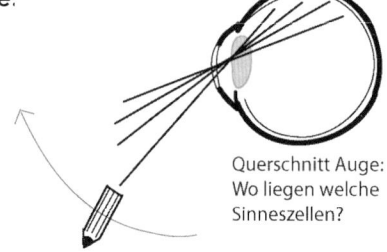

Querschnitt Auge:
Wo liegen welche
Sinneszellen?

Protokollblatt:
Auge: Sehstörungen

Humanökologie 4

Meine Beobachtung/ Eine Behauptung:
„Ich glaub', ich seh' nicht recht!" und „Was sehen meine Augen …" sind häufig zu hörende Aussprüche.

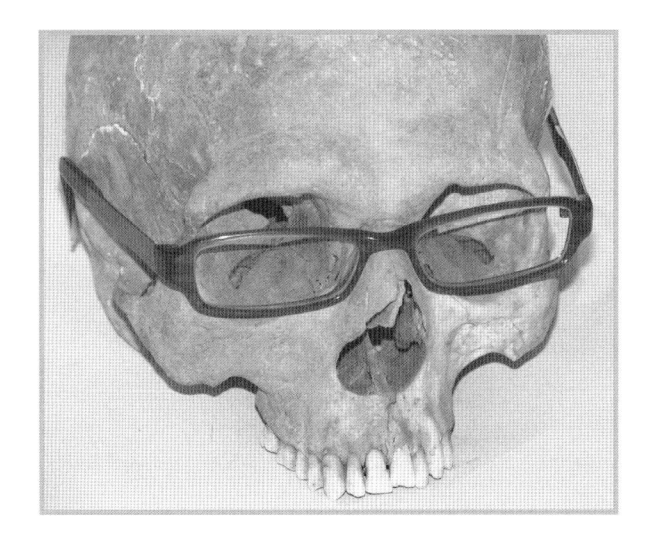

Meine Frage:
Wie kann es sein, dass Menschen wirklich nicht „recht sehen"?

Ich vermute: _____
_____

So will ich es herausfinden (Womit mache ich was warum?):
_____
_____
_____

Beobachtungen/Notizen:
_____
_____
_____

Ergebnis:
_____
_____

Arbeitsbuch **Ökologie**

Protokollblatt:
Auge: Sehfehler

Meine Beobachtung / Eine Behauptung:
Bei Weitsichtigen und Kurzsichtigen kommen die Lichtstrahlen nicht richtig auf der Netzhaut an.

Meine Frage:
Wie funktioniert das Sehen bei Weitsichtigen und Kurzsichtigen?

Ich vermute: _____
_____

So will ich es herausfinden (Womit mache ich was warum?):
**Ich baue ein Modell, mit dem ich zeige, wie die Lichtstrahlen der Kerze bei Normalsichtigen, Kurzsichtigen und Weitsichtigen auf der Netzhaut ankommen (Materialien z.B. Lupe, Kerze, Blockschale).
Zeichnung meiner Versuchsanordnung:**

Beobachtungen/Notizen:
_____
_____

Ergebnis:
_____
_____
_____

Info:
Das Auge

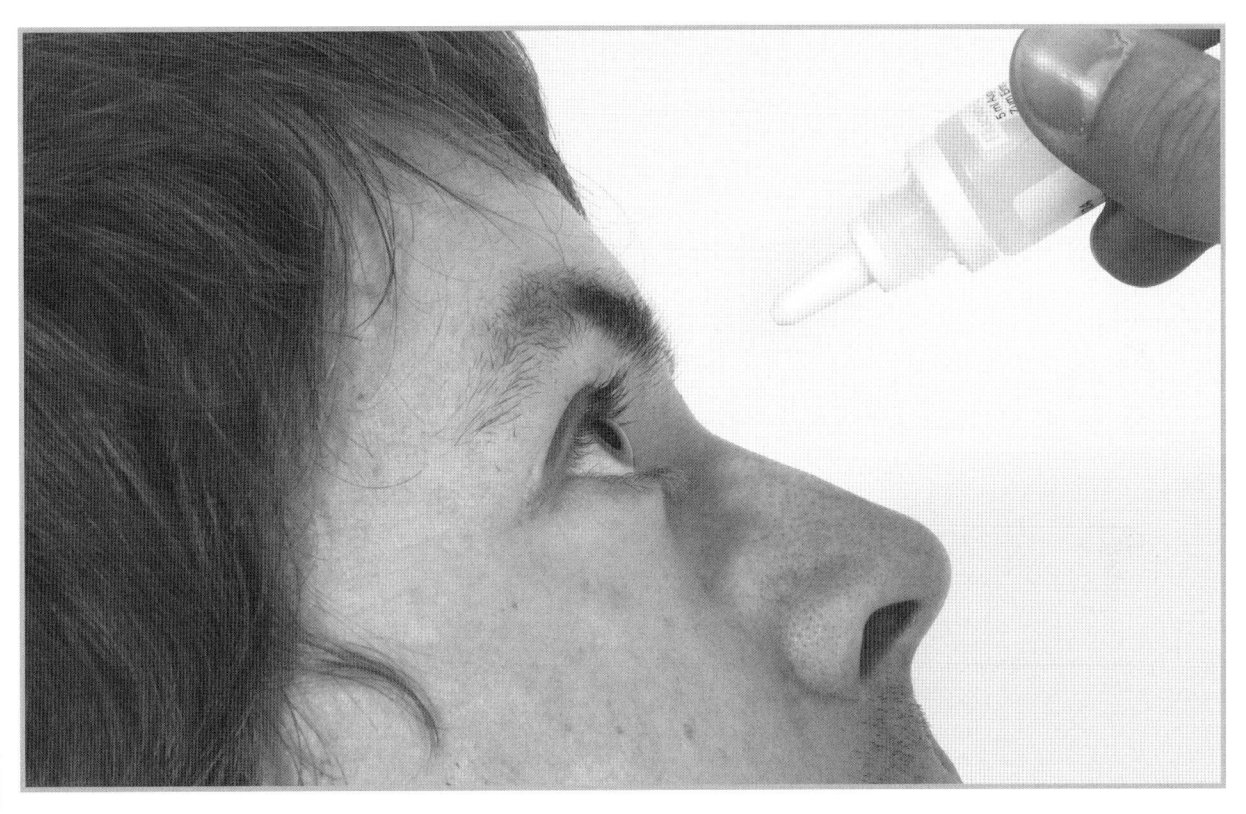

Sehen ist ein komplexer Vorgang: Die Lichtstrahlen treffen auf die **Hornhaut** und werden dort „gebrochen": Sie verändern ihre Richtung. Danach treten sie durch die **Pupille** (die kreisförmige, schwarze Öffnung der **Iris**) und treffen auf die **Linse**. Die Form der Linse ist variabel: Zieht sich der **Ziliarmuskel** zusammen, erschlaffen die **Zonulafasern**, an denen die Linse aufgehängt ist, und die Linse wird dicker. Dann bricht sie das Licht stark.
Entspannt sich der Ziliarmuskel, dann ziehen die Zonulafasern an der Linse, sie ist flacher und bricht das Licht schwächer. Dieser Mechanismus sorgt dafür, dass die Lichtstrahlen immer genau auf der **Netzhaut** ankommen. In der Netzhaut liegen lichtempfindliche Zellen, die **Stäbchen** und **Zapfen**. Stäbchen reagieren selbst auf kleinste Lichtmengen, auch in der Dämmerung, allerdings nur in schwarz-weiß. Die Zapfen ermöglichen Farbensehen, aber nur bei Tageslicht. Ein Zapfen reagiert auf rotes, blaues oder grünes Licht. In der von Nerven durchzogenen Schicht der Zellen werden elektrische Impulse freigesetzt. Sie werden über die **Sehnerven** weitergeleitet. An der Sehnervenkreuzung werden die jeweils linken und rechten Impulse aus beiden Augen vereinigt. Danach gelangen die Informationen in den hinteren und seitlichen Bereich des **Großhirns**, grob gesagt im Bereich des Hinterkopfes. Dort werden die **Signale analysiert und interpretiert**. Im Gehirn werden die Sinneseindrücke auch mit Erfahrungen verglichen. Was man wahrnimmt, hängt deshalb auch davon ab, welche Erfahrungen man schon hat.

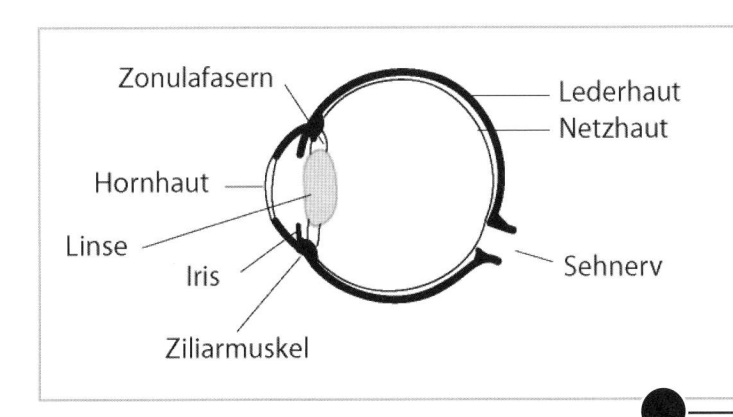

4 Humanökologie

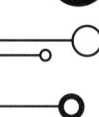

Nicht immer funktioniert das Sehen jedoch so perfekt. Es gibt viele Ursachen dafür, dass Menschen nicht richtig sehen können.

Alkohol und andere Drogen

Wenn Alkohol und andere Drogen über die Blutbahn ins Gehirn gelangen, treten dort Leistungsstörungen auf. Alkohol **lähmt die Nervenzellen** und behindert so die Übermittlung von Informationen. So kommt es, dass schon ein Bier (etwa 0,3 Promille) dazu führt, dass man Entfernungen nicht mehr richtig einschätzen kann und das Sehfeld eingeschränkt ist. Ab 0,8 Promille (etwa zwei Biere) bekommen viele Menschen eine Art Tunnelblick. Wenn die Augenmuskeln eines Auges durch noch höheren Alkoholkonsum erschlaffen, kommt es zum Doppelsehen.

Bindehautentzündung

Bei dieser häufig auftretenden Augenkrankheit reagiert die **Bindehaut** auf einen Entzündungsreiz (Fremdkörper, Rauch, Zugluft, Allergien, Viren …) mit vermehrter Blutfülle, der Patient hat rote Augen und leidet unter Augenbrennen, Jucken und dem Gefühl, ein „Sandkorn" im Auge zu haben. Hin und wieder können auch Sehstörungen auftreten, die durch Schleimfäden verursacht werden. Die Bindehaut liegt zwischen Lidrand und Hornhaut.
Trockene Augen: Alle 5–10 Sekunden sorgt ein Lidschlag dafür, dass die Augen mit Flüssigkeit aus der Tränendrüse überzogen werden. Dies ist ein Schutzmechanismus für das Auge: Verunreinigungen werden weggespült, und Keime werden getötet, zudem wird das Auge mit Vitamin A versorgt. Produziert ein Mensch zu wenig Tränenflüssigkeit, führt das zu geröteten Augen, zu einem Trockenheitsgefühl, Juckreiz oder starkem Tränenfluss. Die Ursachen für trockene Augen sind vielfältig, z.B. kann Rauch, Luftverschmutzung, Luftzug oder Computerarbeit zu trockenen Augen führen.

Makuladegeneration

Die Makula, auch **gelber Fleck** genannt, liegt etwa in der Mitte der Netzhaut. Sie ist für das Erkennen von Einzelheiten und für das Lesen besonders wichtig, denn dort ist der Ort des „schärfsten Sehens": in der Makula gibt es keine Blutgefäße, die das Sehen beeinträchtigen könnten. Hin und wieder wachsen im Alter Blutgefäße in die Makula, oder es kommt zu Stoffablagerungen. Die Folge ist, dass man in der Mitte des Sehfeldes nur verzerrt oder gar nicht sieht.

Grüner Star

Die kugelige Form des **Augapfels** wird durch einen Überdruck im **Augeninneren** aufrechterhalten. Ist dieser Augeninnendruck zu groß, werden die Sinneszellen zusammengedrückt. Außerdem wird die Blutzufuhr behindert und damit die Zufuhr von Nährstoffen eingeschränkt. Beide Mechanismen können zum Tod der Zellen führen. Schlimmstenfalls erblindet der Patient.

Sehfehler

Brillenträger gleichen mit ihrer Sehhilfe Sehfehler aus: Augapfel und Hornhaut der Menschen ist sehr oft nicht regelmäßig geformt. Die häufigsten Sehfehler sind:

✘ **Kurzsichtigkeit:**
Die Lichtstrahlen bündeln sich vor der Netzhaut (Brechkraft der Linse zu hoch oder Augapfel zu lang) und breiten sich dann wieder aus. Das Bild auf der Netzhaut ist verschwommen. Abhilfe schaffen nach innen gebogene Brillengläser (konkave Linsen). Sie zerstreuen die Lichtstrahlen, sodass diese richtig auf der Netzhaut ankommen. Kurzsichtigkeit entwickelt sich fast immer beim Wachstum des Auges, das mit etwa 20 Jahren abgeschlossen ist. Danach dürfte die Kurzsichtigkeit nur noch geringfügig stärker werden.

✘ **Weitsichtigkeit:**
Die Lichtstrahlen bündeln sich hinter der Netzhaut (Brechkraft der Linse zu gering oder Augapfel zu kurz). Das Bild auf der Netzhaut ist verschwommen. Abhilfe schafft ein nach außen gebogenes (konvexes) Brillenglas, das die Lichtstrahlen beugt. Weitsichtigkeit wird oft erst spät entdeckt, weil sie von einer starken Krümmung der Linse lange ausgeglichen werden kann. Dies ist für den Ziliarmuskel sehr anstrengend, er muss sich ständig zusammenziehen, um dafür zu sorgen, dass die Zonulafasern locker sind. Deshalb haben Betroffene häufig „Kopfweh", das eigentlich „Augenweh" ist.

✘ **Astigmatismus:**
Die Lichtstrahlen treffen nicht an einem Punkt, sondern verzerrt auf der Netzhaut auf, weil Hornhaut oder Linse an verschiedenen Stellen zylinderförmig statt rund geformt sind. Abhilfe schafft ein zylindrisch gebogenes Brillenglas.

✘ **Altersweitsichtigkeit:**
Etwa ab dem 45. Lebensjahr verliert die Linse zunehmend die Fähigkeit zur Naheinstellung (Akkomodation), weil die Linse verhärtet und die Kraft des ringförmigen Augenmuskels (Ziliarmuskel) nachlässt. Auch hier hilft ein konvexes Brillenglas.

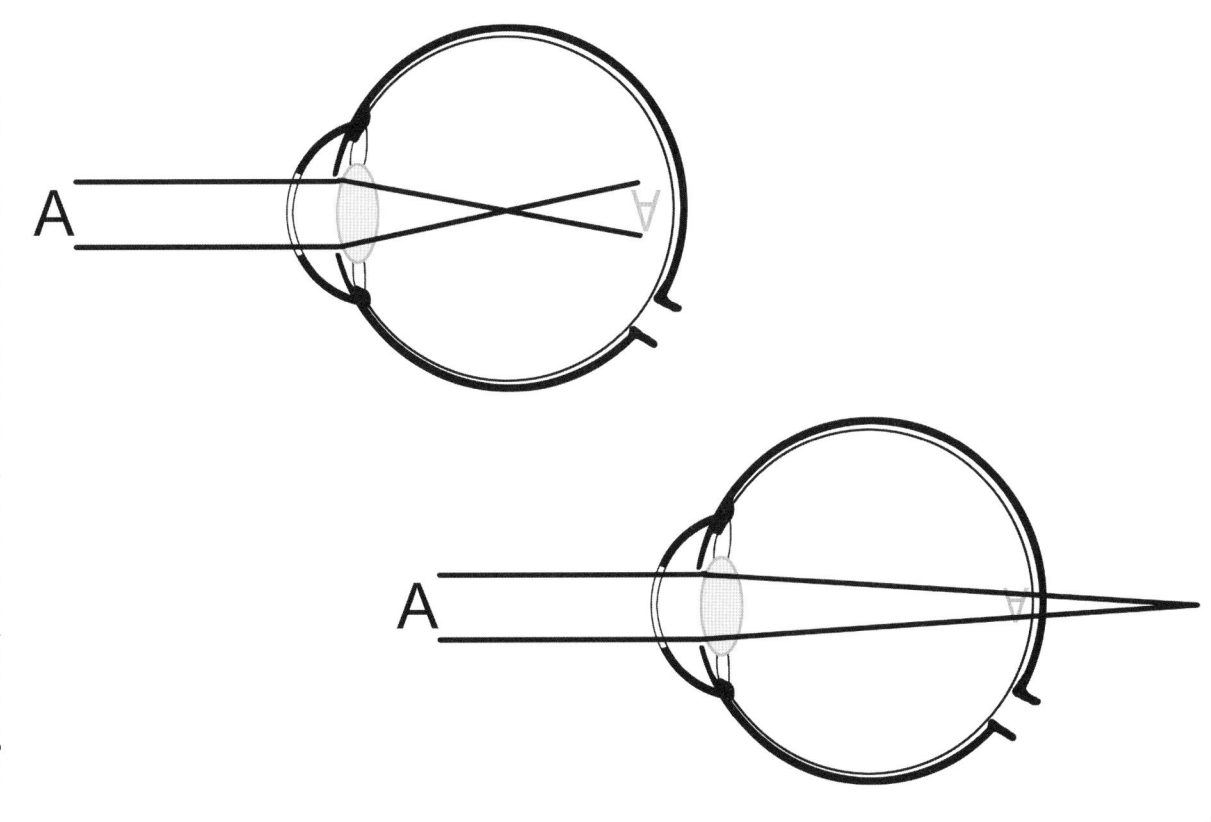

4 Humanökologie

Protokollblatt:
Forschungen mit Rinder- oder Schweineaugen

Meine Beobachtung/Eine Behauptung: _____

_____

Meine Frage: _____

_____

Ich vermute: _____

_____

So will ich es herausfinden (Womit mache ich was warum?):
Ich besorge mir beim Metzger ein Rinder- oder Schweineauge und führe mit einem Partner folgende Versuche durch. Für die Notizen und Zeichnungen benutze ich die Rückseite oder weitere Blätter.

→ Finde und benenne die sichtbaren Teile des Auges.
   Wo setzen die Augenmuskeln an, wo tritt der Sehnerv aus?
→ Tippe mit dem Skalpell auf die Hornhaut vorne am Auge.
   Was siehst du, und wie erklärst du das?
→ Schneide mit einer Rasierklinge die Lederhaut ringsherum ein.
   Schneide die Lederhaut der hinteren Hälfte des Augapfels mit einem flachen Schnitt mit der spitzen Schere ab (geht schwer, einzustechen). Die rosafarbene Netzhaut oder die Aderhaut könnten nun sichtbar sein. Halte das Auge vor eine brennende Kerze. Was ist von hinten am Auge zu sehen? Zeichne, und beschreibe deine Beobachtung. Warum ist es so schwer, das Auge aufzuschneiden? Warum ist das Auge schlaff, wenn es einmal geöffnet ist?
→ Gib Linse und Glaskörper in ein Becherglas. Notiere, und erkläre deine Beobachtungen. Lege die Linse auf ein beschriftetes Blatt Papier.
   Schreibe auch hier deine Beobachtungen und die Erklärung dafür auf.
→ Lege ein Stück Netzhaut auf einen Objektträger. Betrachte es unter dem Mikroskop, und zeichne bei schwacher Vergrößerung die Adern und bei starker Vergrößerung die Felderung, die durch die Stäbchen und Zapfen hervorgerufen wird.

Ergebnis: _____

_____

Arbeitsbuch **Ökologie**

Protokollblatt: Ohr & Hören

Meine Beobachtung / Eine Behauptung:
Jeder vierte Jugendliche in Deutschland hat Hörprobleme.

Meine Frage:
Wie kann es sein, dass Menschen wirklich nicht „recht hören"?

Ich vermute: _____
_____

So will ich es herausfinden (Womit mache ich was warum?):
Nach dem Lesen des Infoblattes kreuze ich die richtigen Antworten an:
- ○ Das Außenohr hält Schall vom Mittelohr ab.
- ○ Richtungshören hat mit der unterschiedlichen Entfernung der Schallquelle von den Ohren zu tun.
- ○ Die Schwingungen des Trommelfells werden über die Gehörknochen (Hammer, Amboss, Steigbügel) auf eine Membran zum Innenohr übertragen.
- ○ Vom Innenohr gelangen die Schallwellen ins Gehirn.
- ○ Hörschäden durch Lärm führen zu Durchblutungsstörungen, Nervenzellen sterben ab.
- ○ Hörzellen sterben, weil sie bei zu hoher, dauerhafter Lärmbelastung nicht mehr über genügend Energie verfügen.

Zusammenhänge und Informationen, die ich bei den Experimenten, beim Lesen oder Nachdenken verstanden habe:
_____
_____
_____
_____

Ergebnis:
_____
_____

Humanökologie

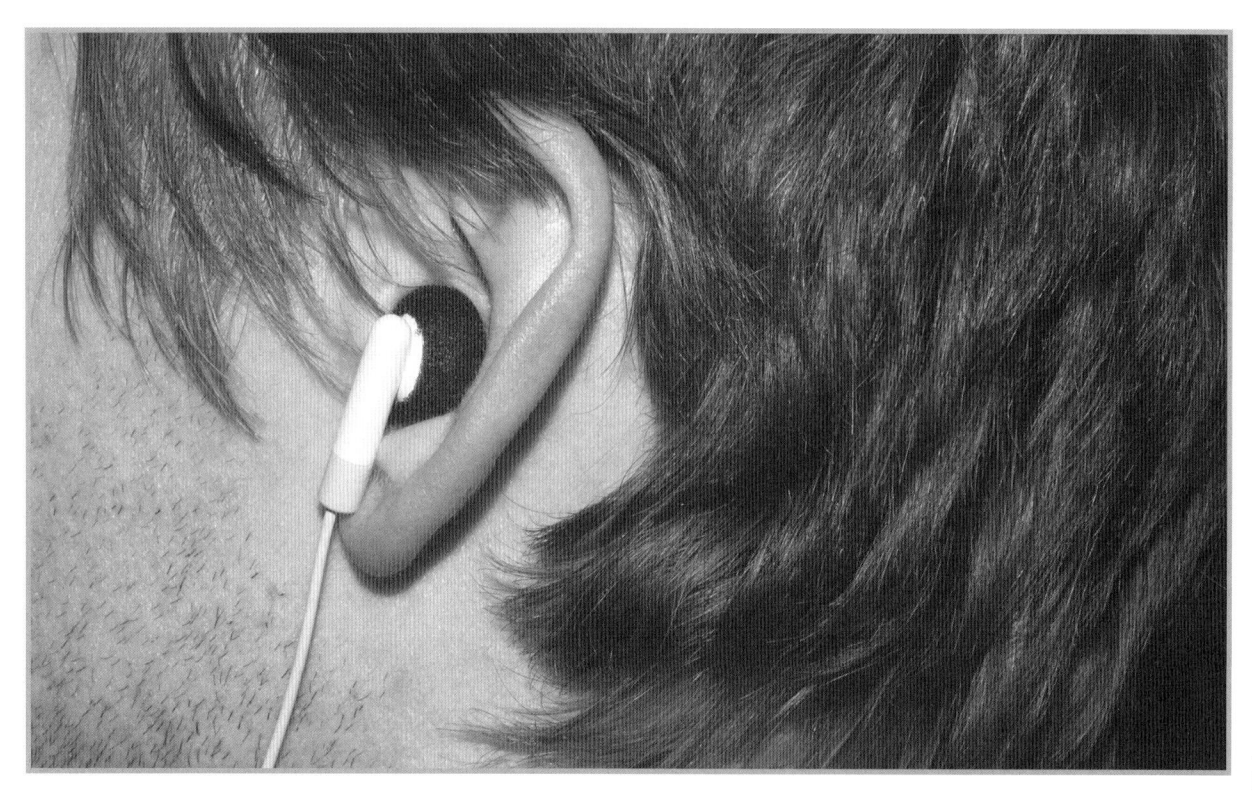

Protokollblatt: Ohr & Hören

Der **Schall** wird über die Luft mit einer Geschwindigkeit von 333 m/s übertragen. Das **Außenohr** fängt den Schall auf und leitet ihn durch **Ohrmuschel** und **Gehörgang** zum **Trommelfell**, das in Schwingung versetzt wird. Ab dort beginnt das **Mittelohr**. Es ist luftdicht vom Außenohr abgeschlossen. Die Schwingungen des Trommelfells werden über die **Gehörknochen (Hammer, Amboss, Steigbügel)** auf eine Membran zum **Innenohr** übertragen. Wenn die Schwingungen auf die Membran treffen, wird Lymphflüssigkeit in der **Schnecke** (ein schneckenförmiger Schlauch) zum Schwingen gebracht. Diese Flüssigkeit bewegt Haarzellen, die einen **Nerv** reizen, ein **elektrischer Impuls** wird zum **Gehirn** geleitet. Im **Hörzentrum** werden die elektrischen Impulse verrechnet. Erst der Vergleich mit Vorwissen lässt uns erkennen, worum es sich bei dem Höreindruck handelt.
Unterschiedlich hohe Töne setzen dabei unterschiedliche Stellen in der Schnecke und damit unterschiedliche Härchen in Bewegung. **Laute Töne** verursachen stärkere Schwingungen als leise und lösen auch einen stärkeren elektrischen Impuls aus. **Richtungshören** ist dadurch möglich, dass der Schall, der aus einer Richtung kommt, auch zuerst das Ohr erreicht, das in diese Richtung zeigt. Dort ist dieser Schall auch deutlicher zu hören. Die wenigen Zentimeter zwischen unseren Ohren genügen dafür, dass unser Gehirn die Richtung feststellen kann.

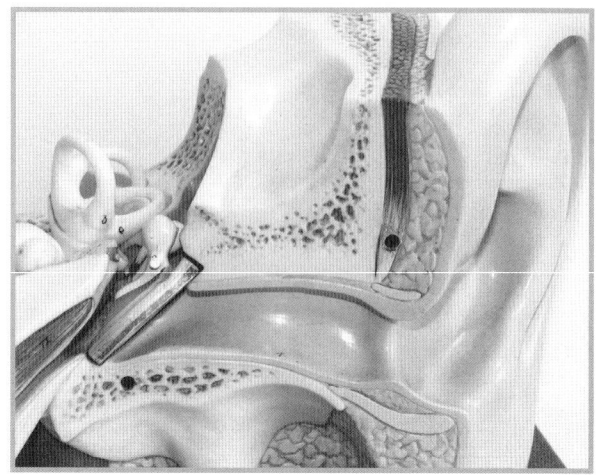

Arbeitsbuch **Ökologie**

Humanökologie 4

→ Schädigungen des Gehörs

Die häufigsten Hörschwächen sind **Altersschwerhörigkeit** und **Lärmschwerhörigkeit**. Beide entstehen durch eine nicht wieder umkehrbare **Zerstörung der Hörsinneszellen** im Innenohr. Bei den altersbedingten Hörschwächen werden die Hörsinneszellen im Innenohr schlechter mit Blut versorgt und sterben ab. Lärmbedingte Hörschwächen entstehen, weil die Hörzellen bei Lärmbelastung besonders viel arbeiten müssen und schließlich nicht mehr über genügend Energie verfügen. Besonders die äußersten Hörzellen sind dafür ausschlaggebend: Sie haben die Aufgabe, Geräusche zu verstärken. Verfügen sie nicht über genügend Energie, weil sie sich nicht vom Lärm erholen können, setzt kurzfristige Schwerhörigkeit ein. Erhalten die Hörzellen dann weiterhin keine Erholungszeiten um Energie aufzubauen, sterben sie ab. Dies führt zu dauerhaften Hörschäden.

Hörzellen können auch durch **häufige Infektionen, Alkohol, Nikotin** und **andere Drogen** zerstört werden.

Auch die **Freizeitschwerhörigkeit** nimmt immer mehr zu. Häufige Disko- und Konzertbesuche, lange andauerndes Musikhören und laute Knalle rufen irreparable Hörschäden durch Zerstörung der Sinneszellen hervor. Übrigens sind Hörschäden oft nicht sofort bemerkbar. Im Durchschnitt vergehen sieben bis zehn Jahre, ehe die Hörbeeinträchtigung wahrnehmbar ist.

→ Ursachen von Hörschäden

✘ **Hörschäden auf Grund von Knallen:**
Knallartige, extrem laute Geräusche (Schussgeräusche, kräftige Hammerschläge auf Stahlplatten direkt in Ohrnähe u. Ä.) erzeugen Spitzenpegel bis zu 170 dB (Dezibel) und können zu akuten Hörverlusten führen.

✘ **Hörschäden auf Grund von lautem Dauerlärm:** Gleichmäßige, aber sehr laute Geräusche, die über einen längeren Zeitraum einwirken (Maschinen, aber auch regelmäßiges Musikhören in Diskolautstärke) bewirken eine zeitweilige Hörschwellenverschiebung (Hörverschlechterung, „Watte-im-Ohr-Gefühl"), die wieder zurückgeht, wenn das Ohr ausreichend lange von Lärm verschont bleibt (Pegel unter 70 dB).

✘ **Ohrgeräusche (Tinnitus):**
Unter Tinnitus versteht man Ohrgeräusche, die durch eine Fehlfunktion des geschädigten Innenohrs vorgetäuscht werden und nicht wirklich als Schallsignal existieren. Tinnitus kann als Begleiterscheinung nach Knallereignissen oder nach langjähriger Lärmbelastung auftreten, aber auch Alltagsstress kann dazu führen. Es handelt sich um eine Art Alarmzustand, der bewirkt, dass die Blutgefäße des Innenohrs sich zusammenziehen und die Hörzellen nicht mehr richtig durchblutet werden. Die Hörzellen senden dann elektrische Notsignale ans Gehirn, die als Schallsignale ausgelegt werden.

→ Lärm stört Arbeit

Schon niedrigere Lärmpegel können sich störend auf den Arbeitsprozess auswirken und als Belästigung empfunden werden. Je nach Art der ausgeübten Arbeit dürfen bestimmte Grenzwerte nicht überschritten werden. Der in der **Arbeitsstättenverordnung** genannte maximale Grenzwert von 85 dB hat lediglich das Ziel, Gehörschäden zu vermeiden. Für konzentrierte Arbeit am Arbeitsplatz müssen strengere Maßstäbe herangezogen werden. Die **Richtlinie des VDI** (Verein deutscher Ingenieure) fordert für die Arbeit in Räumen 70 dB für einfache und überwiegend

Arbeitsbuch **Ökologie**

mechanisierte Tätigkeiten und 55 dB für überwiegend geistige Tätigkeiten. Nach neuesten Erkenntnissen der **Bundesanstalt für Arbeitsschutz** und Arbeitsmedizin sind auch diese Werte nicht ausreichend. Schallpegel bis 30 dB gelten als optimal, bis 40 dB als sehr gut und bis 45 dB als gut. Werte darüber sind nicht akzeptabel.

Der Lärm, dem die Jugendlichen beim Musikhören ausgesetzt sind, liegt manchmal mit 110 dB im Gehör schädigenden Bereich. Wer nicht auf den „fetten Beat" aus dem mp3-Player oder dem CD-Player verzichten kann, muss wissen, dass es ein Walkman direkt am Ohr auf 120 dB bringen kann. Das ist mehr Schalldruck als ein Presslufthammer erzeugt.

dB (A)	Empfinden	Geräuschart
10	kaum hörbar	Atemgeräusch
30	leise	Flüstern
40	leise	leise Radiomusik
50	leise	Laserdrucker
50–60	laut	Unterhaltung
55–60	laut	Schreiben auf dem PC
75	sehr laut	alter Nadeldrucker
65–80	sehr laut	Schreibmaschine
80–85	sehr laut	PKW, 7 m Entfernung
90	sehr laut	LKW, 5 m Entfernung
110–120	unerträglich	Silvesterknaller

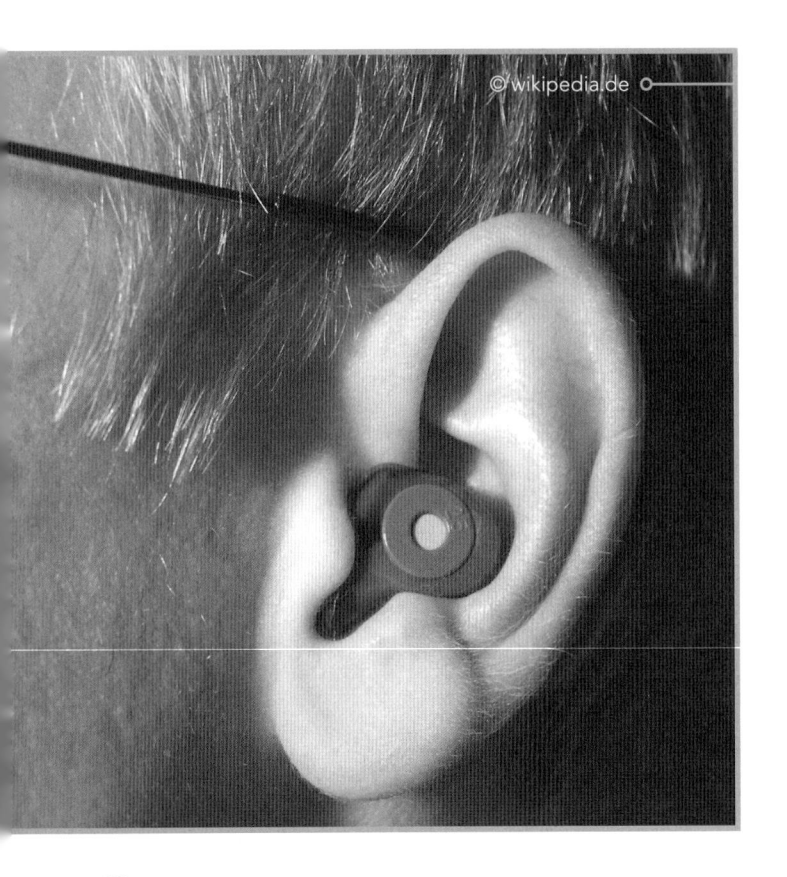

© wikipedia.de

Protokollblatt: Forschungen mit Schall

Meine Beobachtung / Eine Behauptung: _____

_____

Meine Frage: _____

_____

Ich vermute: _____

_____

So will ich es herausfinden (Womit mache ich was warum?):
Ich führe mit einem Partner folgende Versuche durch. Für die Notizen und Zeichnungen benutze ich die Rückseite oder weitere Blätter.

→ Halte deine Nase zu, und presse vorsichtig Luft in Mund und Rachen. Was passiert, wieso?

→ Drücke die Ohrmuschel an den Kopf. Vergrößere die Ohrmuschel mit deiner Hand.

→ Stecke einen Gasschlauch (1–1,5m) in beide Ohren. Hinter deinem Kopf klopft ein Mitschüler vorsichtig (!) an verschiedene Stellen des Schlauches.

→ Miss mit dem Schallmessgerät, wie laut es im Klassenzimmer in verschiedenen Situationen ist (Pause, Gruppenarbeit).

→ Miss mit dem Schallmessgerät die Lautstärke von mp3-Playern, von Straßen, an unterschiedlichen Arbeitsplätzen.

→ Miss mit dem Schallmessgerät alle Geräusche, denen du den Tag über ausgesetzt bist.

→ Erprobe Strategien zur Vermeidung von Lärm an deinem Arbeitsplatz. Versuche, Lautstärken herzustellen, die den Arbeitsschutzrichtlinien entsprechen.

Ergebnis:

_____

_____

_____

_____

Protokollblatt:
Gehirn und Nervensystem (1/2)

Meine Beobachtung/Eine Behauptung:
Wenn ich etwas wahrnehme (Beispiel: Der Tischnachbar zwickt mich) und dann darauf reagiere (Beispiel: Ich haue ihm auf die Finger), müssen zuerst Informationen von den Sinnesorganen zum Gehirn geleitet werden und dann Informationen, z.B. an Hände oder Arme, geleitet werden.

Meine Frage:
Wie funktioniert die Leitung und Verarbeitung von Sinnesreizen?

Ich vermute: _____
_____

So will ich es herausfinden (Womit mache ich was warum?):
**Ich erstelle mit den Texten und eigenen Ergänzungen aus mir zugänglichen Informationsquellen und eigenen Zeichnungen und Skizzen eine Mindmap, die die Frage umfassend erklärt.
Danach schreibe ich eine Kurzantwort.**

_____
_____
_____

Fragen, die mir beim Erstellen der Mindmap durch den Kopf gegangen sind:
_____
_____
_____

Ergebnis:
_____
_____
_____

Gehirn und Nervensystem (2/2)

Die Übertragung der elektrischen Impulse im Körper erfolgt durch den Zelltyp der **Neuronen**.

Ein **Neuron** hat einen großen Zellkörper und verschiedene Fortsätze: Erstens die **Dendriten**, die Signale von anderen Zellen aufnehmen und zum Zellkörper leiten. Zweitens das **Axon**, das Signale vom Zellkörper weg zur nächsten Zelle leitet.

Die Antwort der Neuronen auf Reize aus ihrer Umwelt ist eine Öffnung von Ionenkanälen. **Ionen fließen,** und die Spannung verändert sich. Dieser **Spannungsunterschied** springt entlang des Axons zur nächsten Zelle.

Die meisten **Nervenzellen** sind nicht direkt miteinander verbunden. Zwischen ihnen ist ein sehr kleiner Spalt. Kommt ein elektrischer Impuls am Ende des Axons an, werden **chemische Botenstoffe** freigesetzt, die an der nächsten Nervenzelle an Rezeptoren andocken und dort einen elektrischen Impuls auslösen, wenn genügend Botenstoffe ankommen.

Die Informationen, die von den Sinneszellen in Form elektrischer Impulse weitergeleitet werden, müssen verarbeitet, interpretiert und mit einer Antwort versehen werden. Das geschieht im **Gehirn oder Rückenmark**. Die Antwort besteht aus Impulsen an Muskelzellen oder Drüsenzellen.

Das Nervensystem der Wirbeltiere ist sehr komplex. Man unterteilt zunächst in **Zentralnervensystem** (ZNS: Gehirn und Rückenmark, verarbeitet Informationen) und **peripheres Nervensystem** (PNS: leitet Informationen von den Sinnesorganen zum ZNS und vom ZNS zu Muskeln und Drüsen).

Das **periphere Nervensystem** (PNS) besteht aus zwei Teilen: der **sensorischen Einheit** (überträgt Informationen aus den Sinnesorganen in das ZNS) und der **motorischen Einheit** (überträgt Signale aus dem ZNS an Muskeln und Drüsen).

Die **motorische Einheit des PNS** besteht aus zwei Systemen: Erstens das **somatische Nervensystem**, das Informationen an Skelettmuskeln sendet, die auf äußere Reize reagieren. Das somatische Nervensystem kann von den Lebewesen bewusst beeinflusst werden (du willst die Hand bewegen und den Nachbarn zwicken). Zweitens das **autonome Nervensystem**, das Signale an Muskeln und Drüsen überträgt und nicht oder kaum bewusst beeinflusst werden kann, etwa Signale an den Herzmuskel oder Drüsen im Magen.

Das **Zentralnervensystem** (ZNS) besteht aus **Gehirn** und **Rückenmark**. Im Gehirn werden Informationen verarbeitet, die zu Wahrnehmung (Sinne), Bewegung, Intellekt (Denken), Emotionen (Gefühle) und zum Gleichgewicht des gesamten Körpers führen. Im Rückenmark werden einerseits Reflexe erzeugt (eine feste Reaktion auf einen bestimmten Reiz, z.B. Kniesehnenreflex). Andererseits werden dort Nerven gebündelt und an das Gehirn oder andere Bereiche des Rückenmarks weitergeleitet.

Die einzelnen Teile des Gehirns haben unterschiedliche Aufgaben: Unmittelbar an das Rückenmark schließt die **Medulla oblongata** oder „**verlängertes Rückenmark**" an (z.B. Steuerung und Kontrolle von Atmung, Blutkreislauf, Herzschlag, Erbrechen, Schlucken, Verdauung). Darauf folgt der **Pons** (die Brücke). Wichtige Funktionen von Pons und Medulla oblongata sind die Übertragung von Daten zwischen anderen Hirnzentren und dem Körper. Das **Kleinhirn** koordiniert die Bewegungen des Körpers. Das **Mittelhirn** ist eine Schaltzentrale, von dort aus werden Informationen der Sinne an das Vorderhirn verteilt. Das **Vorderhirn** ermöglicht Lernen, Gedächtnis, Gefühle, leitet aber auch Informationen an die betreffenden Bereiche im Großhirn weiter. Dort werden aber auch Hormone gebildet und das Sexualverhalten, Hunger, Durst, Kampf- und Fluchtverhalten gesteuert. Die vier Lappen des **Großhirns** haben vielfältige Aufgaben: sprechen, hören, riechen, schmecken, sehen, lesen, Bewegungen koordinieren sowie Schmerzen empfinden.

Didaktische Materialien: Nahrungsmitteluntersuchungen

Einsatzmöglichkeiten

Projektartiges Vorgehen

Ein **Projekt** zu Nahrungsmitteluntersuchungen eignet sich dazu, den emanzipatorischen Anspruch des Biologieunterrichts umzusetzen: Die Schüler lernen, als Verbraucher Entscheidungen von Firmen beeinflussen zu können. Gegenstand des Projekts kann die Überprüfung von Fertigprodukten auf Eignung für die gesunde Ernährung sein. Die Schüler kaufen Fertigprodukte, kochen das Pendant aus unbehandelten Rohstoffen, führen Messungen durch und vergleichen.
Die **Projektinitiative** kann mit dem Arbeitsblatt Hamburger gestaltet werden. Dabei erlernen die Schüler die Nachweisverfahren für Stoffe in Nahrungsmitteln mit Hilfe der Karteikarten. Die Untersuchung eines Hamburgers aus einem Fastfoodrestaurant zeigt einen geringen Eiweiß- und einen hohen Glucoseanteil.
Nach Abschluss der Arbeiten sollen die Schüler das **Ergebnis verallgemeinern**: Gibt es bei Fertigprodukten im Supermarkt ähnliche Ergebnisse? Die Projektgruppen einigen sich dann darauf, welche Produkte sie einkaufen wollen. Bedingung ist, dass ein Produkt zum Vergleich tatsächlich selbst hergestellt werden kann.
Der **Abschluss** des Projektes kann mit einer Ausstellung gestaltet werden, die den Besuchern Messerfahrungen mit den Fertigprodukten ermöglicht und über gesunde Ernährung informiert. Weniger aufwändig ist es, das Arbeitsblatt „Nahrungsmitteluntersuchungen" zum Gegenstand projektartigen Arbeitens zu machen: Die Schüler beschäftigen sich mit der Frage, ob es notwendig ist, Fleisch zu essen. Dazu kochen sie einen Gemüseeintopf, der Einkauf der Zutaten, das Kochen und die Messungen sollen sie selbstständig planen und durchführen.

Forschungskiste

Bei der **Arbeit mit Forschungskisten** müssen die Nahrungsmittel bereitgestellt werden. Um auf dem Arbeitsblatt „**Nahrungsmitteluntersuchungen**" die Frage zu klären, ob es genügt, Gemüseeintopf statt Fleisch zu essen, werden die Schüler einen Eintopf kochen und Messungen durchführen. Dennoch ist das Infoblatt notwendig, um detailliert antworten zu können. Neben Messerfahrungen (vgl. Karteikarten) erwerben die Schüler Wissen über eine ausgewogene Auswahl von Nahrungsmitteln. Es bietet sich an, in einer Abschlussreflexion eine Mindmap zu „ausgewogener Ernährung" anlegen zu lassen.
Die Arbeit an der Forschungskiste „**Hamburger**" erfordert nicht unbedingt eine Auseinandersetzung mit dem Infoblatt. Dort wird im Abschnitt über Fertigprodukte" versucht, den Schülern zu vermitteln, dass es für eine gesunde Ernährung notwendig ist, bestimmte Produkte zu vermeiden. Diesen Aspekt können sie nach Abschluss des eigenständigen Arbeitens mit Hilfe einer Mindmap vertiefen.

Klassenverband

Im Klassenverband sollte der Lehrer die Wissensbereiche „Ernährung ist gesund, wenn sie ausgewogen ist" und „Für eine gesunde Ernährung sind bestimmte Nahrungsmittel zu vermeiden" mit Hilfe der Mindmap vorstrukturieren, sodass die Schüler ihr Vorwissen zeigen können. Danach wird das Arbeitsblatt „Hamburger" bearbeitet. Die Planung ist dort bereits vermerkt, die Schüler erlernen anhand der Karteikarten die richtige Vorgehensweise bei Messungen.
Auf dem Arbeitsblatt „Nahrungsmitteluntersuchungen" wenden die Schüler ihre Messerfahrungen an. Sie planen ihre Vorgehensweise selbstständig, reflektieren dies aber im Plenum, bevor sie beginnen, die Nahrungsmittel zu untersuchen.

Bei Zeitknappheit ist es nicht unbedingt notwendig, den Gemüseeintopf tatsächlich zu kochen, auch die Untersuchung der einzelnen Nahrungsmittel führt zu einem Ergebnis.

Advance Organizer

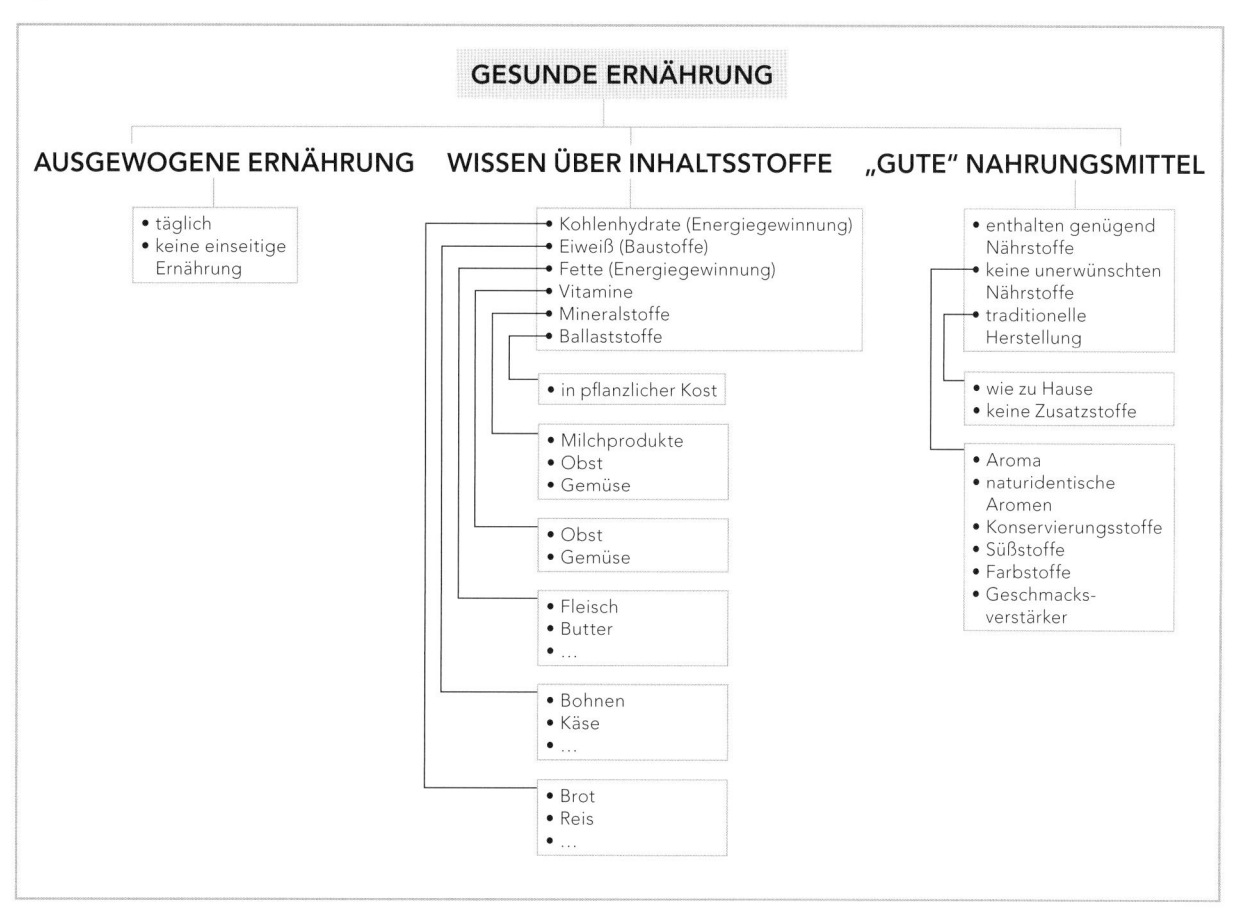

```
                        GESUNDE ERNÄHRUNG
    ┌──────────────────────────┼──────────────────────────┐
AUSGEWOGENE ERNÄHRUNG   WISSEN ÜBER INHALTSSTOFFE   „GUTE" NAHRUNGSMITTEL
```

- täglich
- keine einseitige Ernährung

- Kohlenhydrate (Energiegewinnung)
- Eiweiß (Baustoffe)
- Fette (Energiegewinnung)
- Vitamine
- Mineralstoffe
- Ballaststoffe

- in pflanzlicher Kost

- Milchprodukte
- Obst
- Gemüse

- Obst
- Gemüse

- Fleisch
- Butter
- …

- Bohnen
- Käse
- …

- Brot
- Reis
- …

- enthalten genügend Nährstoffe
- keine unerwünschten Nährstoffe
- traditionelle Herstellung

- wie zu Hause
- keine Zusatzstoffe

- Aroma
- naturidentische Aromen
- Konservierungsstoffe
- Süßstoffe
- Farbstoffe
- Geschmacksverstärker

Materiallisten

Forschungskiste Hamburger:
- ✘ 1 Hamburger für zwei Schüler
- ✘ Nahrungsmittel zum Vergleich: Schnitzel, Vollkornbrot, Tomate, Salat
- ✘ Kopien der Karteikarten und des Infoblatts
- ✘ Jod-Kaliumjodidlösung, Petrischalen, Glucoseteststreifen, Proteinteststreifen, Ascorbinsäureteststreifen, Nitrat-/Nitritteststreifen, Kopierpapier, evtl. Bechergläser und Handmixer

Forschungskiste Nahrungsmitteluntersuchungen:
- ✘ Kopien der Karteikarten und des Protokollblatts
- ✘ Infoblatt
- ✘ Für den Gemüseeintopf: Kartoffeln, Karotten, Erbsen, Bohnen, Blumenkohl, Kohlrabi, Sellerie, Lauch, Pilze u.a., gekörnte Hefe, Gemüsebrühe, Sojasauce, Putenfleisch, Gewürze
- ✘ Jod-Kaliumjodidlösung, Petrischalen, Glucoseteststreifen, Proteinteststreifen, Ascorbinsäureteststreifen, Nitrat-/Nitritteststreifen, Kopierpapier, evtl. Bechergläser und Handmixer

Protokollblatt:
Nahrungsmitteluntersuchungen (1/5)

Meine Beobachtung/Eine Behauptung:
Man muss gar kein Fleisch essen. Gemüse reicht aus.

Meine Frage:
Reicht es, einen Gemüseeintopf zu essen?

Ich vermute: _____

So will ich es herausfinden (Womit mache ich was warum?):

Rezept Gemüseeintopf
Nach dem Waschen und Zerkleinern Kartoffelwürfel, Karottenstücke, Erbsen, Bohnen, Blumenkohlteile, Sellerie, Lauch, Kohlrabi, Pilze und andere Gemüsearten in einen Dampfkochtopf geben. Wasser hinzugeben, in das zuvor noch etwas gekörnte Hefe, Gemüsebrühe und einige Spritzer Sojasauce gegeben werden. Fleisch (z.B. rasch garendes Putenfleisch, damit das Gemüse nicht zu lange kocht und zu viele Vitamine durch die Hitze verloren gehen) zugeben.
Nach spätestens 30 – 40 Minuten Kochzeit wird eine Probe genommen.
Kosten – und messen.

Beobachtung beim Experiment (Tabelle auf die Rückseite oder ein Zusatzblatt übertragen):

- − = nicht enthalten
- 0 = Ergebnis nicht sicher oder sehr wenig enthalten
- + = enthalten
- ++ = viel enthalten

Nahrungsmittel	Eiweiß	Glucose	Stärke	Fett	Vitamin C	Nitrat	Sonstige (z.B. Phosphat, Aluminium ...)

Ergebnis:
_____
_____

Nahrungsmitteluntersuchungen (2/5)

Stärkenachweis

Anleitung:
- Gib ein Stück der zu untersuchenden Nahrungsmittelprobe in eine Petrischale.
- Gib einen Tropfen JKJ (Jod-Kaliumjodid) auf die Probe.
- Wenn Stärke enthalten ist, entsteht eine dunkel-violette Farbe. Ist keine Stärke enthalten, behält das JKJ seine Farbe.

Schreibweise für das Ergebnis:
- **–** = nicht enthalten
- **0** = Ergebnis nicht sicher oder sehr wenig enthalten
- **+** = enthalten
- **++** = viel enthalten

Glucosenachweis (Glucose ist ein Zucker)

Anleitung:
- Entnimm der Packung einen Teststreifen, und verschließe die Packung sofort wieder.
- Schneide deine Probe an. Wenn deine Probe ganz trocken ist, feuchtest du sie etwas mit destilliertem Wasser an und zerdrückst sie.
- Drücke den Teststreifen in die Probe, wische vielleicht hängen gebliebene Reste der Probe vom Teststreifen ab.
- Nach etwa einer Minute vergleichst du die Farbe des Teststreifens mit der Farbkarte auf dem Röhrchen. Halte den Teststreifen neben die Farbkarte. Welcher Farbe auf dem Röhrchen kommt die Farbe auf dem Stäbchen am nächsten? Jetzt weißt du, ob viel, etwas oder keine Glucose enthalten ist.

Schreibweise für das Ergebnis:
- **–** = nicht enthalten
- **0** = Ergebnis nicht sicher oder sehr wenig enthalten
- **+** = enthalten
- **++** = viel enthalten

Nahrungsmitteluntersuchungen (3/5)

Proteinnachweis (Eiweißnachweis)

Anleitung:
- ✗ Entnimm der Packung einen Teststreifen, und verschließe die Packung sofort wieder.
- ✗ Schneide deine Probe an. Wenn deine Probe ganz trocken ist, feuchtest du sie etwas mit destilliertem Wasser an und zerdrückst sie.
- ✗ Drücke den Teststreifen in die Probe, wische vielleicht hängen gebliebene Reste der Probe vom Teststreifen ab.
- ✗ Nach etwa einer Minute vergleichst du die Farbe des Teststreifens mit der Farbkarte auf dem Röhrchen. Halte den Teststreifen neben die Farbkarte. Welcher Farbe auf dem Röhrchen kommt die Farbe auf dem Stäbchen am nächsten? Jetzt weißt du, ob viel, etwas oder kein Protein enthalten ist.

Schreibweise für das Ergebnis:

- − = nicht enthalten
- 0 = Ergebnis nicht sicher oder sehr wenig enthalten
- + = enthalten
- ++ = viel enthalten

Ascorbinsäurenachweis (Vitamin-C-Nachweis)

Anleitung:
- ✗ Entnimm der Packung einen Teststreifen, und verschließe die Packung sofort wieder.
- ✗ Schneide deine Probe an. Wenn deine Probe ganz trocken ist, feuchtest du sie etwas mit destilliertem Wasser an und zerdrückst sie.
- ✗ Drücke den Teststreifen in die Probe, wische vielleicht hängen gebliebene Reste der Probe vom Teststreifen ab.
- ✗ Nach etwa einer Minute vergleichst du die Farbe des Teststreifens mit der Farbkarte auf dem Röhrchen. Halte den Teststreifen neben die Farbkarte. Welcher Farbe auf dem Röhrchen kommt die Farbe auf dem Stäbchen am nächsten? Jetzt weißt du, ob viel, etwas oder keine Ascorbinsäure enthalten ist.

Schreibweise für das Ergebnis:

Hier kann man ein genaueres Ergebnis angeben, z.B.: 500–1000 mg/l

Arbeitsbuch **Ökologie**

Nahrungsmitteluntersuchungen (4/5)

Nitrat-/Nitritnachweis

Anleitung:
- Entnimm der Packung einen Teststreifen, und verschließe die Packung sofort wieder. Schneide deine Probe an. Wenn deine Probe ganz trocken ist, feuchtest du sie etwas mit destilliertem Wasser an und zerdrückst sie.
- Drücke den Teststreifen in die Probe, wische vielleicht hängen gebliebene Reste der Probe vom Teststreifen ab.
- Nach etwa einer Minute vergleichst du die Farbe des Teststreifens mit der Farbkarte auf dem Röhrchen. Halte den Teststreifen neben die Farbkarte. Welcher Farbe auf dem Röhrchen kommt die Farbe auf dem Stäbchen am nächsten? Jetzt weißt du, ob viel, etwas oder kein Nitrat enthalten ist.

Schreibweise für das Ergebnis:
- **−** = nicht enthalten
- **0** = Ergebnis nicht sicher oder sehr wenig enthalten
- **+** = enthalten
- **++** = viel enthalten

Phosphatnachweis

Anleitung:
- Entnimm der Packung einen Teststreifen, und verschließe die Packung sofort wieder.
- Schneide deine Probe an. Wenn deine Probe ganz trocken ist, feuchtest du sie etwas mit destilliertem Wasser an und zerdrückst sie.
- Drücke den Teststreifen in die Probe, wische vielleicht hängen gebliebene Reste der Probe vom Teststreifen ab.
- Nach etwa einer Minute vergleichst du die Farbe des Teststreifens mit der Farbkarte auf dem Röhrchen. Halte den Teststreifen neben die Farbkarte. Welcher Farbe auf dem Röhrchen kommt die Farbe auf dem Stäbchen am nächsten? Jetzt weißt du, ob viel, etwas oder kein Phosphat enthalten ist.

Schreibweise für das Ergebnis:
- **−** = nicht enthalten
- **0** = Ergebnis nicht sicher oder sehr wenig enthalten
- **+** = enthalten
- **++** = viel enthalten

Nahrungsmitteluntersuchungen (5/5)

Fettnachweis 1 – für einzelne Nahrungsmittel

Anleitung:
- Nimm ein Stückchen deiner Probe in die Hand, und schmiere damit kräftig über ein weißes Blatt Papier. Wenn die Probe trocken ist, musst du sie vorher mit Wasser anfeuchten und zerdrücken.
- Auf das Blatt schreibst du rechts unten am Rand deinen Namen, das Datum und was du untersucht hast.
- Lege das Blatt zum Trocknen, am besten in die Sonne oder auf die Heizung. Wenn das Blatt trocken ist, gibt es zwei Möglichkeiten:
  Entweder ist Fett enthalten, dann schimmern manche Stellen deutlich durch.
  Oder es ist kein Fett enthalten, dann ist das Wasser herausgetrocknet und das Blatt sieht gleichmäßig weiß aus.

Schreibweise für das Ergebnis:
- – = nicht enthalten
- 0 = Ergebnis nicht sicher oder sehr wenig enthalten
- + = enthalten
- ++ = viel enthalten

Fettnachweis 2 – für Gemische

Anleitung:
- Zerkleinere mit dem Handmixer etwa 250 ml des Gemischs (z.B. Eintopf) ganz fein.
- Lasse eine Probe davon in einem 50-ml-Becherglas oder in einem Reagenzglas stehen, um den nach oben schwimmenden Fettanteil abschätzen zu können.
- Schaue dir nun genau die Oberfläche des Gemisches an:
  Entweder schwimmt kein Fett an der Oberfläche, oder es bilden sich einzelne „Fettaugen" bzw. eine geschlossene Fettschicht.

Schreibweise für das Ergebnis:
- – = nicht enthalten
- 0 = Ergebnis nicht sicher oder sehr wenig enthalten
- + = enthalten
- ++ = viel enthalten

Info:
Gesunde Ernährung

Nährstoffe	Kohlenhydrate, z.B. Stärke, Glucose oder auch: „Zucker" (Energiegewinnung)	z.B. in Brot, Reis, Haferflocken, Früchten, Kartoffeln, Bohnen, Honig, Schokolade, Fleisch …
	Eiweiße (Baustoffe, wichtig zur Erneuerung von Zellen und zum Wachsen)	z.B. in Bohnen, Soja, Haferflocken, Schokolade, Fleisch, Fisch, Käse …
	Fette (hauptsächlich Energiegewinnung, Ablagerung als Reservestoff)	z.B. in Schokolade, Fleisch, Butter, Sahne …
Wirkstoffe	Vitamine (notwendig für die Gesundheit, Schutz vor Krankheiten)	z.B. in Obst, Gemüse
	Mineralstoffe (z.B. für Knochen und Zähne)	z.B. in Milchprodukten, Obst, Gemüse
Ballaststoffe	(unverdauliche Faserstoffe, die für die Verdauung wichtig sind)	in pflanzlicher Kost
Farb-/Duft-/Geschmacksstoffe		überall
Wasser	(notwendig für die Funktion der Zellen, Verluste durch Schweiß und Harn müssen ausgeglichen werden)	z.B. Mineralwasser, in Tee

Auf die Frage danach, was eine **gesunde Ernährung** ist, antworten Experten meist mit sehr allgemeinen Empfehlungen. Das ist verständlich, denn genaue Angaben darüber, welcher Anteil eines bestimmten Nährstoffs in einem Nahrungsmittel enthalten ist, helfen den Menschen im Alltag keineswegs bei einer gesunden Ernährung: Niemand geht mit Taschenrechner und Waage zum Kühlschrank und erstellt sich grammgenau eine ausgewogene Mahlzeit.
Eine beliebte allgemeine Empfehlung lautet: „Alle, die Gesundheit lieben, achten auf die gute Sieben". Damit ist gemeint, dass wir aus jedem Teil des **Ernährungskreises** (siehe im Internet unter *www.schuleplusessen.de* → *Information* → *Vollwertige Ernährung* → *Der DGT-Ernährungskreis*) täglich etwas zu uns nehmen sollten. Zugegeben: Das ist sehr pauschal formuliert, aber im Alltag anwendbar. Wer sich mehr merken will, kann dem Ernährungskreis auch sinnvolle **Anteile der Nahrungsmittelgruppen** entnehmen: Die Kreissegmente sind verschieden groß und ermöglichen so eine genauere Orientierung. Noch exakter auf ausgewogene Ernährung achten muss allerdings, wer viele Fertigprodukte isst oder sich vegetarisch ernährt.

Vegetarismus

Eine **Ernährung ohne Fleisch** ist jederzeit möglich, ohne Mangelerscheinungen zu erleiden. Allerdings muss man darauf achten, dass der Mindestbedarf essenzieller Aminosäuren gedeckt wird, denn daraus entsteht im Körper Eiweiß. Am einfachsten geht dies mit Hilfe von Kuhmilch oder Hühnereiern. Diese beiden Produkte bestehen sogar zu einem größeren Anteil aus essenziellen Aminosäuren als Fleisch. Auch Milchprodukte sind geeignet, die Aminosäuren aus dem Fleisch zu ersetzen. Schwieriger wird es, wenn Menschen kein Fleisch und zudem keine Eier und keine Milchprodukte essen. In diesem Fall müssen genügend Körner (Getreideprodukte) oder Hülsenfrüchte (wie Soja oder Bohnen) gegessen werden.

Fertigprodukte

Industriell hergestellte Produkte enthalten oftmals nicht, was man erwartet. Z.B. in Hamburgern großer Fastfoodketten. Dort ist wider Erwarten wenig Eiweiß, aber viel Zucker enthalten. Fertigprodukte decken den Tagesbedarf an Nährstoffen deshalb häufig nicht. Stattdessen enthalten sie **unerwünschte Zutaten**. Viele Backwaren z.B. sind aus industriell gefertigten Backmischungen hergestellt und enthalten unerkannt Stoffe wie Kartoffelstärke und Sojagrieß (für die richtige Feuchte), Monocalciumphosphat (für die richtige Porengröße), Natriumdiacetat (ein Konservierungsmittel), Tricalciumphosphat (ein Antiklumpmittel und Wirkstoff gegen Motten im Mehl) oder Vitamin C (macht die Backmischung maschinenfreundlich).

Mit Hilfe von **Nahrungsmitteluntersuchungen** ist es möglich, Industrieprodukte mit selbsthergestellten Produkten zu vergleichen. Auf diese Weise kann man Stoffe aufspüren, die eigentlich nicht in den Nahrungsmitteln enthalten sein sollten, wie Vitamin C im Brot oder Nitrat und Phosphat in Würsten. Zudem kann man feststellen, ob die Produkte vergleichsweise viel oder wenig erwünschte Nährstoffe enthalten.

Die Fähigkeiten der Lebensmittelindustrie gehen so weit, dass die **Qualität der Zutaten** immer mehr an Bedeutung verliert. Wer beispielsweise wohlschmeckende Garnelen verkaufen möchte, braucht nicht unbedingt frische Ware. Auch ein stark behandeltes Mehl aus Fisch und Plankton lässt sich mit Hilfe von Aromen und Zusatzstoffen zu geschmacksintensiven Garnelen formen.

Viele Fertigprodukte enthalten „naturidentische Aromen". Das sind Stoffe, die einen bestimmten Geschmack, wie z.B. den der Erdbeere, hervorrufen und deren chemische Zusammensetzung in der Natur vorkommen muss. Erdbeeraroma wird beispielsweise mit Hilfe von Bakterien hergestellt, die Sägespäne fressen.

Wo nichts von „naturidentisch" vermerkt ist, sondern nur „Aroma", handelt es sich oft um künstliche Aromen, Hühnergeschmack ist beispielsweise aus Chemikalien herzustellen, ganz ohne die Beteiligung eines Huhns.

Die Zusatzstoffe in Fertigprodukten sind häufig als „E-Nummern" deklariert, wie etwa die Süßstoffe, Konservierungsmittel, Geschmacksverstärker und Farbstoffe. Bei vielen Zusatzstoffen werden Nebenwirkungen diskutiert, von Kopfschmerzen, Allergien, Dauerschnupfen über Hautreaktionen bis hin zu Krebs. (Details hierzu unter *www.zusatzstoffe-online.de* oder *www.code-knacker.de*).

Dieses Wissen über industriell hergestellte Produkte macht deutlich: Es reicht nicht, nur darauf zu achten, regelmäßig Nährstoffe in ausgewogenen Anteilen zu essen („die gute Sieben"). Auch dass bestimmte Produkte nicht auf dem Teller landen, ist Voraussetzung für eine gesunde Ernährung.

Beispiel: Blumenkohl-Brokkoli-Suppe

ZUTATEN:
Stärke, jodiertes Salz, Weizenmehl, 13% Blumenkohl, pflanzliches Öl, Zucker, 2,5% Broccoli, Verdickungsmittel Guarkernmehl, Milchzucker, Geschmacksverstärker Dinatriuminosinat, Milcheiweiß, Stabilisator E 450, Petersilie, Gewürze.

Protokollblatt: Hamburger

Meine Beobachtung / Eine Behauptung:
Hamburger sind ungesund!

Meine Frage: _____

Ich vermute: _____

So will ich es herausfinden (Womit mache ich was warum?):
**Ich nehme alle Beilagen aus dem Brötchen und ordnen sie auf einem großen Teller oder in anderen Behältnissen getrennt an.
Die Majonäse schabe ich sauber ab und ordne sie ebenfalls für die Untersuchung auf dem Teller an. Dann messe und wiege ich Brötchen und Bulette. Danach führe ich die Messungen durch.**

Beobachtung beim Experiment (Messergebnisse auch auf der Rückseite):

Nahrungsmittel	Eiweiß	Glucose	Stärke	Fett	Vitamin C	Nitrat	Sonstige (z.B. Phosphat, Aluminium ...)
Hamburgerbrötchen							
Vergleich: *Vollkornbrot*							
Hackfleischbulette							
Vergleich: *Schnitzel*							
Gurke							
Vergleich: *frische Gurke*							
Majonäse							
Vergleich: *selbstgemachtes Dressing*							

Ergebnis: _____

Didaktische Materialien: Fleisch

Einsatzmöglichkeiten

Projektartiges Vorgehen

Der Vergleich von Bildern von Bio- und normalem Fleisch aus dem Internet, Biologiebüchern usw. kann als **Impuls** die Schüler zu Mutmaßungen über „gutes" und „schlechtes" Fleisch veranlassen, die der Lehrer in einer Mindmap sammelt. Daraufhin schlägt er vor, sich zunächst auf den Aspekt Fleischqualität zu konzentrieren, das **Arbeitsblatt zu bearbeiten und Fachwissen zu erwerben**. Danach könnten die Schüler Fragen für die **Erkundungen vorbereiten**: Gruppenweise soll bei verschiedenen Adressaten, z.B. Fleischern oder Fachverkäufern in Metzgereien oder Supermärkten und ihren Kunden, die Frage nach „gutem" und „schlechtem" Fleisch mit Hilfe der Interviews geklärt werden. In einigen Regionen sind auch Schlachthöfe, Fleischwarenhersteller oder Mastbetriebe bzw. Biobauern erreichbar. Die Schüler versuchen, für ihre Gruppe eine Erkundung zum Thema „Qualitätssicherung und Fleischqualität" zu organisieren.

Gruppen, die fertige Interviewblätter vorweisen können und schriftlich geplant haben, was sie auf ihrer Erkundung wie dokumentieren (Fotos, Interviews, Produktproben zur pH-Wert-Messung), dürfen ihre **Erkundung durchführen**. Vorab sollte vereinbart sein, ob die **Ergebnisse** der Erkundung als Infoblatt für die Klasse zusammengestellt werden, ein Plakat entstehen soll, eine Präsentation stattfindet usw.

Mögliche Fragen für Interviews

Metzgereien: Woher kommt dieses Fleisch? Wer schlachtet die Tiere? Wer hat die Tiere wie gehalten? Wie alt ist das Fleisch? Wie lange ist es haltbar? In welchem Alter kommt das Fleisch in die Metzgerei? Wie lange wird es in der Metzgerei aufgehoben? Wie sorgen Sie dafür, dass Sie gute Qualität anbieten? Verlangen die Kunden billiges Fleisch oder Qualitätsfleisch? Bevorzugen Sie beim Einkauf Ihrer Waren bestimmte Tierrassen und wieso?

Verbraucher: Warum haben Sie gerade eben dieses Fleisch gekauft? Worauf legen Sie Wert, wenn Sie Fleisch kaufen? Bevorzugen Sie mageres Fleisch oder Fleisch mit Fettanteilen? Geben Sie Geld aus für Bio-Fleisch? Würden Sie gerne das Fleisch bestimmter Tierrassen kaufen können? Würden Sie mehr Geld ausgeben, wenn die Tiere garantiert artgerecht gehalten und gefüttert werden würden? Achten Sie beim Einkauf darauf, dass Ihr Fleisch von Tieren stammt, die nicht weit transportiert wurden?

Forschungskiste

Die Materialien in der Forschungskiste „Fleisch" führen zu einer **pH-Wert-Messung**: In der Kiste sind ein pH-Meter/Teststäbchen, Fleisch (möglichst verschiedener Metzger), das Protokollblatt und das Leseblatt enthalten. Falls die Schüler die Forschungskiste im Rahmen freien Arbeitens (z.B. Arbeitsplan) bearbeiten, können sie das Fleisch auch selbst einkaufen. Auf diese Weise ergibt sich größere Offenheit: Welches Fleisch von welchen Metzgern untersucht wird, bestimmen die Schüler.

Die **zweite Fragestellung** des Arbeitsblattes „Was beeinflusst die Fleischqualität?" taucht in ähnlicher Formulierung auf dem Leseblatt auf. Falls die Antwort darauf vorstrukturiert werden soll, kann mit dem Advance Organizer gearbeitet werden: Kopiert man nur die Hauptäste des Organizers „Fleischqualität" auf die Rückseite des Arbeitsblatts, können die Schüler ihre Ergebnisse in Form von Unterästen eintragen. Ein Aushang der Lösung zur **Selbstkontrolle** bietet sich an.

Klassenverband

Im Klassenverband wird nicht die selbstständige Arbeit, sondern die **schnelle Vermittlung und**

Humanökologie 4

der Austausch von Wissen betont: Um Vorwissen zu wecken, beginnt der Lehrer eine Mindmap „Gammelfleisch – lecker Fleisch" an der Tafel und notiert die Assoziationen der Schüler. Er greift die Frage der Fleischqualität heraus und lässt die Schüler eine **Planung** zur Frage auf dem Protokollblatt erstellen. Nach fünf Minuten stellt ein Schüler seine Planung vor, die Klasse erklärt, was daran gut ist und was besser gemacht werden kann. Danach arbeiten die Schüler mit dem **Leseblatt und messen den pH-Wert** in den vom Lehrer bereitgestellten Fleischproben.

Die Vorgehensweise der Schüler bei der pH-Wert-Messung wird **reflektiert**. Zur inhaltlichen **Ergebnissicherung** gibt der Lehrer Kopien der Mindmap aus und verteilt die fünf Äste an fünf Gruppen. Jede Gruppe bekommt Zeit, um sich auf die Erklärung ihres Teilgebietes vorzubereiten. Die Gruppen erklären ihren Ast gemeinsam und ergänzen sich gegenseitig.

→ Hilfe

Die nachfolgend abgedruckten Karten sind Anregungen für eine Diskussion in der Klasse und bieten Gelegenheit zur Meinungsbildung. Die Diskussion ist nach jeder der oben angebotenen Vorgehensweisen zur Erarbeitung des Themas geeignet. Zur Vorbereitung der Diskussion sollen die Schüler in Partner- oder Gruppenarbeit Argumente für oder gegen die abgedruckten Aussagen notieren. Die anschließende Diskussion kann von Schülern geleitet werden, dazu lesen zwei Schüler die Diskussionskarten abwechselnd vor und rufen die Mitschüler auf.

Jemand behauptet:
Schlachten ist so ekelhaft, ich esse kein Fleisch mehr.
Was sagt ihr dazu?

Jemand behauptet:
Stress für die Tiere hin oder her – ich kann mir nur billiges Fleisch leisten.
Was sagt ihr dazu?

Jemand behauptet:
Wie die Tiere gehalten und gefüttert werden, ist mir egal, Hauptsache das Fleisch schmeckt.
Was sagt ihr dazu?

Jemand behauptet:
Tiertransporte sind gesetzlich geregelt, die Tiere bekommen Pausen, das ist in Ordnung so. Wenn es noch mehr Regeln gibt, haben es die Händler schwerer, und das Fleisch wird teurer.
Was sagt ihr dazu?

Jemand behauptet:
Wie die Tiere im Schlachthof gehalten und behandelt werden, ist vielleicht nicht schön, aber akzeptabel. Wem das nicht passt, der soll sich eben ein Schwein hinterm Haus halten.
Was sagt ihr dazu?

Jemand behauptet:
Ich will kein Ekelfleisch mit Bakterien, die sollen das Fleisch nach dem Schlachten sofort einfrieren, und dann ist alles gut.
Was sagt ihr dazu?

Jemand behauptet:
Als Verbraucher muss ich meinem Metzger vertrauen, sonst kann ich nichts machen.
Was sagt ihr dazu?

Arbeitsbuch **Ökologie**

4 Humanökologie

→ Advance Organizer

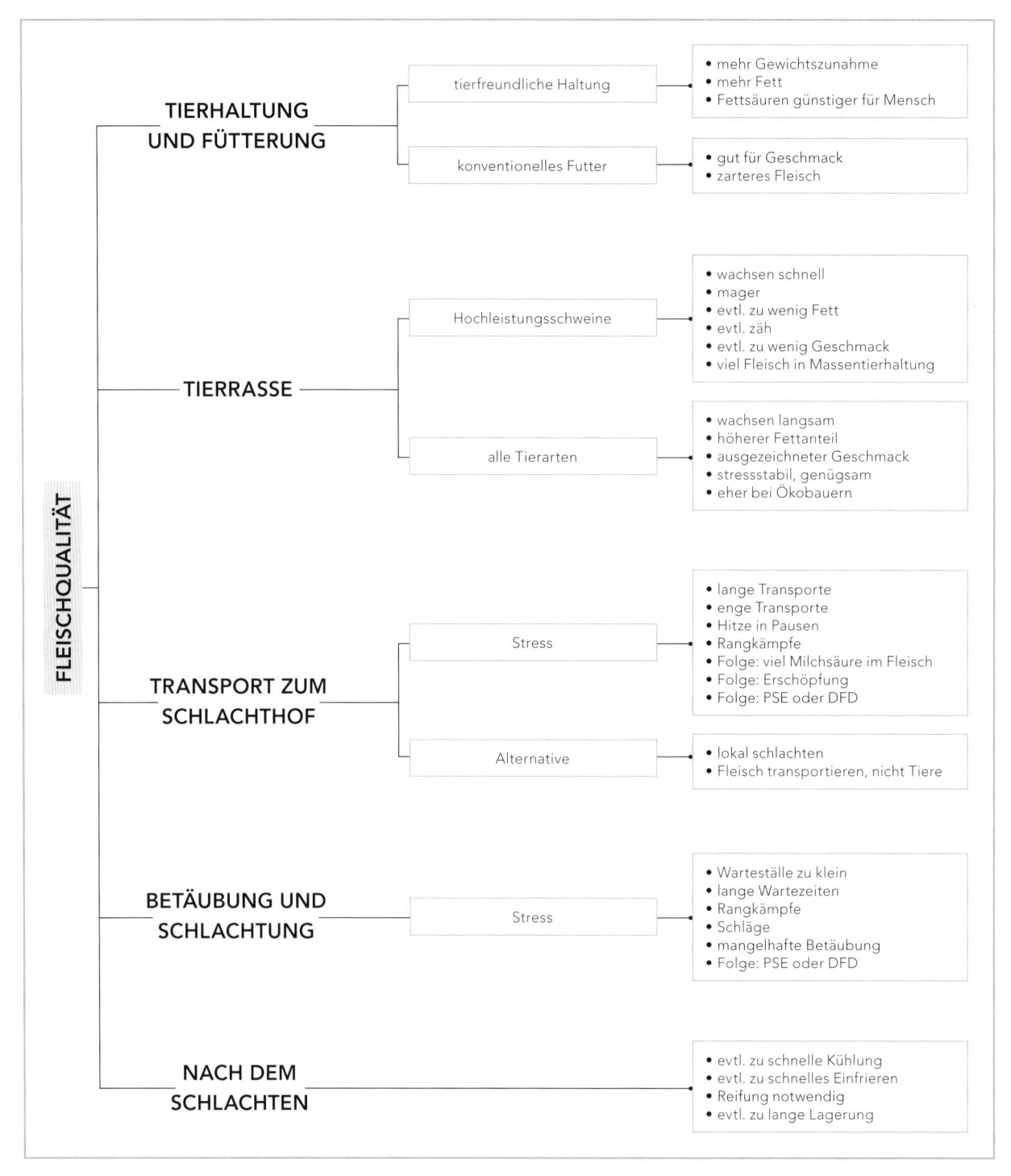

FLEISCHQUALITÄT

- **TIERHALTUNG UND FÜTTERUNG**
  - tierfreundliche Haltung
    - mehr Gewichtszunahme
    - mehr Fett
    - Fettsäuren günstiger für Mensch
  - konventionelles Futter
    - gut für Geschmack
    - zarteres Fleisch

- **TIERRASSE**
  - Hochleistungsschweine
    - wachsen schnell
    - mager
    - evtl. zu wenig Fett
    - evtl. zäh
    - evtl. zu wenig Geschmack
    - viel Fleisch in Massentierhaltung
  - alle Tierarten
    - wachsen langsam
    - höherer Fettanteil
    - ausgezeichneter Geschmack
    - stressstabil, genügsam
    - eher bei Ökobauern

- **TRANSPORT ZUM SCHLACHTHOF**
  - Stress
    - lange Transporte
    - enge Transporte
    - Hitze in Pausen
    - Rangkämpfe
    - Folge: viel Milchsäure im Fleisch
    - Folge: Erschöpfung
    - Folge: PSE oder DFD
  - Alternative
    - lokal schlachten
    - Fleisch transportieren, nicht Tiere

- **BETÄUBUNG UND SCHLACHTUNG**
  - Stress
    - Warteställe zu klein
    - lange Wartezeiten
    - Rangkämpfe
    - Schläge
    - mangelhafte Betäubung
    - Folge: PSE oder DFD

- **NACH DEM SCHLACHTEN**
  - evtl. zu schnelle Kühlung
  - evtl. zu schnelles Einfrieren
  - Reifung notwendig
  - evtl. zu lange Lagerung

→ Materialliste

- ✗ Fleischstücke (z.B. Kotelett) verschiedener Metzger
- ✗ pH-Meter oder pH-Teststäbchen
- ✗ evtl. Petrischalen für das Fleisch

Protokollblatt:
Lecker Fleisch?

Meine Beobachtung / Eine Behauptung:
Immer wieder gehen Fleischskandale durch die Presse, aber auch ohne Betrügereien kommt oft schlechte Fleischqualität auf den Tisch.

Meine Frage:
Was beeinflusst die Fleischqualität?
Wie ist die Fleischqualität bei unseren Metzgern?

Ich vermute: _____
_____

So will ich es herausfinden
(Womit mache ich was warum?):

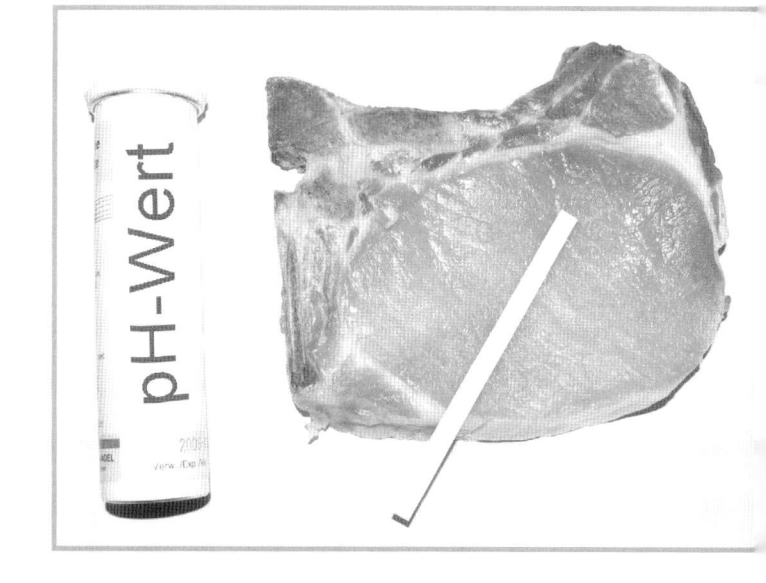

Fragen und Erkenntnisse,
die mir bei der Arbeit
durch den Kopf gegangen sind:

_____
_____
_____
_____

Ergebnis:
_____
_____

Info: Lecker Fleisch?

Fleisch ist ein bedeutender Lieferant von Proteinen. Die darin enthaltenen Aminosäuren sind wichtige Bausteine für viele Bereiche unseres Körpers, etwa für Hormone, das Immunsystem, den Blutfarbstoff oder die Muskeln. Fleisch ist zudem eine gute Quelle für die Vitamine der B-Gruppe sowie für die Spurenelemente Zink, Selen und Eisen.

Ein Land von Fleischessern

Im Durchschnitt isst jeder Deutsche etwas über 60 kg Fleisch pro Jahr. 1950 aßen die Menschen weniger als halb so viel. Ein wesentlicher Grund dafür ist, dass die Menschen mehr verdienen und Fleisch billig zu kaufen ist: Im Verhältnis zum Lohn der Menschen ist Fleisch heute 6-mal billiger als 1950. Jährlich werden in Deutschland 6 600 000 Tonnen Fleisch produziert. Es stammt allerdings nicht mehr von selbstgeschlachteten, hinter dem Haus aufgezogenen Tieren, sondern in den meisten Fällen von Tieren, die in riesigen Mastställen gehalten und industriell zu Fleisch verarbeitet werden. Die veränderten Produktionsmethoden und der niedrige Fleischpreis haben zur Folge, dass nicht alles Fleisch qualitativ hochwertig ist.

Was beeinflusst die Qualität des Fleisches?

Selbst wenn man zum Vergleich stets Fleisch von einer Tierart aus demselben Körperteil isst, schmeckt Fleisch unterschiedlich. Folgende Faktoren entscheiden über Geschmack und Qualität des Fleisches: Welche Tierrasse wurde geschlachtet? Wie wurde das Tier gefüttert und gehalten? Wie eng und wie lange wurde das Tier zum Schlachthof transportiert? Wie wurde das Tier betäubt und geschlachtet? Was ist nach dem Schlachten mit dem Fleisch passiert? Damit qualitativ hochwertiges Fleisch auf den Teller kommt, muss demnach eine ganze Menge richtig gemacht werden.

Tierrasse

Die Tierrasse hat einen entscheidenden Einfluss auf den Geschmack des Fleisches. Ursprüngliche Schweinerassen, beispielsweise wie die Bunten Bentheimer oder das Schwäbisch-Hällische Landschwein, haben einen höheren Fettanteil als die heute gehaltenen Hochleistungsschweine. Deshalb sind diese Tiere nahezu aus den Ställen verschwunden, ab den 1960er-Jahren war das industriegerechte, schnell wachsende Einheitsschwein mit magerem Fleisch und zusätzlichen Rippenpaaren gefragt. Die guten Eigenschaften alter Rassen gerieten in den Hintergrund: Die Tiere sind stressstabil, genügsam und sehr fruchtbar. Spitzenköche und Feinschmecker kehren heute allerdings zu den etwas fetteren Fleischsorten zurück: Zu mageres Fleisch wird zäh beim Braten, und der Fleischgeschmack entfaltet sich erst mit ausreichend Fett. Das Aroma des Fleisches entsteht, wenn ungesättigte Fettsäuren oxidiert werden und in kleinere Bestandteile zerfallen oder sich mit anderen Bestandteilen des Fleisches verbinden. Die in Fetten enthaltenen Bestandteile sorgen zudem dafür, dass das Fleisch unterschiedlicher Tierarten verschieden schmeckt.

Die optimale Zartheit und Saftigkeit entsteht, wenn das Fleisch eine große Anzahl gleichmäßig verteilter Fettdepots enthält. Sie lockern das sonst härtere Muskelgewebe auf und vermindern den Kauwiderstand.

Das Fleisch von ursprünglichen Tierrassen findet Käufer, und die Zahl der Züchter, die diese Tiere unter ökologischen Bedingungen halten, nimmt wieder zu.

Tierhaltung und Fütterung

Untersuchungen belegen, dass Tiere in tierfreundlicher Haltung (ohne Spaltenböden, mit mehr Auslauf und schwankenden Temperaturen) bei der Mast stärker zunehmen als Tiere in konventioneller Haltung. Allerdings ist das Fleisch der Tiere fetter. Bei Rindern war nachzuweisen, dass die Art und Zusammensetzung der Fettsäuren im Fleisch von Freilandrindern günstiger für die menschliche Ernährung ist als bei Tieren aus konventioneller Haltung. Auch die Fütterung hat Einfluss auf die Beschaffenheit des Fleisches:

Konventionelle Futtermischungen führen beispielsweise bei Schweinen zu schnellerem Wachstum und zarterem Fleisch als ökologische Fütterung mit Silage als Beifutter. Die Silage ist für die Tiere eine attraktive Beschäftigung, beeinflusst aber nicht nur die Zartheit des Fleisches negativ, sondern auch den Geschmack. Futtermischungen scheinen eine naturnahe Ernährung zu übertrumpfen, wenn man nur den Geschmack berücksichtigt und die Bedürfnisse der Tiere außer Acht lässt.

Transport zum Schlachthof

Der Transport der Tiere vom Bauernhof zum Schlachthof bringt Stress mit sich. Ausschlaggebend sind die Transportdauer und die Ladedichte. Die Tiere können meist nur stehen, der Platz für ein Tier beträgt in der Regel 0,45 m² je 100 kg Tier. Für einen 50 kg schweren Menschen würde das bedeuten: 0,225 m² oder etwa 47 x 47 cm. Täglich werden ca. eine Million Schlachttiere in und quer durch Europa transportiert. Inzwischen müssen die Transporte nach neun Stunden Fahrzeit 12 Stunden Pause einlegen. Die Tiere bleiben dabei allerdings in den Transportern. Im Sommer macht ihnen die Hitze zu schaffen, und besonders Schweine beginnen, Rangkämpfe auszufechten. Dieser Transportstress beeinflusst auch die Fleischqualität negativ: Stress beschleunigt den Stoffwechsel der Tiere stark, die Muskeln sind besonders aktiv. Um Energie freizusetzen, wird aus besonders vielen Kohlenhydraten besonders viel Milchsäure. Nach dem Schlachten kann diese nicht mehr vom Körper abgebaut werden, das Fleisch versauert, der pH-Wert sinkt deutlich unter den Wert lebenden Muskelgewebes (7,2) auf Werte unter 5,8. Die Säure zerstört Teile des Muskeleiweißes, das Fleisch kann deshalb weniger Wasser binden und verändert seine Farbe. PSE-Fleisch entsteht. Bei Dauerstress und Erschöpfung ist weniger Milchsäure im Muskel enthalten, der pH-Wert ist höher, als bei normal geschlachteten Tieren, DFD-Fleisch entsteht.

PSE seht für pale (blass), soft (weich), exudative (wässrig). Es handelt sich um minderwertiges Fleisch, das besonders viel Wasser enthält und deshalb beim Braten stark schrumpft (bis zu 1/3). Nach dem Braten ist dieses Fleisch trocken und zäh. PSE-Fleisch tritt insbesondere bei Hochleistungsschweinen auf, die in kürzester Zeit zur Schlachtreife wachsen, besonders viel mageres Fleisch liefern und mittels Züchtung zwei Rippenpaare mehr enthalten.

Die Abkürzung DFD steht für dark (dunkel), firm (fest), dry (trocken). Dieses Fleisch ist ebenfalls minderwertig: Es verdirbt schnell und schmeckt kaum nach Fleisch.

Betäubung und Schlachten

In Schlachtbetrieben können folgende Probleme auftauchen, die bei den Tieren Stress auslösen: Die Warteställe sind zu klein. Die Tiere müssen zu lange warten und führen Rangkämpfe aus. Es ist zu laut, wenn die Tiere zur Betäubung getrieben werden. Die Tiere werden auf dem Weg zur Betäubung geschlagen. Die Stromfrequenz bei der Betäubung ist nicht optimal, oder die Elektroden zur Betäubung werden nicht optimal angesetzt. Folge von beidem: Ein Teil der Tiere ist nicht richtig betäubt und versucht, sich gegen den Entblutestich zu wehren. Falls statt mit Strom mittels Kohlendioxid betäubt wird, kommt es vor, dass es zu lange dauert, bis die Tiere von der Betäubung zum Entblutestich kommen, ein Teil der Tiere ist wieder bei Bewusstsein und versucht, sich zu wehren.

Behandlung nach dem Schlachten

Nach dem Schlachten kann Fleisch falsch behandelt werden.

- ✗ **zu frühe Kühlung:** Während der Totenstarre soll das Fleisch bei ca. 16 Grad gelagert werden, erst danach darf es weiter gekühlt werden, sonst ist das Glykogen in den Muskeln nicht vollständig zu Milchsäure umgewandelt. Eine zu schnelle Kühlung bewirkt, dass die Bestandteile des Muskels (Actinfilamente und Myosinfilamente) sich besonders stark verbinden, das Fleisch wird zäh.
- ✗ **zu frühes Einfrieren:** Fleisch darf nicht eingefroren werden, bevor die Totenstarre eingetreten ist, ansonsten tritt diese nach dem Auftauen um so heftiger auf, das Fleisch ist ebenfalls zäh.
- ✗ **fehlende Reifung:** Nach dem Ende der Totenstarre muss Fleisch abhängen und reifen: Dabei greifen Enzyme das Bindegewebe an und sorgen so für Zartheit, Saftigkeit und Aroma. Rindfleisch beispielsweise soll bei 7 °C 5–6 Tage reifen, oder bei –1 bis +2 °C entsprechend länger.
- ✗ **zu lange Lagerung:** Bakterien und Pilze beginnen, das Fleisch zu zersetzen. Die Lagerung nach dem Reifen sollte unter 7 °C erfolgen, besser bei 2–4 °C. Dies schafft ungünstige Lebensbedingungen für die Vermehrung von Bakterien und Pilzen.

Auch die Beschaffenheit des Fleisches ist entscheidend dafür, ob das Fleisch schneller oder langsamer von Mikroben besiedelt wird: Sind die Zellwände zerstört, wie dies im Hackfleisch der Fall ist, können Mikroben sehr schnell auf das Fleisch zugreifen. Hackfleisch soll deshalb nur einen Tag im Kühlschrank gelagert werden, bis es verbraucht wird. Nach spätestens zwei Tagen ist es verdorben. Unzerkleinert wäre das Fleisch bei guter Kühlung bis zu zwei Wochen haltbar. Bei –18 °C ist Schweinefleisch bis zu neun Monate haltbar, Rindfleisch bis zu 18 Monate. Danach sind die Fette im Fleisch zerstört, das Fleisch ist „ranzig". Wird von Bakterien verdorbenes Fleisch verzehrt, sind oft Lebensmittelvergiftungen mit Durchfall und Erbrechen die Folge.

Vertrauen ist gut – Kontrolle ist besser

Mit Fleisch ist viel Geld zu verdienen, was die Menschen erfinderisch macht: Schinken beispielsweise wird hin und wieder mit Wasser schwerer gemacht, indem Würze mit Proteinhydrolysaten hinzugegeben wird, die dann Wasser im Fleisch binden. Ein anderer Trick ist deutlich unappetitlicher: Innereien und Schlachtabfälle wurden zu Lebensmitteln umdeklariert und mit Gewürzen und Marinaden weiterverarbeitet. Gut gewürzt und mit neuem Haltbarkeitsdatum versehen, ist aufgetautes Fleisch unerkannt als Frischfleisch zu verkaufen. Aber auch ohne Würze ist aus alterndem Fleisch noch Geld zu machen: Eine neue Verpackung und ein neues Haltbarkeitsdatum genügen. Die Möglichkeiten, im Fleischverarbeitungsprozess zu betrügen, sind vielfältig und schwer zu kontrollieren. Solange billiges Fleisch nachgefragt wird und die Einzelhändler für ihr Angebot nicht haftbar gemacht werden können, wird es vermutlich Skandale geben.

Als Verbraucher sind Tricks mit Würze nicht zu erkennen, immerhin aber kann der Einzelne prüfen, ob Frischfleisch wirklich frisch ist: Messungen des pH-Wertes geben darüber Auskunft. Am genauesten arbeiten elektronische pH-Meter, aber auch Indikatorpapier oder Teststreifen lassen Aussagen über das Alter des Fleisches zu: Der pH-Wert im Fleisch sinkt nach dem Schlachten langsam ab, weil bei der Glykolyse im Muskel Milchsäure entsteht. Bei normalem Fleisch auf Werte von etwa pH 5,4 – 5,8, je nach Fleischsorte. Nach Beendigung der Glykolyse steigt der pH-Wert wieder an: Enzyme bauen die Milchsäure ab, der pH-Wert steigt. Mit Hilfe von pH-Wert-Messungen ist das Alter des Fleisches grob zu bestimmen. Weil sich die Werte in den verschiedenen Fleischsorten, in den verschiedenen Teilen des Tieres und auch von Tier zu Tier unterschiedlich entwickeln, sind keine ganz genauen Aussagen über das Alter des Fleisches zu treffen. Generell gilt aber die Faustregel: Frisches Fleisch hat einen pH-Wert unter 6. Ab pH 6,8 sollte Fleisch nicht mehr verzehrt werden.

pH-Wert und Alter:
Kalbsschnitzel und Schweineschnitzel, geschnitten aus frischem Fleisch:

7.–11. Tag	pH 5,5 – 6
12.–16. Tag	pH 6 – 6,5
17.–19. Tag	pH 6,5 – 7
ab dem 20. Tag	über 7

pH-Wert sortiert nach Produkt:
Je nach Verarbeitung haben qualitativ gute Fleischprodukte einen unterschiedlichen pH-Wert:

Blutwurst	pH 6,7 – 7
DFD-Fleisch	pH 6,4 – 6,7
Frischfleisch	pH 5,4 – 5,7
Kochschinken	pH 5,8 – 6
Leberwurst	pH 6 – 6,2
Schweinebraten	pH 6,3
Würstchen	pH 6 – 6,2

Verlag an der Ruhr

Alexanderstraße 54
45472 Mülheim an der Ruhr

Telefon 05 21 / 97 19 330
Fax 05 21 / 97 19 137

bestellung@cvk.de
www.verlagruhr.de

Es gelten die Preise auf unserer Internetseite.

Projektmappe Biologie
■ **Bionik**
Kl. 7–10, 74 S., A4, Papphefter
ISBN 978-3-8346-0567-2
Best.-Nr. 60567
19,50 € (D)/20,– € (A)/34,20 CHF

■ **Natur erkunden – Natur schützen**
Projektideen für Jugendliche
10–16 J., 120 S., A4, Paperback
ISBN 978-3-8346-0584-9
Best.-Nr. 60584
20,50 € (D)/21,10 € (A)/35,90 CHF

Stadtökologie
■ **Natur-Entdeckungen direkt vor der Schultür**
Arbeitsblätter, Experimente, Beobachtungsaufgaben und Lehrerinfos
Kl. 3–4, 103 S., A4, Paperback
ISBN 978-3-8346-0489-7
Best.-Nr. 60489
19,80 € (D)/20,35 € (A)/34,70 CHF

■ **Mit Cornell die Natur erleben**
Naturerfahrungsspiele für Kinder und Jugendliche – Der Sammelband
Für alle Altersstufen, 341 S., 14 x 21,5 cm, Paperback
ISBN 978-3-8346-0076-9
Best.-Nr. 60076
19,80 € (D)/20,35 € (A)/34,70 CHF

■ **Kann ICH die Welt retten?**
verantwortungsvoll leben – clever konsumieren
13–19 J., 114 S., A4, Paperback
ISBN 978-3-8346-0452-1
Best.-Nr. 60452
19,80 € (D)/20,35 € (A)/34,70 CHF

■ **Klimawandel – Was hab ich damit zu tun?**
Infos, Rollenkarten und Materialien für Diskussionsrunden
12–16 J., A5 quer, Spiralb. (40 vierf. Karten, A5 quer, perforiert + 28-seitiges Begleitmaterial)
ISBN 978-3-8346-0389-0
Best.-Nr. 60389
21,50 € (D)/22,10 € (A)/37,70 CHF

■ **So essen sie!**
Fotoporträts von Familien aus 15 Ländern. Ein Erkundungsprojekt rund um das Thema Ernährung.
Kl. 4–10, 72 S., A4, Paperback, vierfarbig, 16 vierfarb. Bilder A3
ISBN 978-3-8346-0329-6
Best.-Nr. 60329
29,– € (D)/29,80 € (A)/49,– CHF

■ **Biologie einfach anschaulich**
Begreifbare Biologiemodelle zum Selberbauen mit einfachen Mitteln
Kl. 4–9, 176 S., A4 quer, Paperback
ISBN 978-3-86072-235-0
Best.-Nr. 2235
19,80 € (D)/20,35 € (A)/34,70 CHF

entdecken • hinterfragen • diskutieren